Retter · Theologie, Pädagogik und Religionspädagogik
bei Peter Petersen

Forum zur Pädagogik und Didaktik der Religion
Band 12

Herausgegeben von Horst F. Rupp

Hein Retter

Theologie, Pädagogik und Religionspädagogik bei Peter Petersen

Deutscher Studien Verlag · Weinheim 1995

Über den Autor:
Dr. phil. Hein Retter, Jg. 37, ist Professor für Allgemeine Pädagogik
an der Technischen Universität Braunschweig.

Die Deutsche Bibliothek – CIP-Einheitsaufnahme

Retter, Hein:
Theologie, Pädagogik und Religionspädagogik bei Peter
Petersen / Hein Retter. – Weinheim : Deutscher Studien Verlag, 1995
  (Forum zur Pädagogik und Didaktik der Religion ; Bd. 12)
   ISBN 3-89271-610-2
NE: GT

© 1995 Deutscher Studien Verlag · Weinheim
Herstellung der Druckvorlage: Gabi Plöger, 33178 Borchen
Druck: Druck Partner Rübelmann, 69502 Hemsbach
Seriengestaltung des Umschlags: Atelier Warminski, 63654 Büdingen
Printed in Germany

ISBN 3 89271 610 2

Inhaltsverzeichnis

Anhang:

Danksagung

Die vorliegende Studie ist Teil eines umfassenderen Forschungsprojektes, das die historische Rekonstruktion der Pädagogik Petersens zum Ziel hat. Mein Dank gilt den Sachbearbeiterinnen und Sachbearbeitern jener Archive, auf deren Auskünfte und Materialien sich die Untersuchung stützt: Es sind die Universitätsarchive Kiel und Rostock, die Stadtarchive Jena, Kiel, Soltau und Utrecht, das Archiv des Kirchenkreises Alt-Hamburg sowie die im folgenden Abkürzungsverzeichnis genannten Archive:

AKWB	Archiv des Kirchenkreises Wuppertal-Barmen
BAK	Bundesarchiv Koblenz
BAP	Bundesarchiv Abt. Potsdam
BDC	Bundesarchiv Abt. Berlin-Zehlendorf (Berlin Document Center)
EKHD	Evangelische Kirche in Hessen und Nassau, Darmstadt (Kirchenverwaltung-Zentralarchiv)
EKRD	Evangelische Kirche im Rheinland, Düsseldorf (Landeskirchenamt-Archiv)
EKWB	Evangelische Kirche von Westfalen, Bielefeld (Landeskirchenamt-Archiv)
ELH	Ev.-luth. Landeskirche Hannovers Landeskirchliches Archiv, Hannover
EZAB	Evangelisches Zentralarchiv Berlin
GSPK	Geheimes Staatsarchiv Preußischer Kulturbesitz Berlin
HSTW	Thüringisches Hauptstaatsarchiv Weimar
NEKK	Nordelbisches Kirchenarchiv Kiel
PPNG	Peter-Petersen-Nachlaßgesellschaft Bremen/Oldenburg
SSL	Sächsisches Staatsarchiv Leipzig
STAH	Staatsarchiv Hamburg
STW	Stadtarchiv Wuppertal
TLKE	Thüringisches Landeskirchenarchiv Eisenach
UAJ	Universitätsarchiv Jena
UAM	Universitätsarchiv Münster

Wertvolle Anregungen für meine Arbeit erhielt ich durch die Jahrestagungen des Arbeitskreises zur Geschichte der Religionspädagogik an der Akademie Loccum 1993 und 1994. Für Hinweise, die mir bei den Literatur-Recherchen und bei meiner Suche nach Archivalien und Zeitzeugen hilfreich waren, danke ich Albert Böhme†, Reinhard Dross, Christian Eisenberg, Klaus Goebel, Reijo E. Heinonen, Klaus P. Hertzsch, Werner Jochmann †, Barbara Kluge, Helmut Lücke, Hans Mikosch, Jörg Ohlemacher, Uwe K. Petersen, Wolfgang Pöhlmann, Folkert Rickers, Gerhard Ringshausen, Wolfgang Schenk, Jens Holger Schjørring, Jörg Thierfelder.

Gifhorn/Braunschweig, April 1995   Hein Retter

I. Teil:
Vom Kaiserreich zur Weimarer Republik: Zwischen Neuprotestantismus, Sozialismus und Volkskirche

1. Reformpädagogik –
Moderne oder Antimoderne?

Der Erziehungswissenschaftler Peter Petersen (1884-1952) gilt heute als „der wohl produktivste pädagogische Reformer der Weimarer Zeit" (Becker/Kluchert 1993, S. 271), und es gibt praktisch kein Grundlagenwerk zur Reformpädagogik, in dem nicht sein Schulmodell, der sog. Jenaplan, Erwähnung findet. Dieser schulische Reformversuch beinhaltet nicht nur die Auflösung von Jahrgangsklassen zugunsten von altersübergreifenden Lerngruppen, sondern auch ein Gesamtschulmodell, das vom Kindergarten bis zum Abitur gedacht war, von Petersen allerdings nur im Raum der Volksschule (zum Schluß sogar über den 10. Jahrgang hinaus) verwirklicht werden konnte. Heute befindet sich in Jena eine Jenaplan-Schule als 10jährige Gesamtschule wieder im Neuaufbau, während an anderen Orten in Nord- und Mitteldeutschland insgesamt noch etwa ein Dutzend Jenaplan-Schulen existieren, jedoch fast ausschließlich auf die Grundschule beschränkt.[1]

Ein zweiter nicht minder wichtiger Reformgedanke, den Petersen vertrat, betrifft die Ausbildung der Volksschullehrer an der Universität. Die neue Schule, die Petersen nach dem Ersten Weltkrieg konzipierte, brauchte einen neuen Lehrer, der wie der Gymnasiallehrer an der Universität ausgebildet werden sollte. Dies war Petersens Grundgedanke. Eine gemeinsame Schule für alle Kinder des Volkes und die universitäre Volksschullehrerausbildung bildeten aber auch alte Forderungen der Sozialdemokratie, deren Realisierungschancen erstmals die Weimarer Republik bot (Wittwer 1980). Petersen wurde nicht zuletzt deshalb 1923 an die Universität Jena berufen, weil er das Konzept der universitären Lehrerausbildung für die sozialistische Regierung in Thüringen verwirklichen sollte, was bei veränderten Regierungsmehrheiten wenige Jahre später durch konservative Kräfte allerdings verhindert wurde.

Ein drittes Anliegen Petersens, das seine Sonderrolle als Reformpädagoge und Universitätslehrer kennzeichnet, bestand in der sog. Pädagogischen Tatsachenforschung, die er ab 1928 entwickelte; sie erfuhr eine entscheidende methodische Ausweitung durch die Wiener Psychologin Elsa Köhler (1879-1940), die von 1931 bis 1933 bei Petersen arbeitete: Durch Protokollierung von Schülerverhalten, Lehrerverhalten und sog. (protokollarische) „Gesamt-aufnahmen" von pädagogischen Situationen sollte die empirische Forschung als Bindeglied zwischen pädagogische Theorie und Praxis treten.

Viertens setzte sich Petersen für eine *autonome* Erziehungswissenschaft ein, die durch die Verbindung von pädagogischer Theorie, empirischer For-schung und pädagogischer Praxis an eine *einheitsstiftende* Idee gebunden bleibt.

Alle vier genannten Reformideen vertrat Petersen über die verschiedenen Zeiten und politischen Systeme hinweg mit gleicher Intensität. Rückblickend haben sich Petersens Hoffnungen, die er mit diesen vier Ansätzen verband, nicht erfüllt. Denn:

1. Das Modell „Jenaplan" ist in Deutschland eine Ausnahmeerscheinung geblieben, wenn auch das Interesse an dieser Schulform nie völlig abriß.
2. Die Situation der Lehrerbildung ist heute genau so uneinheitlich wie in den zwanziger Jahren (einige Länder haben die volle Integration in die Universität, andere haben das alte PH-Modell, und eine dritte Gruppe hat nur eine formale Integration der PH in die Universität als sog. erziehungs-wissenschaftlicher Fachbereich).
3. Die Pädagogische Tatsachenforschung, die zeitweise auch außerhalb der Jenaer Universitätsschule praktiziert wurde[2], ist heute einer breit angeleg-ten empirischen Sozialforschung gewichen, die, anders als Petersen es wollte, den Lehrer nicht selbst zum Forscher, zum Subjekt der Forschung, macht, sondern ihn im wesentlichen zum Objekt empirischer Untersu-chungen durch Sozialwissenschaftler werden läßt.
4. Die damals auch von anderen Pädagogen (wie Krieck oder Nohl) geäußer-te Forderung nach einer autonomen Erziehungswissenschaft mit einer ein-heitsstiftenden Funktion ist heute – nach dem „Richtungsstreit" der siebzi-ger Jahre – überwunden durch die Akzeptanz einer Pluralität von sehr unterschiedlichen erziehungswissenschaftlichen Grundpositionen, ohne daß das Bestreben einer Vereinheitlichung vorhanden ist.

Von dieser Einschränkung unberührt bleibt das *historische* Verdienst Peter-sens, Anreger der Reformschule, Förderer der universitären Volksschulleh-rerausbildung und Gründer eines Verständnisses von Erziehungswissenschaft zu sein, das von der erziehungsphilosophischen Grundlegung bis zur empiri-schen Überprüfung pädagogischer Wirklichkeit reicht.

Die Reformpädagogik als die letzte große pädagogische Bewegung von internationaler Ausdehnung seit dem Ende des letzten Jahrhunderts wird in der gegenwärtigen historischen Forschung eher in einem kritisch-ambivalenten Licht gesehen – zumindest von einer Reihe von *deutschen* Erziehungswissenschaftlern. Von der Feststellung der Widersprüchlichkeit dessen, was sich als pädagogischer Aufbruch zwischen 1890 und 1933 präsentierte, über die generelle Infragestellung von „Reformpädagogik" als einem historisch greifbaren Zeitabschnitt bis zur Meinung, „Reformpädagogik" bestünde nur als Mythos einer nachfolgenden pädagogischen Geschichtsschreibung, reicht das Spektrum *gegenwärtiger* Interpretationsversuche. Direkt oder indirekt spielt auch die Problematik der nicht bewältigten NS-Vergangenheit eine Rolle.

Wie sehr sich in Buch-Publikationen der letzten 5 Jahre Unterschiede zu diesem Thema zeigen, macht eine Gegenüberstellung der Darstellung der „Reformpädagogik" von Hermann Röhrs (^{3}1991) und der kritischen Monographie von Jürgen Oelkers (1989) deutlich. Röhrs bemüht sich, die verschiedenen Richtungen der Reformpädagogik in ihrem *Selbstverständnis* zu erfassen – insbesondere Kunsterziehungsbewegung, Arbeitsschule, Montessori-Pädagogik, Landerziehungsheime, Projektplan, Entschiedene Schulreformer und schließlich auch Petersens Jenaplan; demgegenüber will Oelkers' Buch eine „kritische Dogmengeschichte" sein, die nach den politischen Hintergründen reformpädagogischen Denkens fragt.

Neben den beiden genannten Interpretationsansätzen verdient ein dritter Erwähnung: Klaus Plake (1991) erklärt mittels der „Protestantismusthese" Max Webers das Phänomen Reformpädagogik als Bestandteil eines Freisetzungsschubes, der Kultur und Lebensform des Bürgertums in einer prosperierenden Industriegesellschaft nach einer vorangegangenen Zeit der Askese erfaßte und zu einem Paradigmenwechsel führte. Der Ansatz ist deshalb interessant, weil er die Umbruchstimmung, das neue Freiheits- und Lebensgefühl in den Reformschulen, erfassen kann; für eine Gesellschaftstheorie, die pädagogische Entwicklungen nur als defiziente Modi kapitalistischer Verhältnisse betrachtet, sind diese Phänomene kaum angemessen erklärbar.

So uneinheitlich und widersprüchlich die verschiedenen Richtungen der Reformpädagogik in ihren Grundanschauungen waren, einte sie doch zweierlei: erstens die Ablehnung der „alten" Schule, womit ein in formalem Unterricht erstarrtes Schulwesen herbartianischer Provenienz gemeint ist, zweitens die *Wende zum Kinde hin*, die allerdings mit äußerst divergierenden pädagogischen Vorstellungen und politischen Hintergründen verbunden war. Die Projektion des pädagogischen Denkens auf das „Wesen" und die Entwicklungsgegebenheiten des Kindes fand Unterstützung durch eine aufblühende Jugendpsychologie, deren empirischen Befunde dem Erwachsenen neue Einsichten in die Psyche des Kindes vermittelten. Der neue unterrichtspädagogische Grundsatz, der die Schule revolutionierte, lautete: *Im Mittelpunkt des Unterrichts steht die Selbsttätigkeit des Kindes.*

Warum befindet sich die Reformpädagogik angesichts solcher löblichen Prinzipien heute dennoch im Zwielicht? Vor allem deshalb, weil in der modernen Leistungsgesellschaft Rationalität, Lernökonomie, Bildungsprinzipien eine zentrale Rolle spielen und diese Aspekte von der Reformpädagogik, gerade auch von Petersen, abgelehnt oder vernachlässigt wurden. Da andererseits die *Kritik* an der modernen Leistungsgesellschaft heute ebenfalls auf den Plan getreten ist, haben Reformschulen wieder etwas größeren Zulauf. Er hält sich deshalb in Grenzen, weil die Sorge um die Bildungskarriere des Kindes Eltern pragmatische Entscheidungen treffen läßt. Vor allem wenn Kinder mit dem Regelschulsystem nicht zurecht kommen, bieten sich Reformschulen den Eltern als ein Weg der Problemlösung an. So sind am Ende unseres Jahrhunderts, das von Ellen Key 1900 programmatisch als „Jahrhundert des Kindes" bezeichnet wurde, Reformschulen allenfalls als „Alternativschulen" aktuell. Bezogen auf die aktuellen Schulnöte unserer Zeit ist die Kritik an der historischen (gegebenenfalls also gar nicht existent gewesenen) „Reformpädagogik" eher eine kompensatorische Erscheinung, die für eine mögliche Verbesserung der Situation der *heutigen Praxis* von Schule kaum einen Fingerzeig gibt.

Ein grundsätzlicher Tadel, der die *deutsche* Reformpädagogik trifft, bezieht sich auf den Umstand, daß ihre wichtigsten Richtungen auf dem Boden einer Kultur- und Zivilisationskritik erwuchsen, die nicht frei war von irrationalen, der Lebensphilosophie verbundenen Gedankengängen eines Nietzsche, Lagarde oder Langbehn; in der Verbindung mit nationalem, der politischen Romantik entstammenden Gedankengut (wie z.B. dem Gemeinschaftsgedanken und volksorganologischen Vorstellungen) ergab sich eine Ideologisierung pädagogischer Grundsätze, die – zumindest in Deutschland – nur noch auf entsprechende politische Ereignisse zu warten hatte, nämlich die „Schmach" des Versailler Vertrages, um in der Zeit der großen Staatskrise in das Fahrwasser problematischer politischer Entwicklungen zu geraten.

Während Röhrs in seinem Werk auf die politischen Implikationen reformpädagogischen Denkens nur abschließend eingeht und dabei Kritik an der Reformpädagogik eher abzuwehren sucht, rückt Oelkers die von uns zuletzt genannten kritischen Gesichtspunkte in das Zentrum seiner Darstellung. Im Grunde versuchte Oelkers für die Aufarbeitung der Reformpädagogik das zu leisten, was Folkert Rickers (1986) für die kritische Bewertung des Religionsunterrichts im Dritten Reich forderte, nämlich eine gesellschaftskritische Analyse, die die Frage nach der Wahrnehmung politischer Verantwortung bzw. Schuld nicht ausklammert.

Es läßt sich leicht feststellen, daß die Situation der deutschen reformpädagogischen Bewegungen, sofern sie dem Gemeinschaftsgedanken und einer volkstheoretischen Zielsetzung verbunden waren, ähnliche Tendenzen aufweist wie der in Deutschland am nationalen Gedanken ausgerichtete, politisch weithin rechts stehende bürgerliche Protestantismus, der im ersten Augenblick der Machtergreifung Hitlers sich überwiegend hinter ihn stellte, auch wenn es in einem zweiten Innehalten möglich war, daß zumindest ein Teil des protestantischen Lagers in Glaubenssachen Distanz zum Nationalsozialismus (NS) herstellte und den Bekenntnisstandpunkt formulierte.

Aber auch jenseits der *politischen* Dimension der Reformpädagogik stellt sie einen Wendepunkt dar, der die Geister – sprich: die sie interpretierenden Pädagogen von heute – voneinander scheidet. Die reformpädagogische Wende sei eine *Reaktion* auf das Faktum der Moderne – sagen diejenigen, die die Reformpädagogik als romantische (und letztlich zum Scheitern verurteilte) Rückwendung in die Vormoderne charakterisieren. Dabei ist der typisch deutsche *Entdeckungszusammenhang* (Verbund reformpädagogischer Ansätze mit nationalen und kulturkritischen Krisentheorien des ausgehenden 19. Jahrhunderts) von einem *Begründungszusammenhang* zu unterscheiden, der es auf *internationaler* Ebene sehr viel schwieriger erscheinen läßt, zu schlüssigen Rekonstruktionen mit allgemeinverbindlichem Anspruch zu kommen.

Die These, daß sich die „Neue Erziehung" auf die Selbstbestimmung der Betroffenen bezieht, ist gewiß nicht absolut zu setzen, aber sie trifft meines Erachtens einen entscheidenden Punkt der „Pädagogik vom Kinde aus" (hier in einem weiten Sinne verstanden): Trotz mancher wirren politischen Vorstellungen und mancher *antidemokratischen* Tendenzen (die es nicht nur im politisch rechten, sondern ebenso im linken Spektrum reformpädagogischer Ansätze gab) stellen die meisten Richtungen der Reformpädagogik in Deutschland ein Stück Selbstbestimmung dar, indem sie die Autonomie der Schule in Erziehungs- und Bildungsfragen gegenüber staatlichen Vorgaben und Zwängen verteidigen.[3]

Die Reformpädagogik bedeutet, so gesehen, letztlich nicht Abwendung von der Moderne, sondern repräsentiert in der *Ambivalenz* ihrer Zielsetzungen und in der *Pluralität* ihrer Richtungen *diese Moderne selbst*. Eine solche Sichtweise bestreitet weder die Existenz eines „pädagogischen Aufbruchs" seit dem Ende des vorigen Jahrhunderts, noch bewertet sie diesen Aufbruch als bloße Gegenströmung gegenüber der pädagogischen Front des Herbartianismus. Vielmehr sind reformpädagogische Ansätze als Bestandteil von Lebensreformbewegungen der Moderne zu betrachten, Elemente einer widersprüchlichen, ja paradoxen Lebenswelt, die Herausforderung und (nicht immer erfüllbare) Verheißung zugleich darstellen.

Petersen ist ein auf der Bühne der reformpädagogischen Erneuerungsbewegung relativ spät auftretender Künder der „Neuen Erziehung", zeigt aber schon früh – vor dem Ersten Weltkrieg im Kreis der Hamburger Schulreformer – unzweifelhafte Bestrebungen, Schule chancengerechter, „kindgerechter" zu machen. An Petersens pädagogischer Programmatik läßt sich zeigen, daß nicht nur die theoretisch tonangebende, aber praxisferne *geisteswissenschaftliche* Pädagogik Nohlscher oder Flitnerscher Ausprägung eine Art von *nachträglichem* Einheitsbezug in die „pädagogische Bewegung" (Nohl) brachte, sondern Petersen als ein der *Reformpraxis* verbundener Pädagoge das einheitsstiftende Moment in seinen Begriffsprägungen „Neueuropäische Erziehungsbewegung"[4], „Neue Erziehung", „Neue Erziehungswissenschaft" *von vornherein* mitdachte:

Mythosbildung als kalkulierte Absicht zur besseren Verbreitung der eigenen (für gut gehaltenen) Idee von pädagogischer Praxis – dies mag schon in den zwanziger Jahren Grund gewesen sein, daß Petersen, der keiner der gängigen Schulrichtungen zuzuordnen war, manchem zum Ärgernis wurde. Heute scheint der Eifer, mit dem kritische „Entdeckungen" an Petersen vollbracht werden, um ein vielfaches gestiegen zu sein. Eine historische Rekonstruktion seines Gesamtwerkes steht noch aus, ist für einen einzelnen auch kaum in befriedigender Weise zu leisten. Die nachstehenden Ausführungen zur Theologie und Religionspädagogik Petersens, ein bislang wenig bekanntes und bearbeitetes Feld der Petersen-Forschung, sind deshalb als ein bloßer Anfang zu betrachten, der auf Korrekturen und differenziertere Untersuchungen angewiesen ist. Damit ist die vorliegende Studie zugleich ein Beitrag zur „Religion der Reformpädagogen" (Koerrenz/Collmar 1994), die gegenwärtig erst entdeckt zu werden beginnt.

2. Petersens Bibel-Ausgaben

Nach dem bestandenen Abitur am Flensburger Gymnasium begann Petersen 1904 in Leipzig zu studieren. Religiös geprägt vom evangelisch-lutherischen Elternhaus, hatte er hier in seinen beiden ersten Studiensemestern nicht nur Philosophie bei Wilhelm Wundt und Geschichte bei Karl Lamprecht gehört, sondern besuchte als vollimatrikulierter Theologie-Student ebenso die Lehrveranstaltungen der Theologen Rudolf Kittel und Otto Kirn. Allen vier genannten Leipziger Gelehrten widmete er später seine umfangreiche Hamburger Habilschrift über die „Geschichte der aristotelischen Philosophie im protestantischen Deutschland" (1921). Petersen besaß nicht nur das philosophische und theologische Wissen, sondern auch das philologische Können, um die mit dieser umfangreichen Untersuchung verbundenen textkritischen Arbeiten zu leisten.

Nach dem dritten Studiensemester von Leipzig nach Kiel wechselnd, bearbeitete Petersen am Ende des vierten Semesters eine Preisaufgabe der theologischen Fakultät Kiel, die im Rahmen der Verleihung der Neuschass'-schen Preise für das Jahr 1905/06 mit folgendem Thema ausgeschrieben war: „Kritische Übersicht der Anschauungen über das Verhältnis von Juden- und Heidenchristentum im apostolischen Zeitalter seit Baur" (Chronik 1905/06, S. 108).[5]

Dank des Geld-Preises konnte Petersen seine Studien für ein Semester in Kopenhagen fortsetzen. 1909 kehrte Petersen, der neben Kiel und Kopenhagen auch für ein Jahr die Akademie Posen als Studienort gewählt hatte, nach Leipzig zurück und legte hier die Examina für das höhere Lehramt ab — neben Englisch und Geschichte auch evangelische Religionslehre; die Promotion mit dem Thema „Der Entwicklungsgedanke in der Philosophie Wundts"[6] erfolgte ein Jahr zuvor in Jena bei Rudolf Eucken, der auch der entscheidende Anreger für die aristotelischen Studien Petersens im folgenden Jahrzehnt war (vgl. Petersen 1913a, 1914a, 1921).

Zunächst aber widmete sich Petersen einem gründlichen textkritischen Studium des Alten und Neuen Testamentes, um die Bibel in einer neuen zugkräftigen Aufmachung unter die Menschen zu bringen, ein Indiz dafür, wie wichtig er die *Verkündigung durch das Wort* nahm.

1912 erschienen im Westermann Verlag zwei Bibel-Ausgaben: „Die Bibel in Auswahl fürs Haus" und „Die Bibel in Auswahl für Schule und Heim". Der nachfolgende Text der Titelei ist bei beiden Bänden identisch: „Unter besonderer Berücksichtigung von Dr. Martin Luthers Übersetzung, hrsg. von Edv. Lehmann, o. Professor der Theologie an der Universität Berlin, und Peter Petersen, Oberlehrer a.d. Gelehrtenschule des Johanneums in Hamburg. Mit Zeichnungen von E. M. Lilien. Braunschweig und Berlin. Verlag von George Westermann."

Petersen lernte den Religionshistoriker Edvard Lehmann als Privat-Dozent der Philosophie während seines Studienaufenthaltes im Sommersemester 1906 an der Universität Kopenhagen kennen und schloß Freundschaft mit ihm (Kluge 1992, S. 67). 1910 nahm Lehmann einen Ruf nach Berlin an, seit 1913 lehrte er an der schwedischen Universität Lund. Die Vorlage zu den beiden deutschen Bibel-Ausgaben könnte ein Band gewesen sein, den Lehmann mitherausgegeben hatte[7]: *Bibelbog for Skole og Hjem. Uddrag af Bibelen i ny Oversættelse ved Johannes Pedersen og Dr. Ed. Lehmann. København 1909.*

„Hausbibel" und „Schulbibel", die Lehmann und Petersen beim Westermann Verlag herausbrachten, weichen in der Auswahl der Texte nur an wenigen Stellen voneinander ab. Vergleichen wir beide Ausgaben mit der Lutherbibel, sind im Alten Testament (AT) lediglich einige apokryphe Schriften fortgelassen, während das Neue Testament (NT) ungekürzt in beiden Ausgaben enthalten ist.

Eine Analyse und Würdigung der Übersetzungsarbeit der Herausgeber dürfte für Theologen eine interessante Aufgabe sein. Es sei auf eine Stelle des NT verwiesen, mit der belegt werden kann, daß Petersens pädagogische Vorstellungen von „Führer" und „Führerschaft" eine theologische Wurzel besitzen. Matthäus 23, 8-10: heißt im Luther-Text:

(8) Aber ihr sollt euch nicht Rabbi nennen lassen; denn einer ist euer Meister, Christus; ihr aber seid alle Brüder. (9) Und sollt niemand Vater heißen auf Erden; denn einer ist euer Vater, der im Himmel ist. (10) Und ihr sollt euch nicht lassen Meister nennen; denn einer ist euer Meister, Christus.

Petersen übersetzt Vers 10:

Auch sollt ihr euch nicht Führer nennen lassen; denn einer ist euer Führer, Christus.

Bemerkenswert ist hier, daß Petersen 1912 *kathegetes* nicht wie Luther mit „Meister", sondern mit „Führer" übersetzt. Petersen hält sich dabei an Adolf

Schlatter, der *kathegetes* ebenfalls mit „Führer" übersetzte (Schlatter 1908, S. 250)[8] und in seinen Erläuterungen zum Evangelium Matthäus ausführte:

„Jesus untersagt ihnen den Rabbinamen; denn er ist ihr Lehrer und ihm soll sich keiner der Seinigen gleichstellen. Untereinander sind sie Brüder. Auch der Vatername, der oft den Schriftgelehrten gegeben wurde, passt für sie nicht; er verdunkelt, dass sie Gott zum Vater haben...Auch den Führernamen sollen sie vermeiden, weil er das ausdrückt, was Christus für sie ist, während für ihre Gemeinschaft die Regel gilt, dass die Grösse im Dienen besteht" (Schlatter 1908, S. 250).

Petersen faßt später Erziehung nicht als absichtsvolle pädagogische Handlung am Zögling, sondern als *Dienst* am Mitmenschen auf, die sich schon vor aller pädagogischen Absicht im intakten Familienleben als Füreinanderdasein vollzieht; der Mensch ist nach Petersens Überzeugung vom letzten Seinsgrund, vom Schöpfungsakt her, zum Dienst am Mitmenschen angelegt. Der Wahlspruch, unter den Petersen die Universitätsschule stellte, war das Lukas-Wort, das Jesus zu seinen Jüngern sagte:

Der Größte unter euch soll sein wie der Jüngste und der Vornehmste wie ein Diener (Lk 22, 26).

Man kann diesen Vers im Zusammenhang mit der oben zitierten Aussage über Jesus als Führer (Mt 23, 10) nur dann voll verstehen, wenn man den vorangehenden Vers der Lukas-Passage mitliest; beide Verse lauten:

Er aber sprach zu ihnen: Die weltlichen Könige herrschen, und die Gewaltigen heißt man gnädige Herren. Ihr aber nicht also! Der Größte soll sein wie der Jüngste und der Vornehmste wie ein Diener (Lk 22, 25-26).

Gemeinschaft im Namen Jesu Christi bedeutet geradezu die Umkehrung weltlicher Machtverhältnisse. Zum einen soll schon durch Anweisung, die Bezeichnung „Führer" zu vermeiden, jede Analogie zu Über- und Unterordnungsverhältnissen des gewohnten (weltlichen) Alltags vermieden werden. Zum anderen besteht die Umkehrung der Machtverhältnisse darin, daß Führung anderer Menschen in Christi Namen sich im *Dienst* an ihnen erfüllt.

Petersen nennt absichtsvolles pädagogisches Handeln *Führung*, es ist dies der zentrale Begriff seiner Unterrichtspädagogik, die er unter dem Titel „Führungslehre des Unterrichts" 1937 veröffentlichte. Berücksichtigt man die theologische Wurzel dieses Begriffs bei Petersen, so bedeutet „Führung": im Geiste von Christus am Mitmenschen handeln – in einer dienenden, dem anderen sich voll zur Verfügung stellenden Weise.[9]

Damit wird deutlich, wie sehr Petersens Führungsbegriff eingebunden ist in neutestamentliche Bezüge. Dasselbe gilt für den Begriff Gemeinschaft, der Ausdruck des Füreinandereintretens ist.

Es lohnt sich, dies festzuhalten, denn beide Begriffe, Gemeinschaft wie Führung, erhalten später ihre politischen Instrumentalisierungen und können heute nach den gewonnenen historischen Erfahrungen im Grunde nur noch auf der Folie dieser Erfahrungen verstanden werden.

1913 bestimmen zwei Erlasse des preußischen Unterrichtsministeriums, daß Bibel-Ausgaben für den Schulgebrauch sich in enger Anlehnung an die Luther-Übersetzung zu halten haben. Dies war vermutlich ausschlaggebend für die Tatsache, daß Petersen beide Bibel-Ausgaben einer Revision unterzog, um sie den preußischen Bestimmungen anzupassen, diesmal in Zusammenarbeit mit Reinhold Seeberg:

So erscheint 1914 bei Westermann ein „Biblisches Lesebuch für den Schulgebrauch, bearbeitet von *D.* Dr. R. Seeberg, Geh. Konsistorialrat, Professor der Theologie an der Universität Berlin und Dr. P. Petersen, Oberlehrer a.d. Gelehrtenschule des Johanneum in Hamburg. Altes und Neues Testament in der Übersetzung Dr. Martin Luthers. Nach dem neu durchgesehenen, vom Deutschen Evangelischen Kirchenausschuß genehmigten Text".[10]

Im Vorwort betonen die Herausgeber die Absicht, „daß in Schule, Kirche und Haus ein und derselbe Bibeltext gelesen werde". Das Werk ist in bezug auf Anordnung und Auswahl der biblischen Schriften identisch mit „Die Bibel in Auswahl für Schule und Heim" von 1912. Es erreichte innerhalb des nächsten Jahrzehnts fünf Auflagen.

1915 folgte schließlich wiederum unter der Herausgeberschaft Seebergs und Petersens „Die Bibel in Dr. Martin Luthers Übersetzung. Eine Auswahl fürs deutsche Haus"; die vierte und letzte Auflage erschien 1925.

Alle vier Bibelausgaben wurden künstlerisch ausgestaltet mit Bild-Motiven im Jugendstil durch den Graphiker Ephraim Moshe Lilien[11], der nach der Jahrhundertwende zum führenden Künstler in Deutschland auf dem Gebiet religiöser und biblischer Bildgestaltungen wurde. Lilien starb 1925. In den von seinem Sohn Otto herausgegebenen Briefen E.M. Liliens an seine Frau werden Petersen, Lehmann und Seeberg mehrfach erwähnt sowie die Schwierigkeiten geschildert, mit denen die Fertigstellung der Ausgaben verbunden war (vgl. Lilien 1985).

Aus der Korrespondenz zwischen Petersen und Reinhold Seeberg aus dieser Zeit geht hervor, daß Seeberg auf Bitten Petersens für den an die Universität Lund/Schweden wechselnden Lehmann eingesprungen war.[12]

1934 fand zwischen dem Direktor des Westermann-Schulbuchbereichs, Sandig, und Petersen ein Schriftwechsel statt, weil die beiden mit Seeberg herausgebrachten Werke ein unlösbares Verkaufsproblem bildeten. Wegen der Mitarbeit von Lilien, des jüdischen Künstlers, waren die Bibel-Ausgaben praktisch unverkäuflich geworden. Petersen wollte das nicht wahrhaben und schrieb am 25. 4. 1934 dem Verleger unter anderem:

„...entweder man verbietet in den Schulen das A.T. überhaupt oder man lässt es behandeln und sprechen in seiner Landschaft, Rasse und Geschichte, denn es ist ein frommer jüdischer Maler doch wohl nach allen unseren heute so vertieften Einsichten in die Rassenseele der am meisten kongeniale. Wir haben vor 20 Jahren uns nicht so klar ausdrücken können über diese rassischen Zusammenhänge, allein unsere Absichten gingen bestimmt in diese Richtung, und ich habe oftmals ähnliche Erklärungen mündlich gegeben" (PPNG).

Solche Einwände änderten nichts daran, daß die Restauflage vom Verlag vermutlich vernichtet wurde. Damit ist die Geschichte der Bibelausgaben Petersens aber noch nicht zu Ende. 1975 bringt ein kleiner Verlag, die „Palatiadruck, Heitzer GmbH" in Kandel/Pfalz, eine Bibel heraus unter dem Titel: „Die Bibel in Dr. Martin Luthers Übersetzung. Eine Auswahl fürs deutsche Haus. Mit Zeichnungen von E.M. Lilien".

Es fehlt der Hinweis auf die Herausgeber Seeberg und Petersen sowie auf den Westermann Verlag; auch der Einführungstext der Herausgeber wurde fortgelassen. Auf Grund zweier Druckfehler in der Westermann-Erstausgabe läßt sich nachweisen, daß als Vorlage des Raubdruckes die Erstausgabe von 1915 benutzt wurde, da beide Druckfehler in späteren Auflagen von Petersen korrigiert waren.[13]

3. Zwischen Neuprotestantismus und Sozialismus: Theologische Einflüsse auf den jungen Petersen

Die Reihe der religionspädagogischen Veröffentlichungen Petersens beginnt 1912 – mit einem Paukenschlag: In einem anonym gehaltenen Artikel („von einem Pädagogen") im Sächsischen Kirchen- und Schulblatt zieht Petersen gegen den Leipziger Lehrerverein vom Leder, der in der „Leipziger Lehrerzeitung" den Vortrag eines Seminardirektors namens Pfeifer über die Möglichkeit, in der Volksschule Prinzipien des modernen Religionsunterrichts einzuführen, lächerlich zu machen suchte.

Wo Petersen den „modernen" Religionsunterricht (RU) und damit seinen eigenen Standpunkt angesiedelt wissen will, macht er 1913 deutlich in einem kleinen Beitrag „Neuprotestantischer Religionsunterricht und künstlerische Bibelausgaben".

„Stärker und siegreicher dringt der Individualismus in noch zu viel von überlebten Dogmen gebundenen Protestantismus vor und erhebt auch mit größerem Nachdruck seine Forderungen für die religiöse Unterweisung."

Ernst Troeltschs Schrift „Die Bedeutung des Protestantismus für die Entstehung der neuen Welt" von 1906 scheint hier, obwohl nicht erwähnt, von Einfluß gewesen zu sein:

„Indem der Protestantismus gerade an der Herausbildung dieses religiösen Individualismus und an seiner Überleitung in die Breite des allgemeinen Lebens seine Bedeutung hat, ist von vornherein klar, daß er an der Hervorbringung der modernen Welt erheblich mitbeteiligt ist" (Troeltsch 1928, S. 23).

Nun bietet der „Neuprotestantismus" ein weites Feld von Glaubensstandpunkten (vgl. v. Loewenich 1963, S. 153), und es wäre zu fragen, wo Petersen sich hier ansiedelt. Klar ist zunächst, welche Gegenposition bekämpft wird: „Auflehnung des Religiösen gegenüber dem Konfessionellen und Bloß-Kirchlichem"; dem „Widerspruch der Dogmen" gegenüber dem „modernen Geist in Wissenschaft und Seelenleben" müsse Einhalt geboten werden, weshalb man „gegenüber aller Orthodoxie den reformatorischen Charakter des freien Christentums" zu betonen habe. Statt kirchlicher Gesinnung sei Herzensbildung gefragt – „eine echte Frömmigkeit, die sich zugleich Freiheit für die wissenschaftliche Behandlung des religiösen Lebens zu wahren vermag". Somit sei der Neuprotestantismus „die einzig richtige Form für das religiöse Bekenntnis, das die Wendung zum Individualismus machen muß, weil es im Einklang mit der gegenwärtigen Kultur bleiben will, die in allen Schöpfungen ihren durch und durch individualistischen Charakter zeigt". Innerhalb des RU sei der überkommene Katechismusunterricht zu bekämpfen, weil er „in vielen Punkten nicht mehr mit dem Glaubensbewußtsein und der Weltanschauung eines modernen Christen übereinstimme" (Petersen 1913b, S. 367f.).

Petersen gibt sich hier ausgesprochen modern, den Prinzipien der Aufklärung und der Wissenschaft verpflichtet, gebremst lediglich durch eine gewisse pietistische Grundhaltung („echte Frömmigkeit", „Herzensbildung").

Wir finden dies bestätigt im Vorwort zum „Biblischen Lesebuch" von 1915, in dem Petersen die Überzeugung vertritt, daß es nicht „die Hauptaufgabe der Schule ist, die religionsgeschichtliche Entwicklung als solche zur Darstellung zu bringen. Die Aufgabe der *Schule* besteht vielmehr darin, den Glauben an das Leben, die Frömmigkeit in den großen Zeiten der Vorbereitung und der Grundlegung unserer Religion darzustellen. Daher blieben wir bemüht, die großen Tatsachen des Glaubens, die führenden Gestalten und leitenden religiösen und sittlichen Gedanken der biblischen Schriften deutlich hervorzuheben."

Die den Neuprotestantismus ab der zweiten Hälfte des 19. Jahrhunderts prägenden Theologen Richard Rothe, Albrecht Ritschl, Wilhelm Herrmann und Ernst Troeltsch werden Petersen während seines Studiums gewiß zu vertrauten Gestalten, geben ihm aber kaum Anlaß, in Veröffentlichungen auf sie zu verweisen. Das Bekenntnis zum Neuprotestantismus bot Petersen einerseits die Möglichkeit, die innere Freiheit des Christen gegenüber kirchlichen und dogmatischen Ansprüchen zu bewahren, andererseits mit einem wissenschaftlichen Anspruch zu verbinden.

Petersens Mitgliedschaft im Deutschen Protestantenverein seit 1909 (Lassahn/Ofenbach 1994, S. 117) wirft ein frühes Licht auf später in seinen Veröffentlichungen zu Tage tretende Einstellungen: der Grundsatz der Lehrfreiheit und der Wahrhaftigkeit in der Kirche, das Eintreten für volkskirchliche Ideale, Kritik am Klerikalismus (d.h. Distanz zur katholischen Kirche als machtausübender Institution), Bejahung der Kulturentwicklung als Aufgabe des modernen Protestantismus.[14] Doch überlagert sich dieser moderne, aufgeklärte Zug in Petersens Religiosität spätestens nach dem Ersten Weltkrieg mit eher gegenläufigen Tendenzen, die Petersen gleichsam zum Antiaufklärer und Antimodernisten machen. Eine dritte dem Neuprotestantismus entgegengerichtete Tendenz bildet Ende der zwanziger Jahre schließlich die dialektische Theologie, die starken Einfluß auf Petersen ausübt und sein durch den Neuprotestantismus geprägtes Lutherbild verändert. Aber Petersen steht hier nicht allein, sondern ist mit vielen anderen Theologen dem jeweiligen Zeitgeist ausgesetzt.

Ab 1. Oktober 1911 ist Petersen in Hamburg festangestellter Oberlehrer (nach heutiger Sprachregelung Studienrat) am Gymnasium Johanneum, an dem er zwei Jahre zuvor begonnen hatte zu unterrichten; 1912 wird er als Geschäftsführer in den Vorstand des „Bundes für Schulreform" gewählt, ab 1913 leitet er eine von Ernst Meumann gegründete Arbeitsgruppe an dessen „Institut für Jugendkunde", und zwar die für Religionsunterricht (UAJ: Bestand V Abt. II Nr. 1). 1920 wird Petersen Schulleiter der Realschule in Winterhude, der einzigen Hamburger Reform-Oberschule (Lichtwark-Schule). Im Kreise der Hamburger Schulreformer als Sekretär des Deutschen Bundes für Erziehung und Unterricht entwickelt Petersen in jenem Jahrzehnt seine Pläne zur Schul- und Bildungsreform. Der Einfluß der Sozialdemokratie ist dabei unverkennbar und kommt wohl am stärksten in seiner ersten schulreformerischen Schrift „Gemeinschaft und freies Menschentum" (Petersen 1919a) zum Ausdruck.

Unter den kleineren Aufsätzen, die Petersen in dieser Zeit abfaßt, sind auch zwei, die sich ausdrücklich mit dem RU befassen. In „Religionsunterricht und Jugendkunde" (1914b) weist Petersen einerseits auf nützliche Erkenntnisse der Jugendkunde für den RU hin, macht andererseits darauf aufmerksam, daß die Jugendkunde als empirisch-zergliedernde Wissenschaft dort ihre Schranken habe, wo eigentlich die Philosophie gefragt sei, und dort, wo es um die seelsorgerische Aufgabe des Religionslehrers gehe.

Brisanter ist der Aufsatz „Neugestaltung des Religionsunterrichts in den höheren Schulen" von 1919. Petersen spricht hier einerseits als jemand, für den der „sozialistische Staat" Faktum ist – und keineswegs ein nur negatives –, andererseits als jemand, der sich der allgemeinen Kritik am schulischen RU entschlossen entgegenstellt und seiner Gefährdung durch die materialistische Weltanschauung ebenso wie durch religiöses Schwärmertum Einhalt gebieten will. Hier wird auch die Beziehung des „religiösen Sozialisten"[15] Petersen zu einem sozialistisch verstandenen Gemeinschaftsbegriff deutlich:

„Eine der höchsten Ideen des Sozialismus ist diejenige der Gemeinschaft, der Bruderschaft, so fern wir im Augenblick noch der Verwirklichung dieser Idee sein mögen, weil eben von echtem Sozialismus sich noch überhaupt wenig durchzusetzen vermag. Erst aus der tief und voll erfaßten Idee der Bruderschaft erwächst das rechte Verantwortungsgefühl für das Ganze" (1925a, S. 118).

Damit ist der für Petersen grundlegende Begriff der „Gemeinschaft", dessen pädagogische Programmatik durch die Hamburger Schulreformbewegung geprägt wurde, auch in seiner Verwurzelung im evangelischen Glauben hervorgehoben. Der Rahmen für die Entfaltung des von Petersen geforderten „freien Menschentums", das „evangelisch duldsam" sein soll, ist abgesteckt (vgl. Petersen 1919a). Dem Aufsatz kommt eine Schlüsselfunktion für die weitere Entwicklung des erziehungswissenschaftlichen und religionspädagogischen Denkens Petersens zu: Deutlich zu spüren ist die – sich später noch steigernde – Kritik am politischen Katholizismus und am Intellektualismus der Zeit.

Petersen war unmittelbar nach dem Ersten Weltkrieg Gründungsmitglied des Hamburger „Werkbundes geistiger Arbeiter", einem Kreis von radikal, aber freiheitlich-demokratisch gesinnten Künstlern, Geisteswissenschaftlern und Technikern, darunter der Philosoph Albert Görland, der Direktor der Hamburger Kunsthalle Gustav Pauli und der Richter Gustav Schiefler. Der Werkbund stand in enger Verbindung mit dem Hamburger Arbeiter- und Soldatenrat.[16]

Gustav Schiefler verfaßte eine Hamburger Kulturgeschichte, in der er ausführlich auf die Tätigkeit des Werkbundes eingeht und Petersen aus den Begegnungen im Werkbund folgendermaßen charakterisiert:

„Aus dem nördlichen Schleswig gebürtig, trug er die Merkmale seines Stammes deutlich an sich: klare Sachlichkeit im Urteil, zähes Festhalten im Wollen, vorsichtiges und doch energisches Zufassen im Handeln. Sein Radikalismus war deshalb gründlich durchdachte Überzeugung, ein Radikalismus nicht des Umsturzes, sondern des Aufbaus. Von seinen wohlbegründeten Ansichten über die Notwendigkeit einer Umformung der Schule hat er in unserem Kreis wiederholt als Debatter und als Vortragender anschauliche Darstellungen gegeben. Er war ein positiver zu allen wachsenden, lebendigen Kräften jasagender Mensch: ein Freund und eifriger Förderer der Volkskirchenbewegung, für die er in der Überzeugung eintrat, daß dem religiösen Bedürfnis ohne hemmende dogmatische Schranken Genüge geschehen müsse..." (Schiefler 1985, S. 556f.).

4. Von der Volkskirchenbewegung zur Volksnomoslehre

Petersen war von 1920-1923 Kirchenvorsteher in Hamburg-Eppendorf und Mitglied der Synode. Er gehörte in dieser Zeit auch zu den führenden Mitgliedern der Hamburger Volkskirchenbewegung, setzte sich dabei insbesondere ein für das Gespräch mit sozialdemokratischen Jugendlichen und die Anstellung von Jugendpastoren.[17]

Die Hamburger Nachrichten bringen am 6. Januar 1919 den Artikel „Zur Gründung einer Volkskirche" und berichten über eine entsprechende Versammlung, auf der als zweiter Redner Petersen mit den Worten auftritt:

„Dem Geiste der Selbstgerechten gegenüber erhebt die Volkskirchen-Bewegung den Ruf: Freiheit für den Glauben! Der katholisierten Lutherkirche gegenüber tritt sie in den Kampf für eine Volkskirche. In dieser wird Platz sein für allen Glauben an Gott auf Grundlage des Evangeliums, der reicher und mannigfaltiger ist, als das Bekenntnis der heutigen Kirche einräumt. Darum weg mit dem Dogma! Freiheit und Forschung in der Bibel: für die Volkskirche eine wirkliche Volksbibel! Fort mit aller Einengung von Politik in Religion und Kirchenleben! Stattdessen seelsorgerische Tätigkeit, damit sich das allgemeine Priestertum der Gläubigen erfülle, daß im Lebenswerk jedes seiner Bürger der christliche Staat erstehe, den heute viele für vernichtet halten. Die Laien müssen mitarbeiten, nur dann wird der Bau einer wahren Volkskirche im Geiste des jungen Luther gelingen."[18]

Unverkennbar bei Petersen – und wesentlich stärker als in den Jahren zuvor – wird die Besinnung auf Luther betont. Vermutlich ist auch Petersen nicht unbeeindruckt von jenen neuen Impulsen geblieben, die Karl Holls Luther-Rede von 1917 für die neulutherische Tradition bildete. Im Auftrag der hamburgischen Volkskirchenvertretung gibt Petersen mit Franz Tügel 1919 die Zeitschrift „Die Neue Kirche" heraus. Die politische Position Petersens geht aus dem mit Tügel verfaßten Vorwort zur ersten Nummer hervor:

Es geht der Volkskirche darum, „,Lebendige Gemeinden' als Träger des neuen Lebenswillens zu schaffen, und so aus dem Volke heraus das Volksganze mit den Gotteskräften des Evangeliums zu durchdringen. Die neue Kirche ist die von staatlichem Zwang freie Volkskirche...Als Trägerin der höchsten Lebensgemeinschaft weiß sie sich für alle sittlichen und sozialen

Fragen des Volkslebens verantwortlich. Sie wird die Stimme des christlichen Gewissens erheben, bis man sie hört. Man wird sie hören. Jede Verquickung mit dem Politischen ist ausgeschlossen. Durch ihre das Religiöse oft weit überstimmende Betonung des Nationalen haben alle Kirchen während des Krieges gefehlt. Unsere Zeitschrift steht dem politischen Parteigetriebe fern. Das ‚Demokratische' betonen wir nur, soweit es aus dem Wesen des Christlichen hervorgeht. Mitarbeit des Volkes am Aufbau der Volkskirche gilt es. Was dazu dient, möge uns willkommen sein. Wir lehnen auch jede Abhängigkeit von kirchlichen Parteien und ‚Richtungen' ab. ‚Orthodoxie' und ‚Liberalismus' führen in ihren Extremen – sie mögen wollen oder nicht – zum Verfall der Kirche – zur Sekte...Nur eine ‚Richtung' gibt es für uns: die Richtung auf den lebendigen Gott durch Christus, unsern Herrn" (Petersen/ Tügel 1919, S. 1f.).

Petersen vertritt keinen bestimmten Typus von Volkskirche in Reinkultur, der andere Konzeptionen ausschlösse (vgl. Meier 1987, S. 16ff.). In seinen Vorstellungen kommt ein Bündel unterschiedlicher Motive zum Ausdruck; so ist *erstens* erkennbar ein *demokratisches* Motiv: Volkskirche soll nach dem Ende des alten Obrigkeitsstaates eine Kirche für alle sein.

Zweitens: jener von den religiösen Sozialisten vertretene, dem Proletariat zugewandte Typus von Volkskirche ist angedeutet in Petersens Versuchen, die Gespräche mit der proletarischen Jugend nicht abreißen zu lassen, wenn auch das eigentliche Milieu, in dem sich die Volkskirche in Petersens Vorstellung bewegt, primär nicht die Arbeiterschaft ist. *Drittens* ist bei Petersen – hier wiederum als Fortsetzung neuprotestantischer Traditionen erkennbar – Volkskirche gedacht als *religiös sittliche Erziehungsmacht*, die gleichsam gegen alle Veräußerlichungsgefahren des modernen Lebens eine *souveräne Lebensform* bildet (Meier 1987, S. 20). Schließlich ist *viertens* für Petersen Volkskirche auch *Verkündigungsanstalt* und darüber hinaus *konfessionsbewußte Bekenntniskirche* (ebenda, S. 20.f.), die eine volksmissionarische Aufgabe kennt und die dem Bekenntnis verbundene volkskirchliche Gemeinde in den Mittelpunkt stellt – in der Bekräftigung des Bekenntnisstandpunktes aber auch nicht frei ist von antiliberalen Zügen, die zum „demokratischen" Aspekt in einer gewissen Spannung stehen. Das von Greschat (1991, S. 237f.) unter anderem beschriebene Modell einer *nationalistischen* Volkskirche, die Gott mit dem deutschen Volk gleichsetzt, war bei Petersen in den zwanziger Jahren nicht vorfindbar, zumal diese *völkischen* Richtungen sich bald von Christentum und Kirche lösten.

Die Volkskirchenbewegung entwickelte sich nach dem Kriegsende seit 1919 als Ergebnis des Zusammenbruchs der Monarchie, womit auch das Ende des ‚Bündnisses von Thron und Altar', das der deutsche Protestantismus im 19. Jahrhundert einging, besiegelt war (vgl. Thimme/Rolffs 1919,

Verhandlungen 1919, Baumgarten 1920, Bülck 1922, Dibelius 1927, Der deutsche Protestantismus 1974, Jacke 1976, Meier 1982).

Kaisertum und Ständestaat waren in der Revolution untergegangen, der neue Staat von Weimar, der Religion zur Privatsache erklärte und die Trennung von Staat und Kirche vollzog[19], wurde in breiten Kreisen der evangelischen Kirche als „religionslos", „artfremd" und als nur vorläufiges Gebilde betrachtet (Nowak 1981, S. 85).

Dem neuen *Staat* als Ergebnis der November-Revolution war aus protestantischer Sicht nicht zu trauen. So wurde das *Volk* die neue positive Bezugsgröße. Vollzog sich innerhalb der evangelischen Kirche einerseits durch die Betonung eines von allen Gliedern getragenen Gemeindelebens ein gewisser Demokratisierungsprozeß, wurde die *Volkskirche* in einer Zeit zunehmenden Desinteresses an der Kirche zu einem ideologischen Fixpunkt, der die Sicht auf die real zu lösenden Aufgaben der Kirche innerhalb der postwilhelminischen Gesellschaft versperrte (Jacke 1976, S. 306ff.).

Selbstverständlich breiteten sich auch die Potentiale eines nach wie vor *national* ausgerichteten Protestantismus innerhalb der Volkskirchenbewegung aus, die es Hitler später leicht machten, bei den Evangelischen weitestgehend Zustimmung zu finden. Hamburg ist dafür ein Beispiel, denn auch ein Wilhelm Stapel gehörte zu den führenden Mitgliedern in der Hamburger Volkskirchenbewegung, und der spätere DC-Bischof Franz Tügel war schon „seit 1931 ausgesprochen nationalsozialistisch ausgerichtet" (Meier Bd. 1, 1976, S. 375).[20]

Der Volkskirchengedanke bedeutete ein Wiederanknüpfen an die mit mit diesem Begriff verbundenen, zum Teil widersprüchlichen Traditionen des 19. Jahrhunderts, die den Integrationsanspruch der Kirche gegenüber der sich ausdifferenzierenden Industriegesellschaft zu verteidigen suchten. Im späten 19. Jahrhundert einmündend in den deutschen Nationalprotestantismus, fand die volkskirchliche Tradition eine Fortsetzung in der breiten konservativen Strömung innerhalb der Volkskirchenbewegung der Weimarer Zeit (vgl. Scholder 1988, S. 87f.), die schließlich im krisenhaften Endstadium der Republik von völkischem Gedankengut mehr und mehr überlagert wurde.

Paul Althaus' Vortrag über „Kirche und Volkstum" auf dem zweiten Evangelischen Kirchentag in Königsberg 1927 (vgl. Verhandlungen 1927) ist für die Entwicklung des Protestantismus innerhalb der Weimarer Republik ebenso symptomatisch wie der steigende Einfluß, den Wilhelm Stapel mit seiner Zeitschrift „Deutsches Volkstum", seinen Schriften „Volksbürgerliche Erziehung" (die von Auflage zu Auflage dicker wird) und „Der christliche Staatsmann" gewinnt.

Hinter den Führergestalten eines sich immer stärker national, antiliberal und antidemokratisch gebenden Protestantismus steht die breite Phalanx der

„konservativen Revolution" (Mohler 1972). Im Übergang zum Dritten Reich reicht sie von den zwar „deutsch", aber gleichzeitig auch differenziert urteilenden Verfassern des Altonaer Bekenntnisses (vgl. Asmussen 1933) bis zu den Vertretern einer politischen („völkischen") Theologie, die Staat und Volk als Schöpfungsordnungen betrachten (wie Althaus und Hirsch), den Staat aus dem Gesetz Gottes ableiten (wie Gogarten 1932; 1933; 1934) und ein völkisches „Artgesetz" für das deutsche Volk postulieren, das mit dem neutestamentlichen Gesetz in eins gesetzt wird (wie Stapel; vgl. Tilgner 1966, S. 89ff.; Scholder 1977, S. 533ff.; Nowak 1981, S. 215ff.).

Die enge Beziehung, die „Glaube und Volkstum" schon vor 1933 im Protestantismus miteinander eingingen, gab vor allem auch der Missions- und Diaspora-Arbeit starken Auftrieb.[21] Fragen der „Umvolkung" (vgl. Geißler 1931), der „völkischen Assimilation" und des „Deutschtums" gewinnen in diesem Zusammenhang in der evangelischen Kirche an Bedeutung:

„Darum wird für den evangelischen Menschen Glaube und Volkstum immer in einem tiefen Lebenszusammenhang miteinander stehen. Denn es klingen darin Schöpfungsoffenbarung und Heilsordnung zusammen ... Dadurch aber wird die Mission zu einer Wegweiserin für die Aufgabe, die dem Deutschtum überhaupt in dieser Zeit erblüht" (Knak 1932, S. 36f.).

Der von Petersen sehr geschätzte Wilhelm Stählin, Mitbegründer der Berneuchener Bewegung (vgl. Meyer-Blanck 1994), hatte sich – ähnlich wie Helmuth Schreiner und andere national denkende Theologen – Mitte der zwanziger Jahre mit der völkischen Bewegung mehrfach auseinandergesetzt: Einerseits geschah dies verständnisvoll, indem dem völkischen Gedanken als Reaktion auf die politische Situation Deutschlands nach Versailles eine gewisse Existenzberechtigung zugebilligt wurde, andererseits hatte Stählin (1927, S. 115) sehr kritisch vermerkt, daß die daraus resulierende „dämonische Selbstzerstörung des Lebens in einer grenzenlosen Ueberschätzung des selbstherrlichen Ichs" von der völkischen Jugend nicht wahrgenommen worden sei. Stählins Volksbegriff war von dem Petersens gewiß nicht weit entfernt, wenn er sagte:

„Die Zugehörigkeit zu dem gleichen Volk ist ein starkes und unauflösliches Band, das den Einzelnen in eine umfassende menschliche Gemeinschaft bindet...Darum hat überall, wo dieses Volkserleben als das große und entscheidende Jugendschicksal erlebt wurde, das Wort ‚Volk' einen echt religiösen Klang, und das völkische Erleben gewinnt eine Bedeutung und eine Feierlichkeit, wie sie nur einem metaphysischen Heimatgefühl entspricht. Am stärksten und reinsten bricht das in dem Schrifttum und den Lebensformen des Grenz- und zum Teil Auslandsdeutschtum hervor; in manchen Gedichten von Ernst Leibl hat dieses religiöse Bewußtsein, das sich eben in dem leidenden Volk am tiefsten an die Gottheit gebunden weiß, seinen klassischen Ausdruck gefunden" (Stählin 1927, S. 114).

Auch das „Berneuchener Buch", das als Ergebnis einer Konferenz des Berneuchener Kreises 1926 veröffentlicht wurde und das, abgesehen von Stählin und dem Petersen-Freund Heitmann, auch von Männern wie Ottoheinz von der Gablentz und Paul Tillich mitgetragen wurde, gibt in seinem Bestreben, Verkündigung und Kirche zu erneuern, Auskunft über die Einstellung zum Volkstumsgedanken. Im letzten Abschnitt des Buches wird in je eigenen Kapiteln von der Heiligung des Geschlechtes, der Arbeit und des Volkes gesprochen:

„Das Erwachen des völkischen Bewußtseins ist ein Rückschlag gegen die vollkommene Rationalisierung des Lebens. Die Volkheit ist eine unmittelbare Gegebenheit. Sie ist nicht selbst Natur, aber sie ist mit der gleichen Ursprünglichkeit wie die Natur gegeben. Die Verwurzelung in der Heimat, in Sprache und Gesittung der Nation, die Bindung an die Summe körperlicher und geistiger Anlagen liegt vor aller rationellen Überlegung und vor aller freien Selbstbestimmung des Menschen. In dem Maße, als die Aufklärung mit ihrer Überschätzung des menschlichen Bewußtseins sich selber zerstört, erschließt sich der neue Blick auf solche vorrationalen Gegebenheiten. Aber gerade in der Auseinandersetzung mit der völkischen Bewegung hat sich sehr deutlich gezeigt, in welchem Maße die Kirche selbst der Aufklärung verfallen war und an die Stelle des im naturhaften Zusammenhang gebundenen Menschen die Konstruktion eines sich in rationaler Freiheit selbst bestimmenden Menschen gesetzt hatte. Daß der Mensch auch in seinen höchsten Betätigungen hineinverflochten ist in den Komplex körperlicher und seelischer Anlagen, die er aus seiner Erbmasse, aus seiner Rasse, aus seinen bluthaften Zusammenhängen und nicht minder aus seiner Sprache und all dem, was sie ihm geführt hat, empfangen hat, das anzuerkennen, gehört zu dem Gehorsam gegen die Schöpfungsordnung, unter die wir gestellt sind. Aber wo dies in seiner ganzen Tragweite gesehen wird, da ist zugleich der Anspruch des selbstherrlichen Ich, das über sich selbst zu verfügen glaubt, erschüttert. [...] In dieser gliedhaften Ordnung aber liegt stets der Hinweis auf die Bedingtheit des Einzelnen und ebenso der stete Aufruf zur Hingabe, zu Opfer und Dienst an dem übergeordneten Ganzen" (Berneuchener Konferenz 1926, S. 156ff.).

Dies genau ist Petersens Sprache der späten zwanziger Jahre: antirationalistisch, antiindividualistisch, dem Gedanken der Volksgemeinschaft verpflichtet. Die Grenze zwischen Volkstumsgedanken und Rassismus wurde von den Berneuchenern dort gesehen, wo der Herrschaftsanspruch Gottes negiert wird, d.h. die Liebe zum eigenen Volk „verfälscht" wird „mit „der Behauptung seiner moralischen Vortrefflichkeit und seiner Überlegenheit über fremdes Volkstum":

„Man wagt zu behaupten, nur auf dem Boden des Judentums oder einer minderwertigen Rassemischung entstehe jenes neutestamentliche Gefühl der Zwiespältigkeit und Schuldverhaftung, von dem der nordische Mensch nichts wisse. [...] Kein Volk ist die vollkommene Verwirklichung seiner Bestimmung. In jeder konkreten geschichtlichen Gestalt ist die schöpfungsmäßig angelegte Bestimmung entstellt durch die besonderen Fehler eben dieser Zeit und dieses Volkes, durch menschliche Schwachheit, Versagen und Sünde" (ebenda, S. 161f.).

Im entscheidenden historischen Moment, 1933, blieb diese Einsicht allerdings ausgeblendet – auch bei einen großen Teil derjenigen, die sich dem Berneuchener Kreis zugehörig fühlten.

War die breite Mehrheit des evangelischen Lagers seit den zwanziger Jahren national-konservativ eingestellt, so wurde diese Haltung durch die Krise, in die der Staat schließlich geriet, politisiert und polarisiert. Die Auseinandersetzung des Protestantismus mit dem politisch immer stärker – auch durch ihren Terror – hervortretenden extremen Rechts- und Linksparteien (man denke an den „Altonaer Blutsonntag") war Anfang der dreißiger Jahre in vollem Gange, wobei das linke Spektrum kaum interessierte. Paul Tillich und die Verfechter des religiösen Sozialismus fanden allzu wenig Beachtung.

Die Polarisierung der Einstellung im deutschen Protestantismus gegenüber dem Nationalsozialismus vor dem unmittelbaren Ende der Weimarer Republik wird besonders augenfällig in den beiden von Leopold Klotz (1932) herausgegebenen Bänden „Die Kirche und das Dritte Reich", in denen eine größere Anzahl von Theologen und Laien zu Wort kommt:

Ist der liberale Theologe Martin Rade überzeugt, die Stellungnahme des evangelischen Christen „kann nur laufen in der Ablehnung der heutigen Führer der NSDAP", und spricht Paul Tillich sogar von „Verrat", falls der Protestantismus sich dem Nationalsozialismus öffnen und damit den Sozialismus verwerfen sollte, so äußert sich der liberale Jenaer Theologe Heinrich Weinel weniger eindeutig, wenn auch starke Bedenken gegenüber dem NS angemeldet werden. Weinel verweist zunächst darauf, daß er schon 1925 die Bedeutung der völkischen Bewegung wahrgenommen, wenn auch ihren Rassismus abgelehnt habe; er kritisiert das kirchenfeindliche Meinungsbild der NSDAP-Führer, sieht andererseits in Hitler den klugen, Zurückhaltung übenden Staatsmann. Diese noch stark im Zweifel verharrende Position hat der ostfriesische Pastor Johannes Bruns weit hinter sich gelassen. Bruns sieht im NS „viel Grund zu großer Freude":

„Wer darum als Christ nicht auch für Hitler und seine Bewegung betet, versündigt sich an seinem Volk" (Bruns, in Klotz 1932, Bd. 2, S. 19).

Der Standpunkt Rades und Tillichs wurde zweifellos nur von einer Minderheit protestantischer Theologen eingenommen. Die Mehrheit stand eher hinter einer Position, wie sie der junge Lutheraner Walther Künneth 1931 formulierte – auf einer Tagung, an der auch der NSDAP-Pädagoge Hans Schemm teilnahm: Die Evangelischen setzen überwiegend Hoffnungen in den Nationalsozialismus. Sie können dem völkischen Gedanken und einer vom NS bestimmten Volksgemeinschaft durchaus folgen, allerdings nicht Hitlers Rassentheorie. Ähnlich argumentierte Helmuth Schreiner (1931a).

Im Grunde gab es nur wenige Publikationen, die den NS kritischer Analysen unterzogen und ihn *ablehnten*: Hervorzuheben sind der Aufsatz „Politisches Messiastum" (1931) des Barth-Schülers Richard Karwehl und Hermann Strathmanns Schrift „Nationalsozialistische Weltanschauung?" ([2]1932); letztere erschien im Verlag des Christlich-Sozialen Volksdienstes, dessen Mitglied Strathmann war. Nach der politischen Wende 1933 und dem Siegeszuges der Deutschen Christen folgte jene Schrift, die einen Grundstein zur wenig später sich formierenden Bekennenden Kirche bildet: Karl Barths Aufsatz „Theologische Existenz heute" (1933).[22]

Das Spektrum des Protestantismus in Deutschland nach der Machtergreifung Hitlers läßt sich, grob gesehen, etwa folgendermaßen beschreiben:

1. Gleichsam „außen vor" standen die *Deutschgläubigen*, die als völkisch-religiöse Erneuerungsbewegung an die Stelle des biblischen Christentums einen „artgemäßen", rassisch fundierten, germanischen Mythos setzten; ihre Wurzel lag in völkischen Strömungen, die sich bereits am Ende des 19. Jahrhunderts von der Kirche distanzierten und eine neue deutschnationale Religiosität verkündeten.[23]

2. Die „Deutschen Christen" (DC), die nach den Kirchenwahlen am 23. Juli 1933 ihre Machtposition in den meisten Landeskirchen ausbauen konnten, waren gläubige Nationalsozialisten, die unter Ablehnung des „jüdischen" Alten Testaments ein arisches Christentum auf der Grundlage von Rasse, Blut und Boden – mit Jesus als Arier – verkündeten; auf ihr Betreiben ging die Einführung des kirchlichen Arierparagraphen zurück (den es in der staatlichen Gesetzgebung im „Gesetz zur Wiederherstellung des Berufsbeamtentums" vom April 1933 schon gab); er verbot Nichtariern jegliche Tätigkeit im kirchlichen Raum. Dabei waren auch in Kreisen der nicht zu den DC gehörenden Theologen die Bedenken, die gegen diese Regelung geltend gemacht wurden, in erster Linie nicht menschlich begründet, sondern theologisch.[24] Die Einführung des kirchlichen Arierparagraphen war allerdings der Anlaß dafür, daß sich *innerhalb* der Kirchen Widerstand bildete.

3. Die bibel- und bekenntnistreue Opposition, die sich im Anschluß an die Jungreformatorische Bewegung ab Herbst 1933 im Pfarrernotbund Niemöllers zu organisieren begann und seit der Barmer Synode (Mai 1934) als Bekennende Kirche (BK) auftrat, bildete die dritte Gruppierung.[25] Sie ging davon aus, daß die Bibel, Altes und Neues Testament, Grundlage des evangelischen Bekenntnisses sei. Dabei waren und blieben

die meisten ihrer Mitglieder durchaus national gesinnt (bestes Beispiel: Martin Niemöller), was nicht verdrängen soll, daß viele von ihnen existentiell bedroht waren, Widerstand leisteten, ins KZ kamen, mißhandelt oder umgebracht wurden, als sie sich gegen Eingriffe von Staat und Partei zur Wehr setzten.[26]

4. Zwischen Deutschchristentum und Bekennender Kirche gab es ein breites, schwer zu definierendes „Feld der Mitte", dem diejenigen angehörten, die sich nicht ausdrücklich zu einer der beiden sich bekämpfenden Flügel bekannten; man kann die Hauptgruppe dieses unübersichtlichen Feldes der „Neutralen" vielleicht noch am besten als Sammelpunkt eines nationalkonservativen *Luthertums* kennzeichnen, das von seiner Mittelposition her sowohl in bekenntnisorientierte als auch in deutschchristliche Kreise hineinreichte.

Wichtig ist in unserem Zusammenhang die Erkenntnis, daß auch dort, wo evangelische Pastoren oder Hochschultheologen national und volksgebunden dachten, es möglich war, eine unüberbrückbare Grenze zur Rasssenideologie Hitlers und zu den Deutschen Christen zu ziehen. Daß dies eine Angelegenheit einzelner blieb, Hitlers Rassenpolitik bei den Führern des deutschen Protestantismus keineswegs eine geschlossene Ablehnungsfront vorfand und letztlich nur in Dietrich Bonhoeffer einen radikalen Gegner hatte (vgl. Peters 1976), ist ein wesentlicher Aspekt der bis heute nicht abgeschlossenen Diskussion um die Frage der Schuld der Kirche im Dritten Reich.

Der Mitgliedschaft von Theologie-Studenten in der SA wurde von kirchlicher Seite soviel Wohlwollen entgegengebracht, daß zum Beispiel in Bayern Gerüchte kursierten, zur theologischen Aufnahmeprüfung in Ansbach müsse SA-Dienst nachgewiesen werden; das wurde zwar von der Landeskirche dementiert, war aber auf lokaler Ebene durchaus nicht so klar (Meisiek 1993, S. 161).

Wie stark die Konsensbereitschaft der breiten Bevölkerung gegenüber dem NS-Staat tatsächlich war, zeigt Bernd Stöver in der Auswertung sozialistischer Exilberichte („Sopade", „Neues Beginnen"); die Studie belegt, wie sehr ökonomische und sozialpolitische Maßnahmen des NS-Staates zur Verbesserung der Lebenssituation nach der Weltwirtschaftskrise dem Sicherheitsbedürfnis der Bevölkerung Rechnung trugen und entsprechende Identifikationspotentiale freisetzten. Stövers Fazit: Erst auf der Grundlage der Sicherung der Lebensverhältnisse ist die Realitätsverdrängung des NS-Terrors im Alltag (spätestens seit dem 1. April 1933) und die weitgehende Identifikation der Bevölkerung mit der Ideologie der Volksgemeinschaft zu begreifen.

5. Philosophische Grundlagen der Pädagogik Petersens

Petersen gilt heute als ein Pädagoge der „Vormoderne", ja der „Antimoderne" (Rülcker/Kaßner 1992). Auch wenn eine solche Zuordnung entscheidend von der Definition von „Moderne" abhängig ist, dürften einige Züge der Petersenschen Pädagogik damit getroffen sein. So löste Petersen die moderne Jahrgangsklasse auf zugunsten jahrgangsgemischter Gruppen, wie man das von der wenig gegliederten Landschule her kannte. In seiner „Allgemeinen Erziehungswissenschaft" (1924) unternimmt Petersen eine volkstheoretische Begründung der Erziehung, die den Rückgriff auf Wilhelm Wundt und organologische Volksvorstellungen des 19. Jahrhunderts durchaus deutlich macht. Die Darstellung ist frei von religiösen Bezügen, aber ohne Petersens enge Bindungen an volkskirchliche Vorstellungen kaum angemessen interpretierbar.

Petersen zieht im Zuge seiner organologisch bestimmten Volks- und Gemeinschaftspädagogik ab der zweiten Hälfte der zwanziger Jahre gegen Positionen zu Felde, die gemeinhin mit dem Begriff der Moderne verbunden werden: In diesem Sinne ist Petersen nun zu einem erklärten Gegner des Rationalismus, der Aufklärung, des Individualismus geworden. In seinem erziehungsgeschichtlichen Abriß, der „Pädagogik" (1932), stellt Petersen dem autonomen Menschen der Moderne den „Menschen der Polis" gegenüber, dessen Wesensgestalt er aus antiken, frühchristlichen und frühgermanischen Vorstellungen gewinnt; der „Mensch der Polis" ist gleichsam der „Mensch von Natur" aus, der vom „Gemeinwesen", von der „Volkheit" her denkt, der eingegliedert ist in seinen „Stand" und in die natürlichen Ordnungen des Volkslebens. „Volkwerdung" wird in der Krisenzeit der Weimarer Republik für Petersen um so mehr zu einer wichtigen Aufgabe, ohne daß er damit schon zu einer „völkischen" Position umgeschwenkt wäre.

Aus gesellschaftskritischer Sicht ist unter dem Eindruck der geschichtlichen Entwicklung in diesem Jahrhundert immer wieder darauf verwiesen worden, daß die wertende Gegenüberstellung von Gemeinschaft und Gesellschaft, wie sie Ferdinand Tönnies Ende des vorigen Jahrhunderts in die Diskussion gebracht hatte, in ihrer pädagogischen Rezeption in den zwanziger

Jahren einen verhängnisvollen Einfluß ausübte, weil die Entscheidung für „Volk und Gemeinschaft" gleichzeitig eine Abwertung der Gesellschaft bedeutete – mit der Konsequenz, daß die realen gesellschaftlichen Widersprüche gewissermaßen „außen vor" blieben und verdrängt wurden. Auch Petersen ist von diesem Vorwurf nicht ausgenommen, auch bei ihm liegt eine wertende Dichotomisierung von Gemeinschaft und Volk einerseits, Staat und Gesellschaft andererseits vor.

Schon wenige Jahre nach dem Neuanfang der deutschen Republik wird Petersen (1925a, S. 250; 1926b, S. 37) zum Kritiker des demokratischen Parlamentarismus, den er den alten politischen Systemen zurechnet, die ein Volk, „das sich höhere Staatsformen" schaffen will, zu überwinden habe, indem es „neue Wege zu staatlichen Formen für Volkseinheiten suche". Petersens sozialpolitische Vorstellungen sind im Grunde stark an alten genossenschaftlich-syndikalistischen Vorbildern orientiert (vgl. Petersen 1925c, S. 142f.), die sich im mittelalterlichen Rechtswesen als Gegenposition zum Herrschaftsrecht entwickelten (vgl. Gierke 1886)[27] und Anfang der zwanziger Jahre durch den von England kommenden sog. Gildensozialismus für kurze Zeit neu auflebten (vgl. Cole/Mellor 1921; Taylor 1921; Novy 1983).

Petersens Gemeinschaftsbegriff, den er grundlegend auch für seine Jenaplan-Schule ansah, hat eine philosophische Wurzel. Er entfaltet eine Erziehungsmetaphysik[28], die an Aristoteles, aber auch an die Transzendentalienlehre des Hochmittelalters anknüpft. Petersen sieht den Menschen als „zoon koinonikon", als das auf Gemeinsamkeit angelegte Wesen. Und die Menschengruppe, die den natürlichen Ausgangspunkt für mitmenschliches Zusammensein bildet, ist die Familie – ähnlich wie dies schon Aristoteles in seiner Eudemischen Ethik (Buch VII, Kap. 10, 1242a+b) beschrieb.

Für Petersen ist der Mensch vom Seinsgrund her auf Gemeinschaft, auf Bruderschaft, auf den Dienst am Nächsten hin angelegt. Erziehung wird von ihm als „kosmische Urfunktion" bezeichnet, die absichtslos überall dort wirksam wird, wo in der intakten Gemeinschaft Menschen füreinander eintreten. Sie steht in engstem Zusammenhang mit Geist und Freiheit.

„Geist" aber definiert Petersen (1931a, S. 89) als „Inbegriff aller derjenigen Akte, durch welche ein Mensch sich selbst und alles Seiende und Geschehende in ihm und um ihn auffaßt, weiß und versteht als seiend, wertempfangend und selber wertend aus dem Grunde alles Seienden heraus oder in denen er aus dem Grunde der Wirklichkeit heraus fühlt und handelt, so daß die im eminenten Maße menschlichen (geistigen) Gefühle und Handlungen entstehen wie Güte, Liebe, Demut, echtes Mitleid, Leid, Andacht, Ehrfurcht u.a.m."

Petersen (1931a, S. 96ff.) nennt sechs metaphysische Grundurteile der Erziehungswissenschaft, die die Allgegenwart der Erziehung hervorheben. So spricht er von der „Einheit des Menschengeschlechts", die vor aller Differenzierung nach Rassen, Völkern und Kulturen existiere; das Grundurteil „Immer alles" meint:

„Immer steht die Menschheit ausgerüstet mit der gleichen und der gleichen *ganzen* Fülle ihrer Gaben vor denselben Aufgaben. Ihre Lösungen sind wohl andere, allein die seelischen, geistigen und körperlichen Anlagen zu ihrer Bewältigung sind immer dieselben" (Petersen 1931a, S. 97).

Die meisten Diskussionen aber löst vermutlich Petersens Grundurteil aus, daß der Mensch „von Natur gut" sei. Hat Rousseau hier Pate gestanden? könnte man im ersten Augenblick fragen. Sicherlich spielt Rousseau eine wichtige Rolle in der Reformpädagogik, nicht nur in der Wiederentdeckung und Neubewertung der „Natur des Kindes", sondern auch hinsichtlich Rousseaus Radikaldemokratismus und Egalitätsvorstellungen, die die traditionellen Schulhierarchien in Frage stellten.

Aber „von Natur gut" hat auch eine theologische Seite, die sich in klaren Gegensatz zur Erbsündenlehre stellt. Der paulinisch-augustinisch-lutherischen Sündenlehre steht Petersen jedenfalls kritisch gegenüber; mit ihr habe sich die christliche Orthodoxie, der die Heilslehre fehle, allzu sehr identifiziert (Petersen 1931a, S.100).

„*Jeder* Mensch muß von Natur, muß vom Wesen aus gut sein, und das Problem der Erbsünde, das sich mit Unrecht auf das Alte Testament und die israelitisch-jüdische Anschauung und ebenso mit Unrecht auf *Jesu* Lehre zu berufen pflegt, ist ein Eindringling der hellenistischen Welt, deren Sarx-(Fleisch-)Lehre der Diaspora-Jude Paulus gelehrt hat. Auch hier gilt es zum Standpunkte des Evangeliums zurückzukehren. Unter dem Guten aber verstehen wir, daß er mit einer *Kraft* von Natur ausgestattet sei, die es ihm möglich macht, unter menschenwürdigen Bedingungen ein wohlgehaltenes, wohlgefälliges, sittlich wertvolles Bild menschlichen Lebens darzustellen" (Petersen 1925a, S. 280f.).

Tatsächlich stehen die vier Evangelien bei Petersen höher im Kurs als die Paulus-Briefe. Das entspricht einer bestimmten historischen Linie der neutestamentlichen Exegese, die im aufklärerischen Optimismus neuprotestantischen Denkens durchaus einen Rückhalt hatte und über Rousseaus Einfluß hinaus das Grundurteil „von Natur gut" theologisch rechtfertige – bei Petersen allerdings mit einer bedeutsamen Einschränkung: Jegliche Möglichkeit zu sittlichem Fortschritt der Menschheitsgattung, wie sie im Siegeszug der Aufklärung verkündet wurde, verneint Petersen auf das Entschiedenste. „Es gibt keine sittliche Entwicklung der Gattung, sondern nur Entfaltung der sittlichen Kräfte des Einzelnen in der Gemeinschaft und durch die Gemeinschaft" (Petersen 1931a, S. 107).[29]

Im „Organismus der natürlichen Ordnungen" (Petersen 1932, S. 3) bildet das Volk gleichsam die höchste Form der Gemeinschaft. Für Petersen war Pädagogik ein Mittel zur Volkwerdung. Erziehung habe es immer auch damit zu tun, die „Liebe zum eigenen Volke" zu wecken bzw. zu erhalten. Dieser volkspädagogische Bezug Petersens hat durchaus seinen biographischen Hintergrund. Petersen stammt aus einer alteingesessenen Bauernfamilie im deutsch-dänischen Grenzland. Er war ein Jahr lang bis Anfang 1908 an der Akademie Posen und lernte dort den leidenschaftlichen Kampf der Polen gegen preußische Germanisierungsversuche kennen (der Religionsunterricht polnischer Volksschulen sollte z.b. in deutscher Sprache abgehalten werden), aber ebenso beschäftigten ihn die Probleme deutscher Minderheiten in mehrheitlich von Polen bewohnten Regionen.[30] Als Dänemark in den Versailler Verhandlungen die Möglichkeit eingeräumt wurde, in Nordschleswig den Grenzverlauf zu seinen Gunsten zu verändern, und 1920 die Bevölkerung darüber in zwei Abstimmungszonen zu entscheiden hatte, war Petersen von Hamburg aus für mehrere Monate ins deutsch-dänische Grenzgebiet gegangen. Mit Wort und Schrift setzte er sich in der heißen Phase des Wahlkampfes für den Verbleib der deutschsprachigen Gebiete beim Deutschen Reich ein; tatsächlich wurde von den Siegermächten die zweite Zone, mehrheitlich deutschsprachig, dem Deutschen Reich zugesprochen, allerdings *ohne* die deutschen Minderheitsgebiete Nordschleswigs in der ersten Zone. Der errungene Teilerfolg stärkte Petersens Überzeugung, daß es gut und richtig sei, sich als einzelner für die Belange seines Volkes und für den Erhalt der Heimat einzusetzen.[31]

6. Pädagogischer Realismus –

Existenzphilosophie – dialektische Theologie

Petersen ist mit seiner auf Aristoteles zurückgreifenden Erziehungsmetaphysik ein Gegner aller idealistischen und neuidealistischen Systeme, die nach dem Ersten Weltkrieg in Deutschland etwa durch die Kulturphilosophie eines Eduard Spranger und die an Hegel anknüpfende dialektische Pädagogik Theodor Litts durchaus Gewicht besaßen. Petersen bekennt sich zur Grundhaltung des „Realismus", die weder vom wertbestimmten Sollen, noch von zukunftsgerichteten Zielsetzungen der Erziehung oder von einem vergangenheitsorientierten Historismus bestimmt ist, sich vielmehr auf die Gegenwart und die Dinge, *so wie sie sind* (nicht wie sie sein sollen), konzentriert (vgl. Petersen 1932, S. 92ff.). In dieser Sichtweise des Menschen, die einen Bezug zu Max Schelers Begriff der „Sachlichkeit" hat[32], vertritt Petersen (1932, S. 113) eine „illusionsfreie, antirationale Erziehungswissenschaft" und einen „pädagogischen Realismus".

Nun besagt der Begriff „Realismus" an sich wenig, er könnte z.B. auch rationalistische, positivistische oder sozialistische Züge haben, die Petersen allerdings ablehnt. Petersens „Realismus" ist vielmehr „antirational", und er erhält Anfang der dreißiger Jahre seine inhaltlichen Bestimmungen durch Entwicklungen in der Theologie und in der Religionspädagogik, die neue Antworten zu geben versuchen auf die „Krisensituation" der Zeit. Bezeichnend ist, daß Petersen (1932, S. 111) als weitere Vertreter des pädagogischen Realismus ausschließlich Theologen und Religionspädagogen nennt: Friedrich Delekat, Helmuth Schreiner, Ludwig Heitmann.

Mit Heitmann war Petersen seit der gemeinsamen Hamburger Zeit befreundet. Heitmann taufte Petersens Kinder, und in der Herausgabe der „Neuen Kirche" war Heitmann nach einem Jahr Petersens Nachfolger; die Zeitschrift wurde Ende 1920 eingestellt. Heitmanns zivilisationskritisches Buch „Großstadtjugend und Religion" hatte vermutlich Einfluß auf Petersens Sicht der „modernen" Gefährdungen der Jugend.[33] Allerdings haben so unterschiedliche, der Inneren Mission verbundene Theologen wie Schreiner und R. Seeberg Petersens ausgeprägt christlich-soziale Sichtweise ebenfalls geformt.

Helmuth Schreiner (1893-1962) war nach dem Theologie-Studium ab 1921 Leiter der Hamburger Stadtmission; Petersen, der bis 1923 in Hamburg war, lernte ihn hier vermutlich kennen. 1926 wurde Schreiner Vorsteher des Johannesstifts Berlin-Spandau, 1931 ging er als Professor für praktische Theologie an die Universität Rostock. Als Gründungsmitglied der Jungreformatorischen wandte sich Schreiner wenig später der BK zu. Schreiner gehörte nach 1933 „zu den profiliertesten Gegnern der Deutschen Christen und zu den Kämpfern gegen die nationalsozialistische Weltanschauung" (Hauschild 1991, S. 99f.).

Schreiner war gehässigen Artikeln der NS-Studentenpresse und öffentlicher Kritik des Reichsstatthalters Hildebrand ausgesetzt, seit Anfang 1937 überwachte die Gestapo seine Post. Am 30. Juni 1937 wurde Schreiner zwangsweise in den Ruhestand versetzt unter gleichzeitiger Enthebung aller Universitäts- und Prüfungsämter (Pauli 1968, S. 351f.); „die Nennung der Gründe wurde mir verweigert", schrieb er 1947 in einem Lebenslauf (UAM: Ev.Theol.Pers. 51[1]). Schreiner übernahm 1938 die Leitung des Diakonissenhauses in Münster und war nach 1945 am Wiederaufbau der theologischen Fakultät der Universität Münster maßgeblich beteiligt.

Es verdient Beachtung, daß Petersen, dem Schreiners Schicksal im „Dritten Reich" kaum verborgen geblieben sein konnte, über dessen Theologie und Religionspädagogik eine Dissertation anfertigen ließ (vgl. Poptodorow 1942).

Schreiner stellt in seinem pädagogischen Hauptwerk (Schreiner 1931b) ähnlich wie Petersen die Gemeinschaft („Anspruch des Nächsten an mich selbst") in den Mittelpunkt seiner Betrachtung, wobei Gemeinschaft in bezug auf das Individuum nicht etwa einen Gegensatz, sondern ein Begründungsverhältnis darstellt, sie ist „Gemeinschaft von Ungleichen". Von diesem Ansatz aus entwickelt Schreiner eine evangelische „Pädagogik aus Glauben", die Vergebung als Grundlage des pädagogischen Bezuges definiert – eine Sichtweise, die Petersen sehr entgegenkommt, obwohl Schreiners Realismus-Begriff und seine Ethik in vielen Punkten anders begründet sind als bei Petersen.

Delekat wurde für Petersen wichtig durch seine Schrift „Von Sinn und Grenzen bewußter Erziehung" (1927), in der er, vom Tatbestand der Kultur- und Glaubenskrise ausgehend, sich von der „restlosen Intellektualisierung und Individualisierung" distanziert, zurückfragt nach dem Verhältnis von Glauben und Erziehung im Urchristentum und das (erzieherische) Handeln des Menschen in seinem Wagnischarakter verdeutlicht. Berechenbarkeit und Planbarkeit des Erziehungsvorgangs sind auch für Petersen im höchsten

Maße suspekt, weil die Welt des Schülers dadurch in Gefahr sei, „zurecht-
gestutzt", ja „vergewaltigt" zu werden.

Auf der 4. Reichstagung der Studenten-Arbeitsgemeinschaft der Christlichen Vereine junger Männer 1931 in Bad Blankenburg stellt Petersen in seinem Vortrag die Frage:

„Ist denn planvolles, bewußtes Erziehen überhaupt noch möglich? Darauf ist zu antworten: Selbstverständlich gibt es nach wie vor ein Üben des Intellektes, eine Übermittlung von Reglements. Eine solche Ausbildung bleibt jedoch nicht das Letzte, sondern Erziehung ist nur dort, wo ich dem Anruf der Schöpfung gehorche, wo ich
unmittelbarer Diener der Schöpfungsordnung Gottes in meinem Erziehungswerke
bin. Dieser pädagogische Bezug ist am vollkommensten in der Familie, wie überhaupt reines, freies Gemeinschaftsleben die beste Schule ist" (Petersen 1931c).

Dem neuen philosophischen und theologischen Denken Ende der zwanziger
Jahre geht es in einer neuen radikalen Infragestellung herkömmlicher Sicht-
weisen des Menschen um seine bloße Existenz. Die hierbei geübte Ablehnung idealistischen, fortschrittsgläubigen Denkens, die Skepsis gegenüber
rationaler Planbarkeit von Erziehung kann sich Petersen durchaus zu eigen
machen. Dabei orientiert er sich philosophisch eher an Karl Jaspers[34] als an
Martin Heidegger, innerhalb der (dialektischen) Theologie eher an Friedrich
Gogarten[35] als an Karl Barth.

Anders als Barth, der vor allem *innerhalb* der Theologie neue Dimensionen erschloß, regte Gogarten (1928) mit seiner Distanzierung von Idealismus
und Humanismus und dem Rückgang auf Martin Bubers „Ich-Du-Verhält-
nis" das Gespräch zwischen Theologie, Philosophie und Pädagogik in einer
kaum zuvor dagewesenen Weise an.

Besonders beeinflußt von Gogarten ist die aus dem Baltikum stammende
Religionspädagogin Magdalene von Tiling (vgl. Tiling 1932); sie war Vorsitzende der evangelischen Frauenverbände und 1930-33 Mitglied des Reichs-
tags für die Deutschnationale Volkspartei; Opitz (1969, S. 146) charakteri-
sierte sie als „eine treue Anhängerin Hugenbergs".

Petersen schätzte Tiling wegen ihrer religionspädagogischen Arbeiten auf
„reformatorischer Grundlage"; Petersens Rückgriff auf Luthers Ständelehre
ist vermutlich durch M. v. Tiling mit beeinflußt. Biographisch teilt Petersen
mit M. v. Tiling das Grunderlebnis der Volks- und Grenzlanddeutschen, Heimat und Volkstum – die wichtigsten Momente zur Aufrechterhaltung der
eigenen Identität – gefährdet zu sehen, sei es durch die unterdrückende Politik eines Fremdstaates, sei es durch die Kultur der Moderne, die als Gefährdung der bäuerlichen Volkskultur empfunden wird.

Dies dürfte der Grund dafür sein, daß konservativ-volkstumsbewahrende Elemente bei Petersen wie bei Tiling auch eine entscheidende Bedeutung für das Menschenbild besitzen.

Waren für Petersen die „Verwurzelung im Heimatboden", Volkskultur und Volkszugehörigkeit in ihrer Gefährdung durch die als ungerecht empfundenen politischen Gegenbenheiten (Versailles) und durch kulturelle Entwicklungen („Veräußerlichung des Lebens in der Moderne") Grund genug, den Volkstumsgedanken in der Pädagogik zu binden an eine der Zeitkrise enthobene Erziehungsmetaphysik frühchristlich-antiker Herkunft, so lassen sich ähnliche „rückwärtsgewandte" Denkstrukturen in noch ausgeprägterem Maße bei der Baltendeutschen Tiling feststellen.

Die Rückwendung zur politischen Romantik des 19. Jahrhunderts und Orientierung an Vorstellungen, die der agrarisch-ständischen Welt des Mittelalters entstammen (vgl. Herkenrath 1972, S. 38), macht Petersen und Tiling in gewissem Sinne zu Geistesverwandten, wenn auch wiederum in anderen Punkten deutliche Differenzen der pädagogischen Anschauungen vorhanden sind. Dennoch: Die Tatsache, daß Petersens Erziehungsverständnis parallel zur Ausbreitung der dialektischen Theologie sehr viel stärker den Autoritätsgedanken und den Gedanken der „führenden" Rolle des Lehrers betont, geht vermutlich auf den Einfluß Gogartens bzw. Tilings zurück. Die wichtigste Differenz, die Petersen von den „Ordnungstheologen" unterscheidet, besteht in der unterschiedlichen Bewertung des *Staates* als Schöpfungsordnung. Während Gogarten (1932, S. 108ff.) Staat und Staatsgewalt als Bestandteil der „politischen Ordnungen" einer von Gott gewollten Schöpfung grundsätzlich bejaht, ist für Petersen der Staat immer ein mit Argwohn betrachtetes Gebilde und sekundär abgeleitetes „Menschenwerk", zugehörig zu den „Reichen der Lebensnot" (Petersen 1924); dem Staat stellt Petersen das *Volk* als die auf Gemeinschaft bezogene Primärkategorie gegenüber.

Außer Tiling waren es Gerhard Bohne und – in der Philosophie – Eberhard Grisebach, die, ursprünglich in der Nähe Gogartens stehend, später Abgrenzungen vornahmen und auf Petersen Einfluß nahmen. Generell besitzen für Petersen Ende der zwanziger Jahre jene zwischen Pädagogik und Theologie vermittelnden Autoren, die für die *dialektische* Fragestellung offen sind, grundlegende Bedeutung. Der gemeinsame Nenner, auf den Petersen alle genannten Autoren bringt, ist ein *pädagogischer Realismus*, der dem Idealismus kritisch gegenübersteht, freilich oft in einer Weise, die durch die Hintertür – etwa bei Betrachtung des Sollensmomentes im Erziehungsbegriff – den Idealismus wieder einführt (vgl. Wichmann 1935, S. 105).

„Für den folgerichtigen Realismus sind die Fragen der erzieherischen Haltung und der Führung, der Stellung zum Schüler und vor allem auch zum Stoff überall die

Hauptprobleme der Pädagogik, die Fragen nach dem Wesen des Menschen und dem Sinn des Seienden diejenigen der sie begründenden Erziehungswissenschaft; und diese muß sich also wenden an die Ontologie oder die Theologie. So sind Gogarten, Magdalene v. Tiling u.v.m. auch auf den jungen Luther und das paulinische und johanneische Christentum zurückgegangen, andere (Petersen, Helmuth Schreiner, Ludwig Heitmann) auf die ersten Evangelien" (Petersen 1932, S. 117).

In einem Aufsatz über „Das religiöse Erziehungsproblem im Zeitspiegel der evangelischen Religion" von Otto Cimutta, der im Januar 1933 erschien, wird im Schlußabschnitt auch auf Petersen eingegangen. Cimutta hebt dabei Petersens *realistische* Grundhaltung hervor[36], nachdem er zuvor Vertreter der „Evangelischen Schulvereinigung"[37] und ihr nahestehende Theologen zu Worte kommen ließ – darunter neben Magdalene v. Tiling den von Petersen geschätzten Otto Eberhard[38] – und vor allem Wilhelm Koepp (1932).

Die Evangelische Schulvereinigung[39] sah es als ihre Aufgabe an, die Erziehungsarbeit in der evangelischen Schule auf eine neue, durch Luther und die Reformation bestimmte Grundlage zu stellen. Unter den von Cimutta genannten Theologen und Religionspädagogen ist Wilhelm Koepp der einzige, der sich näher mit Petersen auseinandersetzte – überwiegend bejahend, gelegentlich auch kritisch. Bejahend, indem Koepp Petersens Erziehungsbegriff („Urfunktion") seiner antiken Wurzeln entkleidet und rein existenzphilosophisch deutet als „Existential des Daseins". Deutlich setzt sich Koepp (1932, S. 7) bei dieser Gelegenheit von Hitlers Erziehungsvorstellung des Heranzüchtens „kerngesunder Körper" ab.[40] Kritisch gegenüber Petersen, Krieck und Grisebach wird Koepp vor allem in bezug auf deren mangelnde Radikalität gegenüber dem Faktum des Todes. In der Ablehnung einer evangelischen Wertpädagogik und im Rückgang auf das Evangelium als Ausgangspunkt und Mitte der Erziehung kommt Koepp Petersen sehr nahe.

Bemerkenswert sind Koepps Ausführungen zum Begriff der pädagogischen Führung, weil sie im Grunde eine Ausfaltung der Petersenschen Gedankengänge darstellen. In der Radikalität der Gedankenführung Petersen übersteigend, hat für Koepp pädagogische Führung, die sich unter das Evangelium gestellt weiß, die Konsequenz der „Entmächtigung des Führers". Die Paradoxien sind mit der Hand zu greifen, und Koepp weicht ihnen nicht aus: „Nur der Geführte vermag zu führen", denn „der Glaubende will nicht Führer sein", „der echte Führer ist nur der Nachfolger". Schließlich begründet Koepp diese Sichtweise mit jenem Jesus-Wort (Mt 23, 10), das Petersen sehr früh für seine eigene Pädagogik als richtungweisend erkannte:

„Ihr sollt euch nicht Meister nennen lassen, denn einer ist euer Meister, Christus, ihr aber seid alle seine Brüder. Von hier aus ergibt sich für das christliche Verständnis von Erziehung als Führung noch der Satz: Führer sein heißt Bruder sein...Vor allem hat auch P. Petersen, entsprechend seiner Betonung der pädagogischen Güte, die Verpflichtung des persönlichen Lebens in der Gliedschaft für das geistige Aufleben und Ausleben des anderen wiederholt betont; nur in der Form des Dienstes, nur im Dienste der ‚Idee der Bruderschaft' kann dies erfüllt werden" (Koepp 1932, S. 164ff.).

Anmerkungen zu Teil 1

1 Im Gegensatz dazu ist in den Niederlanden in den letzten 20 Jahren eine regelrechte Jenaplan-Bewegung entstanden, die mehrere 100 Jenaplan-Schulen umfaßt.

2 Petersens Bemühungen um Weiterführung der Pädagogischen Tatsachenforschung nach dem Krieg in der SBZ wurde ab 1947 von der SED erst eingeschränkt, dann unterbunden. Die empirischen Forschungsansätze von Friedrich Winnefeld (1911-1968) und Hans Mieskes (*1915) mündeten nach der Schließung der Jenaer Universitätsschule 1950 ein in die allgemeine pädagogische Forschung, gingen aber ursprünglich von der Pädagogischen Tatsachenforschung aus.

3 Das preußische Schulunterhaltungsgesetz von 1906 hatte die Zuständigkeit des Staates für die Regelung aller Angelegenheiten des öffentlichen Schulwesens unterstrichen.

4 Im Oktober 1923 hielt Petersen auf Einladung der „Pädagogischen Gesellschaft Kopenhagens" Vorträge, die unter dem Titel „Den nyeuropæiske Skolebevægelse" (Die neueuropäische Schulbewegung) im gleichen Jahr veröffentlicht wurden. Die deutsche Ausgabe folgte 1926. Petersen (1926b, S. 25ff.) sprach in diesem Zusammenhang auch von der „Neueuropäischen Kulturbewegung", ein Zeichen, daß die am europäischen Gedanken orientierte Begrifflichkeit seines Reformkonzeptes zunächst offen für Entwicklungen war.

5 Eingereicht wurden zwei Arbeiten; nur Petersens Untersuchung wurde als preiswürdig angenommen und als „eine im allgemeinen gelungene, mit zutreffender Kritik verbundene Übersicht" gewertet; die Preisschrift ist nicht erhalten.

6 Eine umfangreiche Wundt-Monographie veröffentlichte Petersen 1925.

7 Diese und die folgenden Angaben (auch der Hinweis auf Schlatter) entnehme ich Unterlagen, die mir freundlicherweise Dr. Uwe K.. Petersen zur Verfügung stellte.

8 Vgl. dazu den später erschienenen Kommentar von Schlatter (1929, S. 671).

9 An diesem Punkt treffen sich theologische und metaphysische Grundanschauungen Petersens: Die Fähigkeit, dem Mitmenschen dienstbar zu sein, setzt eine ontische Angelegtheit des Menschen auf den Mitmenschen, auf Bruderschaft, auf die mitmenschliche Gemeinschaft, immer schon voraus (vgl. Petersen 1919a, 1931a, 1931b, 1949).

10 Der Verlag brachte das Werk sowohl als Gesamtausgabe (die sog. „Preußische Schulbibel"), als auch Neues und Altes Testament in getrennten Einzelausgaben heraus, von denen das NT fünf, das AT vier Auflagen erreichte.

11 Über Lilien und sein künstlerisches Werk unterrichtet die Biographie von Brieger (1922).

12 Der Briefwechsel, dessen Gesamtumfang aus den fast 50 Korrespondenz-Ordnern Seebergs noch zu erschließen wäre, befindet sich im Bundesarchiv (BAK: N 1052, Allgemeine Korrespondenz).

13 Die zu korrigierenden Stellen hatte Petersen in seinem Handexemplar der Erstauflage bereits vermerkt. Ein Briefwechsel zwischen dem ältesten Sohn Petersens, Dr. Uwe K. Petersen, Bremen, und dem Verleger Heitzer konnte folgendes klären: Heitzer hatte sich an den Sohn E.M. Liliens gewandt, der nach Israel ausgewandert war, und diesen um Erlaubnis für einen Nachdruck gebeten.

14 Petersen erwähnt den Begriff Neuprotestantismus nur an wenigen Stellen seines Gesamtwerkes, so in dem genannten Aufsatz von 1913, in der Studie über die Landerziehungsheime (Petersen 1926c, S. XXII) und im ersten Band des „Großen Jenaplans" (Petersen 1930a); hier sagt Petersen über die Jenaer Universitätsschule: „Als Simultanschule sucht die kleine Schule die Ideen echter Toleranz und wahrer Humanität durchzuführen, wie sie in der christlich und im besonderen evangelisch-lutherisch bedingten Kulturwelt Deutschlands als ‚Neuprotestantismus' und Idee der ‚Volkskirche' seit den Tagen Lessings entwickelt worden sind" (ebenda, S. 5).

15 Petersens Nähe zum Sozialismus im Jahre 1919 wird später überlagert durch konservative volkstheoretische Vorstellungen; zum Kreis der Religiösen Sozialisten i.e.S. kann Petersen auch 1919 nicht gerechnet werden. Nach 1945 behauptete Petersen allerdings, den Religiösen Sozialisten angehört zu haben.

16 Das Protokoll einer Sitzung des Werkbundes, in dem sowohl Petersen, als auch ein Mitglied des Arbeiter- und Soldatenrates (als Verbindungsmann zum Werkbund) Erwähnung finden, ist überliefert (STAH: 122.2, Arbeiter- u. Soldatenrat 11, Bl. 1-8).

17 Dies geht aus einem Schreiben Petersens vom 8. Mai 1919 hervor, das er im Namen der Volkskirchenvertretung an den Kirchenrat richtete; die Kenntnis dieses Briefes und viele weitere wertvolle Hinweise verdanke ich dem plötzlich verstorbenen Kirchenhistoriker Werner Jochmann (1921-1994).

18 Hamburger Nachrichten vom 6.1.1919; NEKK, Bestand Kirchenrat LK Hamburg, B XVI.a.15 (soweit zitierte Zeitungsartikel und Texte über Archive gewonnen wurden, werden die archivalischen Quellen ebenfalls genannt). In einem weiteren Artikel derselben Zeitung vom 20.10.1920 wird Petersens Rede anläßlich des Volkskirchentags erwähnt; er fordert „eine echt lutherische Gestaltung unserer Gemeinde".

19 Selbst Ernst Troeltsch (1919, S. 303f.) nimmt die Vorbehalte gegen den neuen Staat auf, wenn er bemerkt: „Antireligiös oder religiös gleichgültig braucht die Demokratie an sich nicht zu sein", um im gleichen Atemzug der neu entstehenden deutschen Republik die USA als „Riesenbeispiel für die Verträglichkeit von Demokratie und religiösem Leben" vorzuhalten.

20 Zu Tügels Hinwendung zum Deutschchristentum und der 1935 erfolgenden Distanzierung vgl. Meier Bd. 1, 1976, S. 362f., S. 373-385; Tügel 1972.

21 Dies belegt der 1932 zum 100jährigen Bestehen des Gustav-Adolf-Vereins erschienene Band „Auslandsdeutschtum und evangelische Kirche", in dem unter
anderem auch der Volkstumstheoretiker Max Hildebert Boehm zu Worte kommt.

22 Barth war nicht die einzige Stimme der Opposition, aber diejenige mit weitrei-
chendster Wirkung. Zu erwähnen sind ebenso der frühe Widerstand Dietrich Bonhoeffers gegenüber der Ausgrenzung der Juden (Bonhoeffer 1959, S. 44ff.) sowie
die kritischen Beiträge von Martin Rade und Hermann Mulert in der Zeitschrift
„Christliche Welt" (vgl. van Norden 1986, S. 128); nicht vergessen werden darf
Joachim Beckmanns Schrift „Artgemäßes Christentum oder schriftgemäßer Christusglaube?" (1933).

23 Hitler hatte sich Ende der zwanziger Jahren von bestimmten völkisch-deutsch-
gläubigen Gruppen gelöst, wie dem Ludendorffschen Tannenbergbund und der
geistchristlichen Religionsgemeinschaft Arthur Dinters. Der rechte Flügel der
NSDAP stand aber durchaus den „Deutschgläubigen" nahe, so daß die Glaubensbewegung von Jakob Wilhelm Hauer 1933 großen Zulauf erhielt, 1935 allerdings
bereits wieder an Einfluß verlor.

24 Beschämend war, daß die evangelische Kirche ihren Protest nicht auf den staatlichen, sondern nur auf den kirchlichen Arierparagraphen bezog (Meier 1976, Bd 1,
S. 118), zum anderen, daß selbst jene führenden Theologen und Kirchenmänner,
die nicht den Deutschen Christen angehörten und die Einwände gegen den kirchlichen Arierparagraph vorbrachten, 1933 nicht gegen Entlassung, Verfolgung und
Verbrechen aus *rassischen* Gründen protestierten; Mitgliedern der BK war nicht
verboten, auch der NSDAP anzugehören; wie weit die „Partnerschaft" von Kirche
und Partei im Dritten Reich ging, dokumentiert Ernst Klee (1989). Die bestürzen-
den Auswirkungen des kirchlichen Arierparagraphen werden mit einzelnen Fall-
beispielen auch bei Röhm/Thierfelder (1992) dargestellt (vgl. ferner die von Kai-
ser/Greschat 1988 herausgegebenen Beiträge).

25 Eine informative Darstellung des Widerstandes der evangelischen Kirche und dessen Verbindung mit dem politischen Widerstand gibt Gerhard Ringshausen
(1992).

26 Dokumentationsmaterial über den NS-Terror gegenüber bekenntnistreuen Christen aus evangelischen Kirchen, Gemeinden und Schulen ist im EZAB archiviert;
Verfolgung und Terror des NS-Staates gegenüber bekenntnistreuen Christen werden ebenso aus den „Deutschland-Berichten" der Exil-SPD (Sopade) deutlich
(vgl. Deutschlandberichte 1980 [Jg. 1934ff.]).

27 Gierke steht in seinem Eintreten für ein deutsches Recht, das gegenüber dem
römischen Recht sich als volkstümlich, sozial und sittlich versteht, ganz in jener
Tradition der romantischen Sozialmetaphysik, die später Petersen prägte; wenn
auch Gierkes Vorstellungen zum Wurzelboden des „völkischen Rechtsdenkens"
gehört, ist seine Lehre „von anderer Qualität" (Götz von Olenhusen 1981, S. 101)
als das, was im Umkreis der NSDAP nach dem Ersten Weltkrieg an Rechts-
grundsätzen des „deutschen Sozialismus" entwickelt wurde.

28 Petersen entfaltet seine Erziehungsmetaphysik in Band 2 seiner Erziehungswissenschaft, „Ursprung der Pädagogik" (Petersen 1931a). Gute zusammenfassende

Darstellungen der Petersenschen Metaphysik und Erziehungsphilosophie bieten drei Aufsätze (Petersen 1926a, 1929a, 1931b).

29 Die anthropologischen Grundüberzeugungen Petersens verweisen auf ein relativ statisches Menschenbild, das der Dynamik der modernen Industriegesellschaft gewissermaßen als antimoderne Alternative gegenübersteht.

30 Petersen schrieb in dieser Zeit für die „Nationale Correspondenz" zahlreiche Artikel, die sich mit der Situation volksdeutscher Minderheiten in Ländern Ost- und Südosteuropas befaßten. Reichhaltige Erfahrungen im Volkstumskampf zwischen Polen und Deutschen in den preußischen Provinzen Posen und Westpreußen machte bis zum Ende des Ersten Weltkrieges übrigens auch Hans Richert; die Einführung einer „nationalen Bildung" für alle Gymnasien, die Richert in der Weimarer Zeit als Preußischer Ministerialrat durchsetzte (die sog. „Deutschkunde-Reform), ist wesentlich mitbestimmt durch diese Erfahrungen (vgl. Margies 1972).

31 Es gab in der Zeit von 1918-33 durchaus deutsche national-konservative Kräfte in Schleswig-Holstein, die die aus dem preußisch-dänischen Krieg von 1864 resultierende und bis 1920 gültige Grenze („Königsaulinie") nicht aufgeben wollten, obwohl sie überwiegend dänischsprachige Gebiete mitumfaßte. Petersen stand den eher völkisch als sozialdemokratisch gesinnten „Jungschleswigern" nahe (Schwensen 1993, S. 109) und verfocht auf der Grundlage der *Selbstbestimmung* die sog. Tiedje-Linie, die den größten Teil der deutschen Minderheitengruppe Nordschleswigs zu Deutschland gebracht hätte. Die Grenzziehung nach der zweiten Abstimmung im März 1920 erfolgte jedoch nach der sog. Clausen-Linie, der Nordgrenze der zweiten Abstimmungszone (vgl. Schwensen 1993); aus dänischer (auch volkskirchlicher) Sicht beschreibt Schjørring (1979, S. 41ff.) die Einschätzung der Situation zwischen Dänen und Deutschen im Ersten Weltkrieg aufschlußreich.

32 Schelers Schrift „Die Stellung des Menschen im Kosmos" von 1928 hatte durchaus Einfluß auf Petersen; auch für Petersen ist das Verhältnis von „Leben" und „Geist" ein zentrales Thema, aber er sieht das „Leben" weder evolutionär-stufig wie Scheler noch gar lebensphilosophisch den Geist als „Widersacher der Seele" wie Ludwig Klages.

33 Es steckt ein Stück Wichernscher Tradition in Petersens Einschätzung der Gefährdungen der Jugend durch die Großstadt, wenn er beklagt: „Mit blutendem Herzen sieht jeder Erzieher, der die Jugend und der sein Volk lieb hat, auf die Massen verrottender Jugend, die sich – dem Menschenfreunde ans Herz greifend – überall sammelt, wo irgendwelcher Tand und Lärm, Kino, Tanzsalon und Schlimmeres, 12-20jährige anlockt, ihnen das Blut aus den Wangen, die Reinheit aus den Augen und das Mark aus den Knochen saugt" (Petersen 1925c, S. 151.).

34 Jaspers' Schrift von 1931 „Die geistige Situation der Zeit" und die fast gleichzeitig veröffentlichte dreibändige „Philosophie" hatten auf Petersen grundlegenden Einfluß. Jaspers' Begriff der „Grenzsituation" wurde nicht nur für Petersen (1937b), sondern ebenso für Martin Rang (1936) und den an Rang anschließenden Ludwig Gengnagel (1951) zu einer zentralen Kategorie; zum Zusammenhang der

Pädagogik Petersens mit der Existenzphilosophie vgl. Stettner (1955) sowie Warzel (1990, 1992).

35 Gogarten war in den zwanziger Jahren Pfarrer in Dorndorf bei Jena und habilitierte sich in Jena. Petersen ließ über Gogarten eine Dissertation schreiben (vgl. Balca 1934), die von Herkenrath (1972, S. 43ff.) rezipiert wird, wobei sie die Nähe M. v. Tilings zu Gogarten untersucht, die auch Petersen und Balca hervorhoben. Eine um Differenzierung bemühte Bewertung der Theologie Gogartens und ihr Verhältnis zum NS gibt Krumwiede (1987).

36 Cimutta (1933, S. 14) über Petersens Sichtweise: „Der Mensch ist von Natur aus für das Gute ‚ansprechbar‘, der Blick auf Dinge und Verhältnisse ist ihm begrenzt, und der Mensch, der sich bescheidet, ist in der Lage, die Entscheidung zu treffen. Im Ringen um die harte Wirklichkeit muß der Mensch *be*sorgend der Welt gegenüber sich stellen, *für*sorgend zu den Menschen sein und *sorgend* in sich hineinhorchen. Wir haben hier eine Abwehr Sprangerscher Ideen, daß alles göttlich ist. Schließlich tritt eine Vergeistigung durch Erziehung ein."

37 Die Evangelische Schulvereinigung (Berlin) ist nicht zu verwechseln mit dem Reichsverband deutscher evangelischer Schulgemeinden (Wuppertal-Barmen).

38 Eberhard (1930) hatte mit seiner „Welterziehungsbewegung" eine der ersten dem reformpädagogischen Geist verbundene Studie zur Vergleichenden Erziehungswissenschaft geleistet, in der auf der Grundlage eines evangelischen Erziehungsverständnisses „Kräfte und Gegenkräfte" der Erziehung dargestellt wurden, wie sie Petersen mit seinem Begriffspaar von „Erziehung und Gegenerziehung" als durchaus verwandt betrachten konnte.

39 Vorsitzender der Evangelischen Schulvereinigung war Ober-Lyceal-Direktor Hafa, Berlin-Dahlem; der Ev. Schulvereinigung gehörten unter anderem an der „Verband Evangelischer Religionslehrerinnen E.V." (Vorsitzende: Magdalene v. Tiling), die „Vereinigung positiver evangelischer Religionslehrer an höheren Schulen" sowie der „Bund evangelischer Mädchenschulen" (beide Kaiserswerth a.Rh.), der „Bund zur Förderung evangelischer Knabenschulen und Alumnate" (Gütersloh) (vgl. Das Evangelische Deutschland 1929/30, S. 1633-34).

40 Wenig später war diese Distanz offenbar nicht mehr gegeben. Denn Koepp referiert im Kreis von Theologen, die der DC-Bewegung nahestehen, auf einer theologischen Arbeitstagung anläßlich der 2. DC-Reichstagung in Berlin im September 1934 (Meier, Bd. 1, S. 219).

II. Teil:

Von der Weimarer Republik ins Dritte Reich: Zwischen Deutschchristentum und Bekennender Kirche

7. Der Übergang ins Dritte Reich

Die politische Position Petersens am Ende der Weimarer Republik ist außerordentlich facettenreich. Als Petersen 1923 nach Jena kam und seine schulischen Reformideen durchsetzen wollte, bildete er für die konservative Thüringer Pädagogenschaft, die über Generationen hinweg durch den Herbartianer Wilhelm Rein geprägt worden war, ein „rotes Tuch". Man argwöhnte, er wolle nach dem Muster der Hamburger Lebensgemeinschaftsschulen eine proletarisch-sozialistische Zelle bilden. Tatsächlich stimmte Petersen auf der Reichsschulkonferenz in vielen Punkten mit den Entschiedenen Schulreformern (Fritz Karsen, Paul Oestreich); für ein von Adolf Grimme herausgegebenes Themenheft der Entschiedenen Schulreformer verfaßte er 1923 einen Artikel gegen Schulzensuren und Abiturprüfung; mit den Entschiedenen Schulreformern referierte er auf der von Karsen einberufenen 2. Tagung der Lebensgemeinschaftsschulen in Gera Anfang April 1926, hier allerdings schon in einer gewissen Abgrenzung von einer sozialistischen Position.[1]

Petersen will sein Jenaer Schulmodell möglichst vielen Interessentengruppen schmackhaft machen, darunter z.B. katholischen Kreisen, die Anstoß an dem von Petersen verfochtenen demokratischen Prinzip der kollegialen Schulverwaltung nahmen; schließlich hatte auch die USPD in ihrem 1920 veröffentlichten Schulprogramm die kollegiale Schulleitung gefordert (vgl. Kupffer 1970, S. 108).

Ebenso aber findet Petersen bei sozialistischen Gruppierungen und weltlichen Schulen Zuspruch. Das hat zur Folge, daß die II. Bürgerschule in Wittenberge, die mit Förderung des preußischen SPD-Kultusministers Grimme seit 1930 die Schularbeit nach dem Jenaplan umorganisierte, 1933 als marxistisch denunziert wurde; ähnlich ging es der weltlichen Schule in Finsterwalde, die den Jenaplan ebenfalls praktizierte und der benachbarten evangelischen Knabenschule schon lange ein Dorn im Auge war. Die weltliche Schule wurde geschlossen, das Lehrerkollegium strafversetzt.

Mit Adolf Grimme führt Petersen von 1920 bis 1932 ausführlichen, zuletzt durchaus freundschaftlichen Briefwechsel (GSPK, Nachlaß Grimme).

Auch wenn sich Petersen zum Deutschtum bekannte und er Kritik am Parlamentarismus übte, ist seine volkstheoretische Begründung der Erziehung keineswegs schon „völkisch" orientiert; so wendet er sich vehement gegen die Ausbeutung der Arbeiterschaft durch Regierungen und Parlamente, die ihre Interessen nicht vertreten würden (Petersen 1926b, S. 36f.), wendet sich gegen Nationalismus und gegen Ernst Kriecks Staatspädagogik völkischer Prägung, er bekennt sich dezidiert zum Artikel 148 der Weimarer Verfassung, der in den Schulen „sittliche Bildung, staatsbürgerliche Gesinnung, persönliche und berufliche Tüchtigkeit im Geist des deutschen Volkstums und der Völkerversöhnung" erstrebt.

Während die Obergruppe der Jenaer Universitätsschule noch im Januar 1931 die Reichsgründungsfeier begeht (Petersen 1934a, Anhang), vollzieht Petersen 1932 unübersehbar eine Annäherung an völkisch-nationale Kreise. So wendet er sich der „Blut-und-Boden"-Publizistik zu[2], intensiviert Kontakte zu dem Artamanen-Freund Theodor Scheffer und dessen völkisch-nationaler Heimatschule in Bad Berka (vgl. Ulbricht 1994) sowie zu dem Historiker Hans Hahne, „Halles Altnationalsozialisten" (Heiber 1994, S. 460ff.), der einen Arbeitskreis für vorgeschichtliches Siedlungswesen unterhielt. Der Jenaer Pädiater Johann Duken, der als SA- und SS-Mann ab 1933 steile Karriere im neuen Staat macht (Heiber 1991, S. 361f.), hält kurz vor seiner Berufung an die Universität Gießen auf Petersens 12. Pädagogischer Woche (3.-8.7.33) den Eröffnungsvortrag mit dem Thema „Volksbildungsarbeit und nationale Revolution" (HSTW: Thür. Volksb. C 374).[3] Die nationale Erhebung färbt auch ab auf die Vortragsthemen der Pädagogischen Wochen Petersens, mit deren Hilfe er Interessierte in die Jenaplan-Pädagogik einführt.

Ab 1933 wird der Jenaplan von Petersen und seinen Schülern als die neue Schule für das neue Reich angepriesen. Sein Schüler Döpp-Vorwald (1934, S. 22) schrieb anläßlich des 10jährigen Bestehens der Jenaer Erziehungswissenschaftlichen Anstalt, daß Petersens Jenaer Schulversuch abgeschlossen sei – „abgeschlossen auch insofern, daß er reif ist zur allgemeinen Anwendung in einer im Sinne der 1933 durch die nationalsozialistische Revolution erneuerten deutschen Volksgemeinschaft zu gestaltenden Volksschule".

Die politische Wende, die Petersen 1933 mitvollzieht, hinterläßt ihre Spuren in dem umfangreichen, von Petersen 1934 herausgegebenen Band: „Die Praxis der Schulen nach dem Jena-Plan". Hier berichten 13 Schulen von ihrer Jenaplan-Arbeit, ein Teil davon verbindet dies mit Bekenntnissen zum Dritten Reich; andererseits kommen in diesem Band auch jene als marxistisch denunzierten Schulen aus Finsterwalde und Wittenberge mit Berichten über ihre Arbeit zu Wort, wobei Petersen alles zu vermeiden suchte, was die Wahrheit hätte ans Licht bringen können: daß diese „sozialistischen" Schulen aus politischen Gründen seit Ostern 1933 bereits geschlossen waren.

Das Einschwenken auf die Linie des Dritten Reiches und die Verleugnung der ursprünglich demokratischen Herkunft des Jenaplans ist ein gewagter Balance-Akt, denn Petersen und sein Jenaplan konnten mit Recht einer demokratischen Vergangenheit verdächtigt werden, was durch überzeugte NS-Pädagogen wie Karl Friedrich Sturm und Claus-Hinrich Tietjen dann auch geschah.

Obwohl sich Petersen ab 1933 sichtlich bemüht, eine gerade Linie zu ziehen, von seinem volkstheoretisch begründeten Erziehungsbegriff der Weimarer Zeit hinein ins Dritte Reich, bestehen tatsächlich bedeutsame Unterschiede zwischen Petersens volkspädagogischer und einer rassisch-völkischen Position, die es in den zwanziger Jahren ja auch schon gab – etwa bei Petersens Fakultätskollegen Max Wundt (1927). Bezeichnend ist ferner, daß Petersen die führenden nationalsozialistischen Pädagogen Baeumler und Krieck nach 1933 mehrfach zitiert, selbst aber nicht zitiert wird von ihnen. Keines der Bücher Petersens erscheint in den vom Amtsblatt des Reichserziehungsministeriums ab 1933 regelmäßig veröffentlichten Empfehlungslisten.

1932 ist das Jahr, in dem Petersen in zwei christlichen Organisationen mitwirkt: Zum einen gehört Petersen dem Reichsverband deutscher evangelischer Schulgemeinden an (vgl. Abschnitt 8), zum anderen tritt er dem Christlich-Sozialen Volksdienst (CSVD) bei, einer überparteilichen Vereinigung verschiedener evangelischer Gruppierungen. Für den CSVD, der politisch kaum Einfluß hatte, kandidiert Petersen im Jahre 1932 bei beiden Reichstagswahlen und der Thüringer Landtagswahl – erfolglos, das war Petersen auch vorher schon klar. Doch im CSVD fand Petersen nicht nur den „Dienstgedanken" im christlichen Sinne ernst genommen, sondern auch die Ablehnung des klassenkämpferischen Marxismus, den er, bezogen auf die Verhältnisse in der Sowjetunion, nur als den großen Gegner des Christentums sehen konnte.

Der CSVD bildete sich 1929 durch Zusammenschluß des in Süddeutschland heimischen, demokratischen Traditionen entstammenden und pietistisch orientierten *Christlichen Volksdienstes* und der *Christlich-sozialen Reichsvereinigung,* einer Gruppe christlich-sozialer Reichstagsabgeordneter (führend: Hülser, Mumm, Hartwig), die sich innerhalb der DNVP gebildet hatte, sich aber alsbald zum Austritt aus der Hugenberg-Partei und zur parteilichen Verselbständigung entschloß. Zwischen beiden Gruppen, die sich zum CSVD zusammengeschlossen hatten, waren die Divergenzen der Auffassungen bezüglich politischer und weltanschaulicher Grundsatzfragen beträchtlich. Dem entsprach es, daß der CSVD zwei Geschäftsstellen hatte, eine in Stuttgart (die des ehemaligen Christlichen Volksdienstes), die andere in Berlin.

Als analysierender Zeitgenosse schätzte Sigmund Neumann 1932 den CSVD als eine Partei ein, die „scharfe Kapitalismuskritik" übe, den Neuaufbau des Reiches im Sinne Moeller van den Brucks diskutiere, im übrigen aber eine „antirevolutionäre Gesinnung besitze" und sich durch „absoluten Verzicht auf agitatorische Übertreibung, demagogische Kampfesweise und lärmende Kraftäußerung" auszeichne (Neumann 1986, S. 72). Thüringen und damit Petersen gehörte dem süddeutschen, von Stuttgart aus betreuten Flügel des CSVD an, der die Tradition des Christlichen Volksdienstes verkörperte und unter dem Einfluß der Tübinger Theologen Schlatter und Heim stand.[4]

Der Zusammenschluß einiger ehemaliger Abgeordneter der weit rechts stehenden DNVP mit dem württembergischen Christlichen Volksdienst zum CSVD brachte dieser neuen *evangelischen Verfassungspartei* bei den Wahlen von 1930 14 Abgeordnete in den Reichstag, die hinter dem Kabinett Brüning standen (Besier Bd. 2, 1994, S. 148). Der CSVD war eine typische bürgerliche Partei der Mitte und hatte gegenüber dem Staat von Weimar eine durchaus loyale Haltung:

„Der CSVD bekannte sich zur Weimarer Republik und wollte die Spannungen im deutschen Volk durch eine sozial ausgleichende Politik überwinden. Feste Glaubensüberzeugungen spielten für seine Mitglieder eine große Rolle. Er sah sich als Kern einer neuen Rechten" (Fenske 1994, S. 188).

Obwohl der CSVD der SPD distanziert gegenüber stand, war diese Distanz gemildert durch die Achtung vor dem staatspolitischen Verantwortungsbewußtsein der Sozialdemokraten, die diese mit der Gründung der Weimarer Republik unter Beweis gestellt hatten; in dem Versuch des CSVD, die evangelische Arbeiterschaft für sich zu gewinnen, war unterschwellig aber auch das Gefühl vorhanden, selbst mitschuldig zu sein an der Entfremdung der Arbeiterschaft von der Kirche (Opitz 1969, S. 261f.).

Seit 1930 setzte sich der CSVD für eine Mitbeteiligung der NSDAP an der Regierung ein – in der Hoffnung, daß damit die sich zuspitzende politische Krise entschärft werden könnte. Mit den Erfolgen der NSDAP im protestantischen Lager erfolgte seit 1931 allerdings ein Umdenken und der verstärkte politische Kampf gegen die NSDAP; vor allem deren Brutalität im politischen Kampf war dem CSVD ein Stein des Anstoßes.

Der CSVD-Abgeordnete Hermann Strathmann sagte im Reichstag 1931: „Nun wohl, wir bekennen uns mit heißer Liebe zur Nation. Aber ob daraus die Bejahung der von der äußersten Rechten empfohlenen Politik folgen muß, das ist eben die Frage" (Strathmann 1931, S. 18).

1928 hatte der Erlanger Theologe Strathmann auf einer Wahlversammlung der DNVP jene Punkte aufs Tapet gebracht, über die breite Kreise des konservativen, aber (noch) keineswegs „völkisch" oder gar nationalsozialistisch denkenden Protestantismus ähnlich urteilten: Der Staat von Weimar habe sich zum Parteienstaat degradiert; der Daseinskampf des deutschen Volkes zerbreche am Parteienegoismus: Wenn die Führer dieses Staates aus reinem Parteigeist heraus handeln, dann brauche man sich nicht zu wundern, daß das Volk kein inneres Verhältnis zum Staat gewinnen könne.

Damit wird ebenso der Standpunkt Petersens getroffen. Mit der Kritik des Parteienstaates gekoppelt ist die Kritik am System des demokratischen Parlamentarismus – und auch in diesem Punkt hätte Strathmann die volle Zustimmung Petersens erhalten:

„In einem demokratisch regierten Staate herrscht unbedingt der Mehrheitswille. Die Gesetze werden nach dem Mehrheitswillen geschaffen, die Minderheitsinteressen werden verleugnet. Das Mehrheitsinteresse wird dem Staatsinteresse gleichgesetzt". Die Mehrheit aber sei wiederum abhängig von bestimmten Interessengruppen, die ihre Egoismen dem Staatsinteresse gleichsetzen. Demgegenüber sei der Volksstaat so auszubilden, wie er der deutschen Nation am besten entspreche. Strathmanns Schlußsatz lautete: „Ein jeglicher wird aufgerufen zum Dienst am Volk" (Volksstaat oder Parteienstaat 1931, S. 5).[5]

Das politische Schicksal des CSVD im Wahljahr 1932 entsprach dem der anderen gemäßigten Parteien der Mitte: Man verlor einen Großteil der Wählerschaft an die extremen politischen Gruppierungen, insbesondere an die rechts stehenden.

Der Wahlaufruf des CSVD für die Reichstagswahl im März 1933, bei der Petersen wiederum auf einem der vorderen Plätze der Thüringer Landesliste kandidierte, wirft auch ein Licht auf Petersens politische Einstellung zu diesem Zeitpunkt:

Der CSVD „will nationale Ehre und Freiheit und eine starke Obrigkeit, nicht aber, daß Deutschland für eine Herrschaft der Gewalt und des Schreckens reif gemacht wird...Dem völkischen Heilsglauben, dem kapitalistischen Herrenstandpunkt und dem klassenkämpferischen Marxismus stellt der Volksdienst den Gedanken der durch christlichen versöhnlichen Geist geschaffenen Volksgemeinschaft gegenüber" (Allg. Thür. Landeszeitung Dtl. vom 2. März 1933, S. 4).

Einen Monat zuvor hatte Petersen auf einer Wahlveranstaltung des CSVD in Gera gesprochen – vor fast leerem Saal.[6] Das Vortragskonzept ist erhalten.[7] Petersen begann seinen Vortrag mit einem Paulus-Wort (1. Tim. 2,7: „dazu ich gesetzt bin als Prediger und Apostel ..."), daß er sich freue, „zeugen zu dürfen". Er führt aus, daß das religiöse Leben sich im Gemeinde-

Dienst auswirke: „Das war urchristlicher Dienst am Hause und an der Gemeinde innerhalb der örtlichen und der Reichskirche des römischen Weltreiches. Scheinbar aber nur unpolitisch, denn das ganze Sein des Menschen ist politisch, wie Gogarten sagt."

Es lohnt sich, eine Zwischenüberlegung zum Begriff des Politischen bei Petersen einzuschalten: Während Petersen *vor* 1933 mehr als einmal warnt vor einer Politisierung des pädagogischen Raumes und dem Begriff des politischen Menschen skeptisch gegenüber steht, ist dies *nach* 1933 anders. Taucht dieser Begriff ab 1933 auf (vgl. Petersen 1934c), so ist er nicht lediglich Bejahung der vom NS geforderten „politischen Erziehung", sondern beinhaltet zwei geistige Wurzeln, die sich bei Petersen in den Jahren vor 1933 ausgebildet hatten: zum einen die eigene organologische Volksauffassung (Petersen 1932, S. 3), die mit dem politischen Menschen den volksgebundenen, am Gedanken der *Polis* orientierten Bürger meint („Volksbürger"); zum anderen bezieht sich Petersen, wenn er sagt, daß das menschliche Sein von Grund auf politisch sei (Petersen 1936c S. 99), ausdrücklich auf die politische Ethik Gogartens (1932).

Dabei war Gogarten nicht der einzige Theologe, der die Dimension des Politischen in die Theologie einzuführen suchte. Für Petersen von Bedeutung ist außer Gogarten auch der zu den Jungkonservativen zählende, dem Kreis reformierter Theologen um Karl Barth zugehörende Alfred de Quervain. Quervain (1931, S. 169) sagt: „Der Ort der Politik ist die Geschichte...im Zeichen des Sündenfalls, der zerstörten Unmittelbarkeit, und im Zeichen der gnadenvollen Vorsehung Gottes." Quervain prüft die politischen Grundanschauungen der Zeit, Liberalismus, Sozialismus und Konservativismus, auf ihre theologischen Bezüge. Er kommt am Ende seines Buches zu dem Ergebnis:

„Von den theologischen Voraussetzungen der Politik handeln, das heißt reden vom geschichtlichen Menschen, vom Geschöpf Gottes, von denen, die durch Jesus Christus Söhne Gottes genannt werden, die unter dem Gesetze bleiben, aber vom Fluche des Gesetzes erlöst sind, die warten auf die Auferstehung" (Quervain 1931, S. 174).

Quervain und Gogarten haben mit Petersens Erziehungsmetaphysik gemeinsam, daß die ethische Dimension *nicht* dem Leben, nicht dem Volk, nicht „Blut und Boden" entspringt, sondern ihre eigene Wurzel in der Gottesoffenbarung bzw. im Gedanken der Bruderschaft besitzt. Diese Grundeinsicht verhindert letztlich, daß Petersen die zumindest theoretisch denkbare Hinwendung zum Deutschchristentum (zu dem sich Gogarten 1933 für ein halbes Jahr bekannte) vollzieht. Tilgner (1966, S. 174) kommt zu dem Schluß, daß bei Gogarten „ein unmittelbares völkisch-biologisches Denken nicht nachweisbar (ist), wenn auch die Übernahme der Ich-Du-Ontologie in das nationale Volksgesetz ein deutliches Eingehen auf die völkische Frage der dreißiger Jahre bedeutet" (Tilgner 1966, S. 174).[8]

Petersens Ansprache als CSVD-Kandidat kurz vor der Märzwahl 1933 ähnelt eher einer ganz auf der Innerlichkeit des Glaubens beruhenden evangelischen Predigt als einer Wahlrede; hier wird noch einmal deutlich, daß Petersens Erziehungsmetaphysik ihren letzten Grund im evangelischen Glauben hat – frei von völkischen Bezügen:

„Das Evangelium aber ist ewigen Gehaltes; es ist die Wahrheit geoffenbart im Herrn Jesus, dem Christus. Es bleibt die Wahrheit gestern und heute und in alle Ewigkeit, wie auch die geschichtliche Situation sich gestalten möge, immer dieselbe. Was heißt es nun, Propaganda zu treiben? Wie können wir das tun? Immer bildet es Christenaufgabe, den Willen Gottes in seinem Leben, seiner Zeit zu suchen, und diejenigen Menschen sind es und waren es immer ganz allein, welche die Gnade [Gottes] erwählt, [um] den Willen Gottes mit ihnen und mit ihrer Zeit zu erschauen und den Mitmenschen Hilfe zu werden. Alle diese standen in einem ewigen Gebetsleben mit Gott. Er bewegte sie bei jedem Wort und in jeder Tat. Ihr wahres Leben war so ein inneres Gespräch mit Gott, und darum wirkte ihr Wort, wenn sie sprachen, wurde ihr Tun zur Tat, wenn sie handeln mußten. Zu solchen Männern und Frauen blicken wir auf...Und um solche Männer und Frauen aber müssen wir beten für unser Volk; denn vom Dasein und vom Handeln dieser, und das inmitten des unerträglich gewordenen, verwilderten Kampfes von heute, hängt evangelischer Volksdienst heute ab" (PPNG).

Bei den drei Reichstagswahlen 1932/33 erreichte der CSVD in Thüringen jeweils nur einen Stimmenanteil von 0,5 % (Opitz 1969, S. 346). Zur Reichstagswahl am 5. März 1933 gaben ganze 237 (!) Jenaer Wähler ihre Stimme für den CSVD. Zum Vergleich: Von den 37.286 im Stadtkreis Jena abgegebenen gültigen Stimmen erhielten NSDAP 12.471, SPD 9.645, KPD 6.820 (Allg. Thür. Landesz. Dtl. vom 6. März 1933, S. 1).

Der Versuch einer Neubestimmung des Standortes des CSVD *nach* Hitlers Machtergreifung durch den CSVD-Vorsitzenden Simpfendorfer sah als grundlegende Gemeinsamkeit mit der NSDAP „das sozialreformerische Wollen und die nationale und völkische Gesinnung"; dieser letzte Annäherungsversuch des CSVD an die NSDAP führte nicht weit: Wie andere Parteien auch löste sich der CSVD im Juni 1933 auf – wobei sich ein Teil der Mitglieder der NSDAP, ein anderer Teil dem Widerstand und der Bekennenden Kirche zuwandte (Opitz 1969, S. 301, S. 312).

8. Der Reichsverband deutscher evangelischer Schulgemeinden

Mitglied im Reichsverband deutscher evangelischer Schulgemeinden wurde Petersen 1931. Die Organisation, die in der Tradition der evangelischen Schulgemeindebewegung Friedrich Wilhelm Dörpfelds stand, hatte zu diesem Zeitpunkt in ganz Deutschland etwa 1500 Ortsgruppen mit mehreren hunderttausend Mitgliedern; ihr Zentrum lag in der engeren Heimat Dörpfelds (Wuppertal), in Westfalen und im Rheinland.

Wie kaum ein anderer Pädagoge des 19. Jahrhunderts hatte sich Dörpfeld um die Hebung des Volksschullehrerstandes bemüht (vgl. Goebel 1995, S. 150ff.). Er entwickelte eine Schulverfassungslehre, die Petersens großes Vorbild war. 1863 hatte Dörpfeld „die freie Schule in einer freien Kirche im freien Staat" gefordert. Dabei ging er von der Familie als dem ersten normierenden Prinzip der Schule aus, denn sie stelle das eigentliche Bindeglied zwischen Kirche und Schule dar. Er wandte sich gegen die „Giftmischerei von Politik und Pädagogik" (womit der direkte Eingriff der Regierung in schulische Angelegenheiten gemeint ist) und plädierte für die Beibehaltung der wenig gegliederten Schule, da altersgemischte Schülergruppen dem Familienprinzip am besten entsprechen würden (Dörpfeld 1898).

Der im Jahre 1890 gegründete „Verband deutscher evangelischer Schul-, Lehrer- und Lehrerinnenvereine" wandelte sich später um in den „Verband deutscher evangelischer Schulgemeinden und Elternvereinigungen, Lehrer- und Lehrerinnenvereine", verband sich 1921 mit dem „Berufsverband der evangelischen Lehrer und Lehrerinnen" zum „Verband evangelischer Schulgemeinden und Schulvereine".

Der Schulgemeindeverband hatte sich nach dem Weltkrieg bei den Auseinandersetzungen um das Problem „Kirche und Schule" vehement für den Erhalt der evangelischen Bekenntnisschule und für das Elternrecht eingesetzt. Das hatte seine Ursache im politischen Zeitgeschehen unmittelbar nach dem Ende des Kaiserreichs.

In den Länderregierungen, die sich unter der sozialistischen Nationalregierung bildeten, spielten die Sozialisten eine führende Rolle. Insbesondere in Preußen, Bayern und Sachsen war man bestrebt, im Sinne der sozialistischen Forderung einer Trennung von Schule und Staat Religion als obligatorisches Unterrichtsfach abzuschaffen (vgl. Stupperich 1993, S. 33). In Preußen hatte der Unabhängige Sozialist Adolf Hoffmann (mit K. Haenisch Leiter des Kultusministeriums) eine Reihe von einschneidenden Verfügungen bezüglich des Religionsunterrichts erlassen, die auf erbitterten Protest beider Kirchen und ihr nahestehender Eltern- und Lehrervereinigungen stießen (vgl. Offenstein 1929).

Die sog. „Schulkompromisse", die durch Einwirkung des Zentrums auf die Sozialdemokraten zustande kamen und in die Weimarer Verfassung eingingen, beließen den Eltern das Recht der Wahl der Schulform, wobei Konfessions-, Simultan- und weltliche Schulen gleichberechtigt sein sollten; die Vorläufigkeit der Regelung bis zur Verabschiedung eines Reichsgesetzes wurde in Artikel 174 der Weimarer Verfassung festgeschrieben (Helmreich 1966, S. 150ff., S. 164). Die Zeit des Schulkampfes und das Eintreten des Reichsverbandes für die Konfessionsschule, d.h. für die evangelische Schule, ist in seinem Organ, dem „Evangelischen Schulfreund" gut dokumentiert.

Die seit 1914 existierende Verbandszeitschrift „Die evangelische Schulgemeinde. Monatsblatt für christlich-nationale Jugend- und Volkserziehung" wechselte später den Titel (der bis dahin als Untertitel geführt wurde) und hieß nun „Der Evangelische Schulfreund". Die Zeitschrift der Schulgemeindebewegung begann 1914 mit einer Auflage von 3.000, die sich im Oktober 1921 auf 55.000 steigerte und im Dezember 1930 mit 120.000 ihren Höhepunkt erreichte; die Auflage des letzten erschienenen Heftes des „Evangelischen Schulfreundes" im August 1937 betrug immerhin noch 70.000.[9]

Im Jahre 1928 gab es eine Krise im Verband[10], weil man sich nicht darüber einigen konnte, ob im künftigen Reichsschulgesetz, dessen Entwurf zur Diskussion vorlag, der Kirche ein Einsichtsrecht in den RU gewährt werden sollte oder nicht. Bekanntlich hatte die Kirche bis 1918 die geistliche Schulaufsicht im Bereich der Volksschule inne. Die Mehrheit des Verbandes wollte auf dem Boden einer „gesinnungseinigen evangelischen Bekenntnisschule" eine Einsichtnahme der Kirche in den RU nicht zulassen, eine Anzahl von Gruppen sprach sich dafür aus, trat schließlich aus dem Verband aus (der sich ab 1929 Reichsverband deutscher evangelischer Schulgemeinden nannte) und bildete den „Bund Evangelischer Schulgemeinden" (Bachmann 1928, S. 486; AKWB). Drei Jahre später, 1932, kehrten auf Grund einer friedlichen Einigung die „Abtrünnigen" wieder in den Reichsverband zurück.[11]

1928 bildete sich in Utrecht der „Internationale Verband Evangelischer Unterrichtsorganisationen" mit evangelischen Schulorganisationen aus 20 europäischen Ländern. Als Mitglied dieses Internationalen Verbandes richtete der deutsche Reichsverband 1932 den ersten Internationalen evangelischen Schulkongreß in Wuppertal aus (an dem Petersen nicht teilnahm; vgl. Denkschrift 1932, Teiln.verz.). Die Begrüßungsworte des Vorsitzenden des deutschen Schulgemeinde-Verbandes, Rektor a.D. Grünweller, Reydt, zum Wuppertaler Kongreß vom 7.-10. Oktober 1932 geben einen Eindruck von den Zielen der Vereinigung:

„Die dem Verbande angeschlossenen Organisationen stehen...unbeschadet ihrer nationalen Eigenart grundsätzlich auf dem Boden des biblischen Evangeliums von Jesus Christus, dem ewigen Gottessohn, dem Herrn und Erlöser nach Maßgabe der reformatorischen Bekenntnisse, und wollen auf diesem für sie unantastbaren Glaubensgrunde kämpfen *für* die Schule mit der Bibel im Rahmen einer friedlichen Schulverfassung auf dem Boden der Gewissensfreiheit und des Elternrechts, und *gegen* die unheimlichen, die Seele der Jugend und der Völker vergiftenden und die sittlichen Fundamente der Staaten untergrabende gottfeindlichen antichristlichen Mächte des Unglaubens in jeglicher Gestalt, im Geiste der christlichen Wahrheit und Gerechtigkeit. Der Verband betrachtet lebendiges Christentum und nationales Volkstum als die Grundfaktoren und Gottesfurcht und Familiensinn als die Grundpfeiler wahrer Volkskultur."[12]

Ein zur gleichen Zeit verfaßter Werbeprospekt des Reichsverbandes mit dem Titel „Was will – was kann – was bietet – die evangelische Schulgemeindebewegung" nennt als ersten Punkt:

„Der Reichsverband ist eine von jeder Parteipolitik freie Vereinigung evangelischer Schulgemeinden zur Ein- und Auswirkung der *evangelisch-christlichen Welt- und Lebensanschauung* durch Förderung der christlichen *Familien-, Schul- und Volkserziehung* auf dem Grunde des biblischen Evangeliums von Jesus Christus, dem Gekreuzigten und auferstandenen menschlichen Erlöser, nach den Grundprinzipien (Schrift- und Glaubensprinzip) der Reformation."

Beide Zitate spiegeln das Selbstverständnis der Schulgemeindebewegung wider als einer freien, nicht der Kirche unterstehenden Gruppierung mit evangelikalen Zügen – innerhalb des breiten Spektrums protestantischer Glaubenstraditionen durchaus keine untypische Erscheinung.

Der zweite Kongreß der internationalen Schulgemeinde-Vereinigungen fand im Oktober 1936 in Utrecht statt, und zwar im Rahmen des vierten nationalen christlichen Schulkongresses der Niederlande. Die deutsche Delegation umfaßte über 100 Teilnehmer, darunter befand sich auch Petersen. Der Kongreß fand in der holländischen Presse breite Aufmerksamkeit.[13]

Übrigens hatten auch die Niederlande – bis 1920 – ihren „Schulstreit", in dem sich Elterngruppen gegenüber dem Staat für die Freie Schule einsetzten und sich schließlich auch erfolgreich durchsetzten. Der Grund, die Freie Schule der staatlichen vorzuziehen, lag vor allem in der Überzeugung, die religiöse Erziehung der Kinder sei am besten gewährleistet in einer Schule ihrer Konfession. Das holländische Grundprinzip heißt: „An erster Stelle gehört die Schule den Eltern, nicht dem Staat oder der Kirche" (Blok 1936, S. 148). Dies war wahrscheinlich die tiefere Ursache dafür, daß der Jenaplan heute in den Niederlanden ein bedeutsamer Faktor geworden ist.

Die zum gleichen Zeitpunkt in Deutschland vorherrschenden theologischen und kirchlichen Auseinandersetzungen spiegelten sich insbesondere in den beiden Vorträgen von Kurt Frör wider, der einerseits gegen Barths dialektische Theologie, andererseits gegen die von Gogarten und Tiling mitgetragene Volksnomoslehre Stellung bezog. Petersen sprach nicht auf dem Kongreß.

9. Der Kampf um den Erhalt der Bekenntnisschule

Der Reichsverband deutscher evangelischer Schulgemeinden war bis jetzt ein weißer Fleck auf der Landkarte religionspädagogisch-historischer Forschung. Die schriftliche Überlieferung in Stadt- und Kirchenarchiven ist dürftig. Es gelang jedoch, einige wenige, aber wichtige Zeitzeugen ausfindig zu machen.

Biographische Notizen zu Hermann Windel: Geschäftsführer des Reichsverbandes deutscher evangelischer Schulgemeinden war ab 1930 Hermann Windel, der im Kampf um den Erhalt der Bekenntnisschulen in den folgenden Jahren eine entscheidende Rolle spielte.

Hermann Windel (1892-1978) war kein Theologe, sondern erhielt seine berufliche Ausbildung im kaufmännischen Bereich. Als engagierter reformierter Christ schloß er sich durch einen Kontakt zu Pfarrer Paul Humburg (Barmen) der evangelischen Schulgemeindebewegung an. Er unternahm während der Zeit des Kirchenkampfes zahlreiche Vortragsreisen. Im Januar 1937, als er zu einer Vortragsreise in Ostpreußen und Pommern weilte, wurde er in Stolp während seines Vortrages verhaftet und erst nach mehreren Monaten „Schutzhaft" wieder freigelassen. Die Berliner Gestapo-Zentrale verschickte mit Datum vom 2. Februar 1937 „an alle Stapostellen und Stapoleitstellen" ein Fernschreiben:

„Ich habe über den Reichsleiter der evangelischen Schulgemeinde, Windel, ein Redeverbot für das ganze Reich verhängt" (BDC).

Ein erhaltener Brief von Pastor Karl Immer an Windel vom 27. 3. 1937 belegt, daß Windel am Gründonnerstag aus der Haft nach Hause zurückkehrte (vgl. Anhang 4.11).

Im Juli besetzte die Gestapo die Geschäftsstelle des Reichsverbandes und verbot seine weitere Tätigkeit. Der Reichsverband evangelischer Schulgemeinden bestand nicht mehr. Im Herbst 1937 zog Windel aus privaten Gründen fort von Wuppertal nach Süderbrarup bei Kiel.

Über die Tatsache, daß zur Geschäftsführung Windels kaum Überlieferung existiert, können nur Vermutungen angestellt werden. Offenbar sorgte die Gestapo durch ihr Verbot des Reichsverbandes auch für die Vernichtung des gesamten Aktenbestandes der Geschäftsstelle. Der Umbruch-Verlag und die Geschäftsstelle des Reichsverbandes befanden sich im Haus Adolf-Hitler-Straße Nr. 481 in Wuppertal-Barmen; das Haus wurde durch Kriegseinwirkungen vernichtet. Eigentümer des Hauses war der „Reichsbund Evangelischer Jungmännerbünde", Kassel.

Windel sorgte für den Vertrieb zahlreicher Schriften im Kampf um die Erhaltung der Bekenntnisschule, darunter „Der evangelische Schulfreund", die auflagenstarke vom Reichsverband herausgegebene Zeitschrift. Ab 1935 war der Vertrieb auf Grund neuer gesetzlicher Bestimmungen nurmehr über einen Verlag möglich, so daß eine Verlagsgründung notwendig wurde: der „Umbruch-Verlag Hermann Windel".

Nach der Meldekartei der Reichsschrifttumskammer schied Windel zum 31. März 1937 aus dem Verlag aus. Er betonte aber in einem Brief an den Börsenverein vom 15. Juni, daß er auf seine bisherige Berufsausübung nur vorübergehend verzichten wolle (SSL: Börsenverein d. dt. Buchh., F. 9435). Bedingt durch seinen Wegzug aus Wuppertal nahm er aber seine Tätigkeit als Verleger bzw. Buchhändler offenbar nicht wieder auf.

Windels ehemaliger Prokurist Hermann Werner übernahm den Verlag, der nun den Namen trug: „Der Rufer. Verlag für biblische Erziehung und christliches Schrifttum". Der Rufer-Verlag verstand sich wie sein Vorgänger als „Künder der Botschaft Gottes in unserer Zeit" in einer strikt bekenntnistreuen Haltung „vom Evangelium her". 1939 wurde der Rufer-Verlag von Heinrich Mohn, Gütersloh, übernommen; die „Rufer-Verlag Mohn KG" war damit eine Schwesterfirma des Bertelsmann-Verlages geworden (vgl. Der Evangelische Buchhandel 1961, S. 261).

Die bekenntnistreue Position: Am 22. April 1933 führte Windel in seinem Jahresbericht auf der Jahreshauptversammlung des Reichsverbandes unter anderem aus:

„Es ist mir eine lebhafte Genugtuung, daß unter dem starken Druck der nationalen Erhebung diese meine Kirche jetzt gezwungen wird, klar zu erkennen, daß wir wieder eine bekennende Kirche haben müssen. Gottlob, an einer bekennenden Schulgemeindebewegung hat es zu keiner Zeit gefehlt" (Jahresbericht 1933, S. 3; EKRD).

Windel zeichnet ein realistisches Bild von dem neuen „politischen Rechts- und Obrigkeitsstaat", der den bisherigen „bürgerlich-demokratischen Interessenstaat" abgelöst habe. Er stellt auch die „schwerwiegende Frage", wer vom neuen Staat nun „zum Feind gerechnet wird": Marxisten und Juden. Windel schildert die Glaubensgrundlagen des Deutschchristentums und fragt dann: „Wird der Kampf um die geistige Erneuerung Deutschlands vor der Glaubensfreiheit halt machen? Werden Elternrecht und Gewissensfreiheit, wie wir sie seit Jahrzehnten vertreten, respektiert werden?"; daß zur Erziehung des deutschen Menschen auch Demut, Gnade, Sünde, Vergebung, Erlösung gehören, dürfe nicht verschwiegen werden (ebenda, S. 23).

So wenig Probleme es dem Reichsverband bereitete, ein Bekenntnis zur eigenen „nationalen" Einstellung abzulegen und den neuen Staat grundsätzlich zu bejahen, so sehr leistete er doch Widerstand, wenn es um die Infragestellung der evangelischen Verkündigung ging. Die Schulfrage und die Sicherung des evangelischen RU wurde nach 1933 zum zentralen Anliegen innerhalb der Schulgemeindebewegung, die in Hermann Windel einen wirksamen Organisator des entbrennenden Schulkampfes hatte. In seinem „Umbruch-Verlag" erschienen zahlreiche Schriften, die sich für die Bekenntnisschule einsetzten und die Eltern zum Widerstand gegenüber der Gemeinschaftsschule aufforderten. Der „Schulfreund", das Organ des Verbandes, spiegelt die Bemühungen Windels vielleicht am nachhaltigsten wider.

Der Kampf um den Erhalt der Bekenntnisschule: Der Erhalt der Bekenntnisschule war in den Jahren 1933 bis 1935 von den neuen Machthabern mehrfach zugesichert worden. Doch die Hoffnung trog. Nach dem Wahlsieg der Deutschen Christen bei den Kirchenwahlen im Juli 1933 und der Wahl Ludwig Müllers zum Reichsbischof, der mit der Bildung einer Reichskirche im Sinne Hitlers eine Gleichschaltung von Kirche und Staat beabsichtigte, formierte sich der protestantische Widerstand; zunächst im Pfarrernotbund Niemöllers, nach der Barmer Synode im Mai 1934 in der Bekennenden Kirche. Die BK bildete keineswegs eine geschlossene Einheitsfront. Zwischen ihren führenden Köpfen, Karl Barth und Martin Niemöller, gab es zum Teil differente Standpunkte. Hinzu kommt, daß die Bereitschaft, mit dem NS-Staat Kompromisse einzugehen, in den noch erhaltenen BK-Landeskirchen (wie etwa Bayern und Baden-Württemberg) größer war, als in den DC-Hochburgen (wie etwa in Preußen), in denen die aus dem Pfarrernotbund hervorgegangenen „Bruderräte" eine viel härtere Linie der Auseinandersetzung verfolgten.

Der Religionsunterricht war aus mehreren Gründen in eine tiefe Krise geraten: Dem kirchlichen Außenamt der Deutschen Evangelischen Kirche (DEK) war am 18. Mai 1934 ein Schreiben des Reichsinnenministeriums zugegangen mit zwei Entwürfen für die Neufassung der RU-Lehrpläne, die eindeutig deutschchristlich waren – mit Sätzen wie: „Unser Glaube heißt: Deutschland" oder „Das alte Testament ist artfremd" (EZAB: 1/A 4/423).

Angesichts des Drucks deutschchristlicher Kirchenleitungen *und* der nationalsozialistisch ausgerichteten Schulaufsicht gegen die Verkündigung im überlieferten Sinne waren die alten RU-Pläne für viele RU-Lehrer nicht mehr bindend, zumal eine Anzahl von ihnen selbst zu den Deutschen Christen oder gar zu den Deutschgläubigen übergegangen war. Störungen des Unterrichts und Gewaltanwendung der HJ gegenüber bekenntnistreuen, das Alte Testament mitberücksichtigenden RU-Lehrern bzw. Geistlichen waren örtlich verschieden groß, aber sie trugen mit zur allgemeinen Verunsicherung bei.

Die Krise des RU spitzte sich weiter zu durch das Faktum, daß die Abschaffung der Bekenntnisschule zugunsten einer „deutschen Gemeinschaftsschule" ab 1935 zur erklärten Absicht nationalsozialistischer Politik wurde (Helmreich 1966, S. 224). Die 4. Bekenntnis-Synode der DEK zu Bad Oeynhausen im Februar 1936 hatte sich in ihren Beschlüssen gegen alle „widerchristliche Propaganda" gewandt und nochmals bekräftigt, daß sie für das *Bekenntnis zu Christus* in der deutschen Schule eintrete. Im Reichskirchenausschuß, der in den anschließenden Monaten die *Schulfrage* als zentrales Thema behandelte, war dieser Standpunkt bekannt.

Der Reichskirchenausschuß (RKA) war das am 3. Oktober 1935 von Reichskirchenminister Kerrl eingesetzte Gremium, das im Kampf zwischen Bekennender Kirche und Deutschen Christen (DC) eine Befriedung herbeiführen und die Leitung der evangelischen Kirche übernehmen sollte, tatsächlich aber die Spaltung im kirchlichen Raum, auch die innerhalb der BK, noch vertiefte. Als staatlich eingesetztes Organ konnte der RKA trotz der sich im Zuge der Ausschußpolitik abzeichnenden Entmachtung deutschchristlicher Kirchenführungen bei der Bekennenden Kirche kaum das notwendige Vertrauen gewinnen, das für die gestellte Aufgabe notwendig gewesen wäre.

Petersens gutachtliche Stellungnahmen: In einem Schreiben an die obersten Behörden der deutschen evangelischen Landeskirchen vom 29. Mai 1929 erbat der RKA eine Stellungnahme zu den drei folgenden Fragen:

„1) zu der Frage nach dem Verhältnis von weltanschaulich-politischer und kirchlicher Erziehung, 2) zu der Frage nach dem Recht und der Grenze der staatlichen Forderung nach einer weltanschaulich einheitlich ausgerichteten national-politischen Erziehung, 3) zu der neuerdings auch in kirchlichen Kreisen viel erörterten Frage, welches besondere kirchliche Interesse in der Erhaltung der bisherigen Bekenntnisschule besteht gegenüber einer im Blick auf die einheitliche Gesamterziehung unseres Volkes vorgeschlagenen deutschen Gemeinschaftsschule, in der bekenntnisgebundener Religionsunterricht gewährleistet wird" (vgl. Anhang 4.1).

Die Fragen erreichten auch Hermann Windel, der sie an mehrere Mitglieder zur Begutachtung weiterleitete.[14] Einer der Gutachter war Petersen. Er schrieb an Windel am 1. Juli 1936 sinngemäß folgendes: Evangelische Erziehung untergrabe niemals staatliche Autorität. Christsein bedeute nicht, Parteimann sein.

Der Staat aber habe ein Recht (so wie sich die Monarchie und die Weimarer Republik dieses Recht genommen hätten), Schüler zu unterweisen „in Fragen einer politischen Ausrichtung auf seine besondere Art und seine zeitlichen Aufgaben. Die Erteilung eines weltanschaulich-politischen Unterrichts in den dafür vorgesehenen national-politischen Stunden" werde keinem christlich gläubigen Lehrer unmöglich sein, da er dies im Rahmen seiner persönlichen Verantwortung leisten könne. Eine Grenze läge „stets in der Gewissensknechtung, allein das liegt nach allen Bekenntnissen der leitenden Männer diesem Staate fern" (vgl. Anhang 4.3).[15]

Hier also unverkennbar ein gläubiges Vertrauen auf die Redlichkeit des NS-Staates in einer Zeit, in der sowohl im kirchlichen wie im politischen Raum Fakten geschaffen wurden, die das Gegenteil bezeugen. Petersen steht dabei keineswegs allein. Das Vertrauen in Hitler als Führer des deutschen Volkes, der am 23. März 1933 erklärt hatte: „Die nationale Regierung sieht in den beiden christlichen Konfessionen die wichtigsten Faktoren zur Erhaltung unseres Volkstums", war durch den Kirchenkampf in breiten Teilen des deutschen Protestantismus im Grunde nicht geschmälert worden (zit. nach Schmidt 1965, S. 1035; vgl. Anhang 4.4).

Die Notwendigkeit der Erhaltung der Konfessionsschule ist für Petersen keine Frage: Staaten mit religionslosen Schulen seien „samt und sonders dem Untergang geweihte Staaten", da sie „alles feine Erzieherische und Pädagogische rasend schnell absterben" ließen. Und weiter (vgl. Anhang 4.3):

„Das ‚kirchliche Interesse' besteht ganz einfach darin, dass die Kirchen wissen müssen, es gibt noch Hunderttausende von Eltern, die eine Bekenntnisschule wollen; schon das Wissen darum verpflichtet sie, für diese Schulform einzutreten. Ausserdem hat sie dem Staate gegenüber zu bekennen, dass eine reine Staatsschule ins völkische Verderben führt. Dass der Staat sich selber das Grab gräbt. Wir können auch immer wieder fragen, in welcher Schule denn staatliche Autorität besser gehütet ist, als in einer Bekenntnisschule, in der doch Gottes Gebot über dem Lehrer steht, seinem Volk zu dienen und dem Staat zu geben, was des Staates ist? Welche evangelische Schule kann genannt werden, die gegen den Staat gehetzt, seine Autorität untergraben hätte?"

Der Begriff „völkisches Verderben", den Petersen hier benutzt, verdient bei einer sonst dem völkischen Gedanken durchaus nahestehenden Position besondere Beachtung. Das Bekenntnis zum Staat und zum völkischen Gedanken ist im Dritten Reich für evangelische Kreise gleichsam zu einer Verhandlungsmasse in der Auseinandersetzung mit Partei und Regierung geworden: Die Loyalität gegenüber Staat und Führer ist zu verstehen als Angebot, für das als Gegenleistung des Staates die Unantastbarkeit der Glaubenspraxis in Schule und Kirche erwartet wird.

Das, was sich hier bei Petersen im kleinen zeigt, hat im öffentlichen kirchlichen Leben, gerade auch bei verschiedenen Führern der Bekennenden Kirche, seine Parallelen. So wird die 99%ige Billigung der Politik Hitlers durch die Bevölkerung, die die Reichstagswahl am 29. März 1936 erbrachte, nicht nur von Generalsuperintendent Zoellner, dem RKA-Vorsitzenden des Kirchenausschusses, „freudigen Herzens" und „mit Dank für das einmütige Bekenntnis zum Führer" bestätigt (Schmidt 1964, S. 528), auch der württembergische Landesbischof Wurm bejaht „das klare, die ganze Welt warnende Wort des Führers" – wenn es darum ging, den Bolschewismus zu bekämpfen und den Versailler Friedensvertrag für null und nichtig zu erklären.

Wurm will dabei deutlich machen, „daß unsere Abstimmung [bei der Reichstagswahl; H.R.] ein freudiges Ja zu dem Wollen des Führers bedeutet, aber nicht als Zustimmung zu dem immer wieder unter angeblicher Berufung auf den Führer erfolgenden Kampf gegen die Grundwahrheiten des Evangeliums" aufgefaßt werden dürfe (Schmidt 1964, S. 507). Auch hier eine Parallele zur Denkweise Petersens: Der Führer als jemand, dem man vertrauen darf, kann mit dem täglichen Terror des NS-Staates gegen die Kirche nichts zu tun haben. Dies ist zumindest die *nach außen* sichtbare, der politischen Kontrolle ausgesetzte Meinung.

Die Barmer Erklärung vom Mai 1934 schafft sich durch bewußte Aussparung einer politischen Sichtweise die Freiheit, innerhalb des kirchlichen Raumes vom Staate nicht tangiert zu werden. Dies bedingt andererseits, daß der NS-Staat in der Barmer Erklärung grundsätzlich nicht kritisch dargestellt wird. In der fünften These läßt Karl Barth den [NS-]Staat „unter Androhung und Ausübung von Gewalt für Recht und Frieden sorgen", was die Kirche „in Dank und Ehrfurcht gegen Gott" als Wohltat göttlicher Anordnung anerkennt (vgl. Pöhlmann 1986). Die Politik von Partei und Regierung in bezug auf die Bekenntnisschule zeigte schon zum Zeitpunkt der Abfassung der Barmer Erklärung, daß die Erwartungen der Kirche durch die Realität nicht eingelöst wurden.

Der RKA erweist sich sowohl von seinem Auftrag durch ein Ministerium als auch in der konservativ-nationalen Grundeinstellung seiner Mitglieder allzu sehr als verlängerter Arm des Staates.

Am 30. Juli 1936 wird die vom RKA-Referenten für Kirchenfragen Theodor Ellwein (unter Mitarbeit von Prof. Hermann Schafft) fertiggestellte Denkschrift „Kirche und öffentliche Schule" im Reichskirchenausschuß beraten. Am 5. September 1936 schickt die Kirchenkanzlei der Deutschen Evangelischen Kirche (DEK) sie den Mitgliedern der den RKA „Beratenden Kammer für evangelische Erziehungsarbeit" (EZAB: 1/A 4/422; vgl. Anhang 4.4).

Diese Denkschrift wird von Martin Albertz im Auftrag der VLK[16] am 14. September an die ihr angeschlossenen Kirchenregierungen und Landesbruderräte versandt; das Anschreiben enthält ein deutliches Negativ-Votum durch die VLK, da Ellwein die Bekenntnisschule entgegen dem Beschluß der Oeynhauser Synode preisgegeben hatte (Schmidt 1965, S. 1033f., S. 1035ff.).

Nach nochmaligen Beratungen der RKA-Erziehungskammer zur Denkschrift am 7. November 1936 verabschiedete der RKA in seiner Sitzung am 20. November 1936 die Endfassung und versandte vier Tage später die Erklärung „Kirche und öffentliche Schule" an das Reichserziehungsministerium. Die Erklärung trug im Gegensatz zu Ellwein/Schaffts Erstfassung nun deutlicher dem Bekenntnisstandpunkt Rechnung.

Petersen lag die Erstfassung der Denkschrift zur Stellungnahme vor. Am 23. September 1936 sandte er seine Antwort an Hermann Windel und riet, nicht so sehr gegen die Gemeinschaftsschule zu opponieren, als an der Linie der evangelischen Schulgemeinde, d.h. an einer „Schule mit der Bibel für christliche Eltern evangelischen Bekenntnisses" festzuhalten. Petersen spricht von „plumpen Widersprüchen" der Denkschrift und findet im übrigen den Standpunkt der Schulgemeindebewegung „als den klarsten" und „im Augenblick in keiner schlechten Lage, wenn wir nur gehört werden können" (vgl. Anhang 4.6).

Ein Punkt ist besonders bemerkenswert: Ellweins Denkschrift stellt unter Berufung auf Ernst Krieck fest: „Die Schule muß mit der heimatlichen Landschaft und ihrer durch Blut und Boden, Geschichte und Sitte bestimmten Eigenart lebendig verbunden sein" (Schmidt 1965, S. 1038), eine Aussage, die die VLK in ihrer Erklärung ebenso monierte – ebenso wie Petersen sich in seiner Antwort an Windel empörte: „Wie können Ellwein/Schafft schreiben von ‚organisch ausgerichteten Heimatschulen' à la Krieck!"

Allerdings ist Petersens Stellungnahme zur Ellwein-Denkschrift trotz aller Einwände, die er findet, im Ergebnis eine Anpassung an deren Forderung, wenn er die Meinung vertritt:

„Von uns aus sollten wir nicht gegen die Gemeinschaftsschule gleich Simultanschule kämpfen, sondern erkennen, daß sie eben auch eine Bekenntnisschule ist. Immer heisst unsere Linie die evangelische Schulgemeinde, Schule mit der Bibel für christlichen Eltern evangelischer Bekenntnisse."

Die faktische Differenz zwischen Gemeinschaftsschule und Bekenntnisschule wird von Petersen mit dieser Aussage – offenbar unter dem Druck der zu erwartenden Entwicklung – preisgegeben zugunsten der Vorstellung, auch die vom NS-Staat propagierte Gemeinschaftsschule könne eine „Schule mit der Bibel für die christlichen Eltern evangelischer Bekenntnisse" werden.

Damit vertritt er eine Linie, die zwar die Bekenntnisschule verteidigt, aber die Auseinandersetzung mit dem Staat scheut, womit Petersen im Grunde hinter die Position des Reichsverbandes und der BK zurückfällt.

Es wäre eine eigene Aufgabe für sich, die verschiedenen Stellungnahmen zur Denkschrift „Kirche und öffentliche Schule" von Theologen und Kirchenleitungen mit der Petersens zu vergleichen. Helmuth Schreiner, Mitglied der RKA-Kammer für Erziehungsfragen, hatte ähnliche Einwände wie Petersen und bemängelte ebenfalls das in der Denkschrift enthaltene Krieck-Zitat (EZAB: 1/A4 /422). Es muß seinem Einfluß mit zu verdanken gewesen sein, daß in der vom RKA veränderten Endfassung weder das monierte Krieck-Zitat (nur ein Quellenhinweis darauf) enthalten ist, noch die von Ellwein favorisierte Gemeinschaftsschule für erstrebenswert angesehen wird.

Da Petersen mit Ernst Krieck und dessen Schüler Franz Kade 1933 eine engere Beziehung eingegangen war, hätte man durchaus eine positive Reaktion auf die mit Kriecks Vorstellungen begründete Forderung nach der deutschen Gemeinschaftsschule erwarten können. Petersen hatte 1933 eine „landschulpädagogische Woche" an der Kadeschen Versuchsschule in Wörsdorf/Taunus besucht, an der auch Krieck teilnahm. Kade wie der Wörsdorfer Schulversuch waren vom NS durchdrungen; Petersen (1933a, S. 391) sah den „in Wörsdorf beschrittenen Weg auf der strengen Linie des neuen Volksstaates". Zwei Jahre später kühlten sich die Beziehungen zu Kade merklich ab, wahrscheinlich auch zu Krieck.

Unter dem Stichwort „heimatgebundene Gruppenunterrichtsschulen" liefen Petersens Jenaplan-Schulen in Westfalen (Petersen 1934a), deren „Umstellung" immerhin unter den wachsamen Augen von Partei und Regierung des neuen Reiches erfolgte. Den Standpunkt einer auf der Volksgemeinschaft beruhenden Schule wurde Petersen nicht müde zu betonen. Hatten aber nicht gerade die Deutschen Christen wie keine andere christliche Gruppierung den Grundsatz eines vom Volkstumsgedanken getragenen Glaubens verkündet? Müßte Petersen hier nicht dem Deutschchristentum folgen?

Aber genau hier ist bei Petersen die Grenze: Was immer er auf der „weltlichen" Ebene für Angebote machte, um seine Pädagogik im Dritten Reich fortsetzen oder gar erweitern zu können: Wenn es um die Bekenntnisschule ging, war er nicht auf der Seite des Staates, sondern auf seiten der Bekenntnisbewegung.

1936 sind die politischen Weichen bereits für die Einführung der deutschen Gemeinschaftsschule gestellt. Der „Evangelische Schulfreund" bringt ab 1935 zunehmend mehr Artikel, die über die politische Lage in diesem Punkt informieren und Einwände dagegen formulieren. Gegen das schlagende Argument der NS-Politiker, „ein Volk – eine Schule" (ohne konfessionelle Spaltung), war es schwer, die Aufrechterhaltung einer besonderen Bekenntnisschule zu begründen, wenn die Schulgemeindebewegung nicht sogleich als volksfeindlich gelten wollte. Da blieb nur übrig zu versuchen, die Beteuerung, zu Staat und Volkstum zu stehen, besonders stark herauszustreichen. So heißt es etwa im Juni-Heft des Schulfreundes 1936, S. 85:

„Aus den Bekenntnisschulen sind auch zu 99 v. H. die Männer und Frauen des Volkes hervorgegangen, die den Ruf Adolf Hitlers hörten und seinen Kampf in der *national-sozialistischen* Bewegung zu dem ihrigen gemacht haben. Das verdient heute einmal besonders betont zu werden."

Einem unbedarften Kritiker würde die Aussage wahrscheinlich schon genügen, um den ungenannten Autor – es ist Albert Böhme – samt der Zeitschrift als „faschistisch" abzutun. Doch man muß weiter lesen, um die Chuzpe der Argumentation zu erkennen.

Der mit zwei Sternchen gekennzeichnete Artikel argumentiert nämlich listig, daß dort, wo mehrheitlich Simultanschulen existieren, die Staatstreue erwiesenermaßen keineswegs größer sei als in Regionen mit Bekenntnisschulen, dies beweise auch das Saarland, das nur Bekenntnisschulen besitze und sich doch einmütig zum Anschluß an Deutschland entschieden habe.

Wenn in einem anderen Artikel (Protsch 1935a) zwar ein Bekenntnis zum „deutschen Volkstum" abgelegt, gleichzeitig aber auch unmißverständlich darauf verwiesen wird, daß „unser Volkstum" als Teil der „gefallenen Welt" dem Gericht Gottes unterstellt sei, dann wird deutlich, welcher Standpunkt hier vertreten wird. Im gleichen Heft der Zeitschrift (1935, S. 25f.) werden in einem nicht namentlich gezeichneten Artikel die Volks- und Familienbezogenheit der Berichte des Alten Testamentes hervorgehoben und schließlich mit der Frage verbunden: „Sind das nicht alles Gesichtspunkte, von denen aus eine völkisch eingestellte Zeit das Alte Testament als Wegweisung ganz besonders dankbar begrüßen sollte, statt es mißtrauisch zu betrachten oder gar blind zu bekämpfen?"

Wiederum ist der gutgemeinte Appell an Vernunft bzw. Einsicht von Partei und Regierung herauszuhören, dieser Argumentation zu folgen. Doch der Rassismus hat sich in Deutschland schon etabliert und bedroht eine solche „judenfreundliche" Haltung mit massiver Gewalt. Dafür nur ein Beispiel von vielen:

„In Stade ist am 16. September [1935] der Pastor Behrens durch SA- und SS-Leute unter empörenden Umständen mit einem gemalten Plakat: ,Ich bin ein Judenknecht' unter Vorantritt einer Musikkapelle, unter Beschimpfungen und Mißhandlungen kreuz und quer durch alle Hauptstraßen der Stadt geführt worden. Der Veranstalter der Aktion ist der Nazilehrer Holste, der zugleich Kreisleiter ist" (Deutschland-Berichte 1980 [1935, S. 1287]).

Der Pastor hatte sich geweigert, seinen Konfirmanden-Unterricht unter rassische Gesichtspunkte zu stellen und Jesus als Arier zu bezeichnen.

In Württemberg gelingt es dem nationalsozialistischen Ministerpräsidenten Mergenthaler 1936 tatsächlich, die Gemeinschaftsschule fast „flächendeckend" einzuführen; – zur Empörung weiter BK-Kreise außerhalb des „Ländles" und natürlich auch zum Entsetzen des Schulgemeinde-Verbandes. Thierfelder (1980) schildert die schwierige Situation, in der sich Bischof Wurm und die württembergische Landeskirche damals befanden, und er weist auf eine besonders harsche Kritik in der Juli-Nummer des „Evangelischen Schulfreundes" von 1936 hin: Dort heißt es auf Seite 105:

„Mit Recht urteilt ein führender Kirchenmann in seinem Schreiben an uns [sc. an die Redaktion; H.R.] so: ‚Ich lehne sachlich das württembergische Verhalten ab. Ich bezeichne es darüber hinaus als unkirchliches, unchristliches und unehrliches Verhalten, wie man in Württemberg vollendete Tatsachen geschaffen hat, ohne auf die Gesamtkirche oder auf die kämpfenden Brüder und Gemeinden Rücksicht zu nehmen. Mir ist das Ganze ein neuer Beweis dafür, daß – wenn im Staate Dänemark etwas faul ist – am Postplatz in Stuttgart alles faul ist.'"

Diese anonyme Äußerung war von unverkennbarer Schärfe und stammte von niemand anderem als Martin Niemöller, wie aus dem Briefwechsel Niemöller – Windel hervorgeht (EKHD: Bestand 5.1 Nr. 113.2). Der „Evangelische Schulfreund" stellte im August 1937 sein Erscheinen ein.

Im Aprilheft 1935 findet sich im „Evangelischen Schulfreund" (S. 59) auch ein Hinweis über einen Vortrag Petersens vor Lehrern des Minden-Ravensberger Landes. Der Jenaplan ersetze die Jahresklasse durch Gruppen, „bei denen die Familie Vorbild ist". Die Mindener Regierung wolle, so erklärte der zuständige Schuldezernent Prof. Wentz, „nur noch Schulreformen nach dem Jena-Plan zulassen" und werde „die Pläne Professor Petersens in jeder Weise fördern".

Doch bereits im Februar 1936 wurde die weitere Ausbreitung des Jenaplans nach einer hochoffiziellen Schulvisitation durch einen Erlaß des Reichserziehungsministeriums untersagt[17]. Der Jenaplan, ursprünglich einer demokratischen Tradition entstammend, war dem NS-Staat trotz mancher gegenteiliger Beteuerungen Petersens eben doch nicht ganz geheuer.

10. Der Schulgemeinde-Erlaß

Das Bestreben des NS-Staates, die Konfessionsschule durch die deutsche Gemeinschaftsschule abzulösen, um einen einheitlichen dem NS verpflichteten Schulorganismus zu schaffen, hatte im „weltlichen Bereich" sein Vorspiel.

Am 24. Oktober 1934 veröffentlichte das Reichserziehungsministerium im Zentralblatt „Richtlinien über die Schaffung von Schulgemeinden und die Berufung von Jugendwaltern" für alle Volks-, mittlere und höhere Schulen. Die klar ausgesprochene Absicht war, die demokratisch gewählten Elternbeiräte, die Grund einer angeblichen „Gegnerschaft zwischen Elternhaus und Schule" gewesen seien, abzuschaffen. Zur Begründung wird jenes Argument eingesetzt, das Petersen in den zwanziger Jahren dazu diente, parlamentarische Strukturen (allerdings nur für die Schülerselbstverwaltung) in seiner Schule abzulehnen, nämlich die Politisierung der Schule:

„Der Gebrauch der parlamentarischen Wahl- und Geschäftsordnung bei den Elternbeiräten trug parteipolitische Spannung in die Schule und in das Verhältnis zwischen Eltern und Lehrern. Der nationalsozialistische Staat kann keine Gegnerschaft unter den verschiedenen Trägern der Erziehung dulden; sie alle sollen in grundsätzlicher Einigkeit miteinander wirken."

Die Schulgemeinde im nationalsozialistischen Sinne hat als wichtigste Aufgabe: „Die Erziehungsziele des neuen Staats sind darzustellen und dem Verständnis der Allgemeinheit zu erschließen. Hier sind staatliche Familienfürsorge, Rassefragen, Erblehre, Erbgesundheitspflege, Körperzucht, Arbeitsdienst und Jugendbund zu behandeln."

Um dies leisten zu können, beruft der Schulleiter, der „Führer der Schulgemeinde" ist, zwei bis fünf Berater aus der Elternschaft, zu denen „ein von der HJ entsandter Jugendführer" hinzutritt. Die berufenen Eltern müssen „in charakterlicher und politischer Hinsicht den Anforderungen entsprechen, die an einen Jugenderzieher im nationalsozialistischen Staat gestellt werden. Vor der Berufung ist der zuständige Ortsgruppenleiter der NSDAP zu hören. Bei ,Nichteignung' ist eine Abberufung jederzeit möglich".

Der Schulgemeinde-Erlaß stellte zweifellos ein wichtiges Regulativ in der Durchsetzung der nationalsozialistischen Politik dar und sollte mehrere Probleme lösen.

Zum einen regulierte er das angespannte Verhältnis zwischen der Schule und der HJ, die sich nach Hitlers Machtergreifung zahlreiche Übergriffe gegenüber oppositionellen oder auch nur (oft aus rein persönlichen Gründen) mißliebigen Lehrern leistete, wobei gleichzeitig der Einfluß der HJ in der Schule fest verankert wurde. Zweitens beschnitt der Erlaß den Einfluß der Elternschaft, die nicht mehr als demokratische Vertretung zugelassen, sondern auf einen Kern weltanschaulich verläßlicher und daraufhin überprüfter „Berater" reduziert wurde. Drittens sollte die Schule auf Grund dieser Maßnahmen in den Stand gesetzt werden, die Ziele der NS-Ideologie von der Rassenlehre bis zur Wehrerziehung unter Ausschaltung möglicher Einwände der Eltern mit Nachdruck zu verfolgen.

Die Reaktion evangelischer Kreise war keineswegs grundsätzlich negativ. In einem mit „W.R." gezeichneten Artikel im „Evangelischen Deutschland" wird zwar klargestellt, daß diese „Neueinrichtung" nichts zu tun habe „mit der Organisationsform der ‚Schulgemeinden', wie sie Dörpfeld als genossenschaftlicher Träger der Schule vorgeschwebt" habe, der Autor fährt dann allerdings fort:

„Am nächsten kommen die neu zu bildenden Schulgemeinden der überaus schillernden Begriffswelt ‚Schulgemeinde' der von Petersen in Jena vertretenen Art. Er sieht für sie ein ähnliches Ziel, wie es Edmund Neuendorff[18] ihr mitten im völkischen Zusammenbruch vor einem halben Menschenalter in der höheren Schule setzte: nämlich in ‚allen ihren Gliedern (Eltern, Lehrer und Jugend) den Geist der Gemeinsamkeit zu wecken'."

Der Artikel ist alles andere als kritisch gegenüber dem Schulgemeinde-Erlaß. Reichserziehungsminister Rust und Reichsinnenminister Frick hätten „wiederholt zum Ausdruck gebracht, welch feines Verständnis sie für die Bedeutung der Familie ‚als Zelle des Volkes' haben". Sinn und Zweck des Erlasses sei es jedenfalls, „solch ein Wirken vom Ganzen, dem nationalsozialistischen Staat hin zu seinen Zellen, aber auch umgekehrt von diesem zu ihm und seinen Organen: Schule und HJ hin in Fluß zu bringen und damit altpreußische Erziehungsüberlieferung, wenn auch in neuer, dem nationalen sozialistischen Staat angepaßten Form, fortzusetzen".

Der Evangelische Preßverband, dessen Direktor Hinderer „Das Evangelische Deutschland" herausgab, war nicht gerade ein Hort der Opposition gegen Hitler. Vom Preßverband herausgegeben als Heft 9 der Schriftenreihe „Unser Kind. Beiträge zur evangelischen Erziehung" erschien – ohne Angabe eines Autors – die Broschüre „Die Schulgemeinde", die den Erlaß vom 24. Oktober 1934 und die dazugehörigen Richtlinien erläutert.

Wiederum wird auf die „Verwandtschaft" des Schulgemeinde-Erlasses mit Petersens Bestrebungen hingewiesen, allerdings auch stärker die Differenz hervorgehoben: Dörpfeld und Petersen sähen die Schule in erster Linie als „Hilfsanstalt des Hauses" an; der Erlaß dagegen halte an der alten preußischen Überlieferung fest, daß die Schule Veranstaltung des Staates sei und eine eigene von der Familie abweichende Erziehungsgrundlage besitze (Die Schulgemeinde 1934, S. 2f.).

Petersen schrieb in der ersten Auflage des Kleinen Jenaplans:

„Es soll eine ‚Schulgemeinde' gebildet werden, in die der Schulunterricht sich immer als das Zweite einordnet. Das bedeutet keineswegs einen Versuch, den in mehreren Ländern ergangenen Schulgemeindeerlaß zu verwirklichen. Vielmehr ist die oberbehördliche Anordnung von Schulgemeinden der beste Weg, sie zu erschweren, vor allem aber die Idee selbst im Kern zu vernichten ... Wo die Schulgemeindeidee nicht innerste Überzeugung einer Erzieherschaft geworden ist, dort kann sie nur in einem Zerrbild Gestalt gewinnen. Sollten sich Schülerparlamente und Schülergerichte in ihr finden, so ist es nicht diese Schule Bezeichnendes. Wohl aber scheint die bisherige Erfahrung in allen deutschen ‚Lebensgemeinschaftsschulen' zu erhärten, daß jene Einrichtungen von den Schülern eher abgelehnt werden als bei ihnen beliebt sind. Dabei wird in der Tat von Lehrern und Kindern innerhalb der Schulgemeinde das Recht ‚geschöpft' im Sinne und in der Form der um ihre Führer gescharten Rechtsgemeinde ‚Freier'" (Petersen 1927, S. 8).

Die Kritik Petersens an der „oberbehördlichen Anordnung" bezieht sich vermutlich auf den preußischen Schulgemeinde-Erlaß vom 27. November 1918, dessen Formulierung von Gustav Wyneken stammte (vgl. Kupffer 1970, S. 284ff.; Wyneken 1919, S. 30ff.); der Erlaß richtete sich an die Lehrkräfte und Schüler der höheren Schulen (ebenso an die Lehrerseminare und Präparandenanstalten) und räumte die Möglichkeit ein, alle zwei Wochen „eine völlig freie Aussprache von Lehrern und Schülern über Angelegenheiten des Schullebens, der Disziplin, der Ordnung usw." durchzuführen. Damit verbunden war die Wahl eines Schülerrates, „der ständig die Interessen der Schülerschaft zu vertreten und im Einvernehmen mit Schulleitung und Lehrerschaft für Ordnung zu sorgen hat" (Zentralbl. f. die ges. Unterrichtsverwaltung in Preußen, Jg. 1918, S. 714f.). Die Versammlung sollte nach dem Willen des Erlasses „Schulgemeinde" heißen. Die Maßnahme fand allerdings weder bei den Lehrern noch bei den Schülern Anklang und mußte abgemildert bzw. zurückgenommen werden.

Nachdem die sozialistische Politik der gerade erst in den Geburtswehen befindlichen Weimarer Republik den Religionsunterricht aus den öffentlichen Schulen zu verbannen suchte, mußte dieser Erlaß für Petersen (wie für alle Schulgemeindeanhänger der Dörpfeldschen Tradition) auch deshalb ein Ärgernis sein, d.h. eine Entwertung und Entwürdigung des Schulgemeindebegriffs, setzt *diese* Tradition doch das religiöse Bekenntnis in der Schule und den freien Zusammenschluß von religiös gebundenen Eltern und Lehrern voraus.

In einem anderen Punkte war der sozialistische „Revolutionär" Wyneken mit Petersen allerdings einer Meinung: im Zweifel an der parlamentarischen Demokratie des Weimarer Staates als einer *optimalen* politischen Herrschaftsform – schien sich doch die neue Diktatur der Mehrheit nur quantitativ (und nicht durch qualitativ höheren Sachverstand) von der bisherigen Diktatur der Minderheit zu unterscheiden (vgl. Kupffer 1970, S. 284). Nicht zuletzt gründete diese Übereinstimmung zwischen Wyneken und Petersen bezüglich der Kritik am parlamentarischen System in dem von beiden vertretenen Gemeinschafts- und Schulgemeinde-Gedanken, der sehr viel stärker von *basisdemokratischen* Orientierungen bestimmt war.

Der Gedanke, daß die Interessen von Minderheiten durch die Mehrheit ausgeschaltet werden können. daß „Wahrheit" durch „Mehrheit" entscheidbar sein sollte, war besonders für Petersen ein Faktum, mit dem er sich nur schwer anfreunden konnte. Vor allem die Übertragung dieses Prinzips auf die Verhältnisse der Schule lehnte er ab. Er war dagegen stark beeinflußt von altdeutschen genossenschaftliche Vorstellungen, die neben dem Gerechtigkeitsprinzip auch das Prinzip der Verpflichtung aller zur Hilfe eines einzelnen kannten.

Nach 1933 wurde der Sachverhalt von Petersen freilich mit anderen Akzenten versehen, indem er unterstellte, daß die Volksschule im NS-Staat die Erfüllung jener früher gehegten Hoffnung bringe, die wahre Schule der Volksgemeinschaft zu sein. In der 7./8. Auflage des Kleinen Jenaplans von 1936 sagt Petersen (wie auch in früheren Auflagen), daß die „Volksschule, vom Volke gewollt und getragen" und die Schulen allgemein „echte Lebensstätten der Jugend" sein sollten. Er fährt dann fort:

„Diese Forderung ward entwickelt unter schärfster Ablehnung der liberalen Staatsauffassung und des Individualismus. In der Erwartung, daß eine deutsche Selbstbesinnung – für die dreißiger Jahre vorausgesagt (siehe meine Neueuropäische Erziehungsbewegung 1926, S. 37) – den Weg zu einem ständischen Staate als echtem Volksstaate bahnen werde. Mit dem Rustschen Schulgemeinde-Erlaß vom 24. Oktober 1934 und mit der 1933 erfolgten Gründung des NSLB hat das Neue Reich die Grundlagen für eine wahre Volks-Schule geschaffen, ‚Jugendwalter' und ‚Lehrerbund' können sie bauen ... Es soll eine ‚Schulgemeinde' gebildet werden, in die der Schulunterricht sich immer als das Zweite einordnet. Die Schulgemeindeidee muß daher innerste Überzeugung der Erzieherschaft werden. Sie muß nun ‚von unten her‘ wachsen dem Erlaß ‚von oben her‘ entgegen" (Petersen 1936d, S. 14).

Eine solche Aussage, wie die zitierte, ist durchaus geeignet, einer ideologie-kritischen Analyse als Tatsachenbeleg dafür zu dienen, „daß Petersen der Gemeinschaftsideologie der Nationalsozialisten so naiv auf den Leim ging" (Rülcker 1992, S. 211). Wer um Differenzierung und Kontextergründung bemüht ist, wird sich damit nicht zufrieden geben und nach der *Funktion* fragen, die der Rustsche Schulgemeinde-Erlaß im subjektiven Balance-System Petersens unter den Bedingungen des NS besaß; schließlich hatte das Rust-Ministerium gerade zu Jahresbeginn den Jenaplan in die Schranken verwiesen und seine weitere Ausbreitung verboten. Unter diesem *funktionalen* Gesichtspunkt lassen sich die folgenden Feststellungen treffen:

1. Im ‚Kleinen Jena-Plan‘, der Programmschrift des Petersenschen Schulmodells, bietet es sich in besonderem Maße an zu demonstrieren, daß der Jenaplan in die vom NS-Staat vorgegebenen Rahmenbedingungen paßt, indem glaubhaft gemacht wird, daß er bereits in vorangegangenen Zeiten antidemokratisch-völkischen Charakter hatte – eine Unterstellung Petersens, der nicht nur die 1933 verbotenen „roten" Jenaplan-Schulen im preußischen Stammland Brandenburg widersprechen, sondern auch jene Lebensformen der Arbeits- und Lebensgemeinschaftsschule, die an der Jenaer Universitätsschule in den zwanziger Jahren entwickelt und realisiert wurden.[19]
2. Ein pädagogischer Traditionsbegriff wie der der Schulgemeinde, der vom NS für die Durchsetzung der eigenen politischen Ziele in Anspruch genommen wird, um diese Ziele noch schmackhafter zu machen, ist für Petersen durchaus von Interesse, weil er Spielraum gibt, die politische Dimension des Erlasses umzudeuten, um die *eigenen* Vorstellungen Dörpfeldscher Tradition zu sichern und als vom Staate gewollt nach außen hin zu legitimieren.
3. Der „amtliche" Schulgemeinde-Begriff könnte – HJ-Führer hin, Jugendwalter her – neue Möglichkeiten bieten, Aspekte reformpädagogischer Tradition, deren Fortexistenz im NS-Staat von den jüngsten Entwicklungen des Verhältnisses Schule und Staatsjugend stark gefährdet war, wieder zu beleben, insbesondere Elternarbeit und schulische Selbstverwaltung. Das von Petersen vertretene Prinzip der kollegialen Schulverwaltung war bereits 1933 auf dem Erlaßwege beseitigt worden.

Tatsächlich könnte der Schulgemeinde-Erlaß mancherorts die Hoffnung geweckt haben, bestimmte problematische Entwicklungen im Verhältnis zwischen Lehrern und älteren Schülern zu mildern. Man muß dabei im Auge behalten, daß die Hitler-Jugend seit Ostern 1933 innerhalb der Schule einen eigenen Autonomieanspruch im Namen der „Bewegung" durchsetzen wollte, der für chaotische und bedrohliche Zustände in der Schule verantwortlich war und amtlichen Regelungsbedarf herausforderte. Akte der „Abrechnung" und der Willkür seitens einzelner HJ-Schülergruppen bestimmten den Schulalltag im „Neuen Deutschland". So mußte Minister Rust in einem Erlaß vom 26. August 1933 („Pflege der Beziehungen der Schule zur Hitlerjugend") darauf verweisen, „daß da, wo der Staat selbst Träger der Autorität ist, wie das in der Schule der Fall ist, diese Autorität in jeder Beziehung unerschüttert bleibt. [...] Eingriffe in die Tätigkeit der Schule von außen sind verboten. Im Schulleben haben die Schüler den Leitern und Lehrern unbedingt zu gehorchen. [...] Mitführen von Waffen jeder Art, namentlich Schußwaffen, *in der Schule* [sic!] ist wie bisher streng verboten."[20]

Die zwischen Reichsjugendführung und Reichserziehungsministerium im Sommer 1934 getroffene Vereinbarung[21] bestimmte, daß nach den Ferien an jedem Mittwochabend der HJ-Heimabend und an jedem Sonnabend an Stelle von Unterricht der neu eingeführte Staatsjugendtag stattzufinden habe. Auch wenn die Mitgliedschaft in der Staatsjugend zu diesem Zeitpunkt noch nicht automatisch erfolgte, war die Mehrheit der Schüler (zunächst nur die Zehn- bis Vierzehnjährigen, das „Jungvolk") von dieser Regelung betroffen.[22] Die Lehrer- und Elternschaft sah sich massivem ideologischen Druck ausgesetzt, wenn sie nicht mitmachten. Die Probleme häuften sich insbesondere in jenen Schulen, in denen Lehrer ihren vom evangelischen Glauben bestimmten Erziehungsauftrag ernst nahmen und dabei in unerträgliche Konflikte mit rüden HJ-Schülern der oberen Klassen gerieten. Dies gilt insbesondere für Lehrer und Geistliche, die Religionsunterricht erteilten.

Auf diesem Hintergrund ist bemerkenswert, wie ratlos Petersen im Herbst 1934 in einem *unveröffentlichten* Vortrag vor Lehrern in Bielefeld nach Orientierung sucht:

„Warum diese Betrachtung? 1) Die Schule, die Lehrerschaft muß sich klar machen, welchen *Raum* die Schule einnimmt inmitten der Bildungs- und Erziehungsmächte des nationalsozialistischen Staates; welcher Platz ihr zugewiesen ist, wieviel Bewegungsfreiheit und Gestaltungsmöglichkeiten sie besitzt. Noch etwas genauer: Welchen *Anteil an der Bildung und Erziehung der Jugend* im nationalsozialistischen Staat sie hat. 2) Sie muß sich so gründlich wie nur möglich Klarheit verschaffen über die *Art und Weise* des Bildens und Erziehens in den Bezirken, die neben ihr an der Jugend, ja neben ihr überhaupt *am Volke* bildend und erziehend tätig sind. Kenne ich den *Umfang* meines Wirkkreises, so weiß ich um die *Grenze* meines Gebietes und kann nun viel eindringlicher nach *innen* hinein arbeiten in *den* Raum hinein, der mir gehört."[23]

Das klingt fast schon nach innerer Emigration. Der Grund ist klar, die HJ entzieht den Lehrern den Erziehungsauftrag. Wiederum findet man Petersens resignative Kritik daran nicht in einer Veröffentlichung, schon gar nicht in Arbeiten zum Jenaplan, sondern in der „Schulgemeindevorlesung" von 1940:

„So kam es zu einem vollen Jahr und länger erneuter und an manchen Orten scheinbar recht starker Spannung zwischen Schule und Jugend. Und das sind zugleich jene Monate und, besser jene beiden Jahre so Ende 1933-1935/36, in denen sich beide stark auseinanderlebten. Etwa in der Mitte liegt jenes schon erwähnte *Abkommen* zwischen Reichsjugendführer und Wissenschaftsminister vom 30.7.34, einen Frieden herzustellen [durch Einführung des Staatsjugendtages; H.R.]. Aber eine unbeirrt blickende und berichtende Geschichte muß feststellen, daß eben doch damals Sept. 33 und dann Juli 34 der *Anfang* zu einem Schritt getan wurde, der *keineswegs* bis heute zurückgenommen ist, und der jederzeit zur Folge haben kann: eine ungeheuerliche Verarmung der deutschen *Volks*schule, nämlich eben eine Entleerung von ihrer erziehlichen Tätigkeit."[24]

1942 äußert sich Petersen dann noch einmal öffentlich zum Schulgemeindeerlaß:

„Der Schulgemeindeerlaß vom 24.10.1934 hat bereits den Weg gezeigt, wie die Schule wieder in das Volksleben zurückfinden kann. Denn als ‚Schulgemeinde' weitet sich die Schule aus in die Familien hinein und wird, richtig verstanden und durchgeführt, die Familien ihrer Schüler tätig in die Schulwelt mit hineinnehmen" (Petersen 1942a, S. 202).

Hier dominiert – im Kontext einer der NS-Ideologie durchaus zugewandten Darstellung der „Selbstverantwortlichkeit der Jugend" – nach wie vor eine positive Einschätzung des Erlasses; Petersen unterstellt dabei dem Erlaß die eigene Zielvorstellung, „die Familien ihrer Schüler tätig in die Schulwelt mit hineinnehmen", um die tatsächliche Nichteinlösung dieser Zielvorstellung als Ergebnis einer falschen Anwendung des Erlasses interpretieren zu können; nur so wird die Wendung, der Erlaß müsse „richtig verstanden und [richtig] durchgeführt" werden, verständlich. Diese Art von bewußter Realitätsverkennung bleibt auch dann problematisch, wenn man in Rechnung stellt, daß der Text, dem das Zitat entnommen ist, vermutlich auf eine Rede zurückgeht, die vor einer politisch hochrangigen Öffentlichkeit gehalten wurde.

Wenden wir uns nun der Stellungnahme des Reichsverbandes deutscher evangelischer Schulgemeinden zum Rustschen Schulgemeindeerlaß zu. Albert Böhme, Schriftleiter des „Evangelischen Schulfreundes" schrieb in der Juli-Ausgabe 1935 seiner Zeitschrift (S. 108):

„Soweit wir es überschauen können, hat die amtliche Schulgemeinde dort, wo zwischen Elternhaus und Schule ein guter Kontakt herrscht, günstig wirken können. Dort, wo eine solche harmonische Verbindung noch nicht besteht, war dagegen wenig oder gar kein Leben zu vermerken."

Damit ist nicht nur Zustimmung, sondern auch Kritik angedeutet. Die Grundaussage ist freilich positiv. In einem Blatt, in dem im Kampf um die Bekenntnisschule – mit aller Vorsicht – Artikel gegen Rassismus und für die Bedeutung des Alten Testaments in der Verkündigung des Evangeliums Stellung beziehen, ist diese Balance auch kaum anders zu halten.

Petersens Versuch, das Dritte Reich als politische Erfüllung der volkspädagogisch-vordemokratischen Konzeption des Jenaplans hinzustellen, findet ihre Entsprechung bei Albert Böhme, wenn dieser den Schulgemeinde-Erlaß als Erfüllung Dörpfeldscher Forderungen interpretiert (ebenda, S. 108):

„*Ernst Krieck* hat schon seit langer Zeit ganz richtig gesehen, daß der Schule eine Art *Selbstverwaltungskörper* zur Seite gestellt werden müsse, damit die Schule in die *lebendigen Volksordnungen* hineinwachsen könne. Friedrich Wilhelm *Dörpfeld* hat genau dieselbe Forderung immer wieder im Interesse einer guten Volkserziehung gefordert ... Es darf heute festgestellt werden, daß diese Arbeit für unser Volk zum Segen geworden ist und sich freudig der neuen amtlichen Schulgemeinde zur Verfügung stellt."

Nun lassen sich bei Petersen wie bei Böhme dieselben kritischen Fragen stellen – aus heutiger Sicht: Wurde der Nationalsozialismus tatsächlich als Fortführung und Erfüllung der Dörpfeldschen Tradition begriffen? War dem Reichsverband nicht klar, daß mit diesem Erlaß Staat und Partei sich ideologisch einnisteten in die Schule, so daß damit auch die Bekenntnisschule gekippt werden konnte?

Ich habe den hellwachen 93jährigen Albert Böhme, der der Gestapo kein Unbekannter war[25], mit diesen Fragen konfrontiert. Er sagte mir: Die wenigsten von denen, die heute so fragen, können sich vorstellen, wie das damals war: in der *Öffentlichkeit mit dem geschriebenen Wort* Widerstand zu leisten unter der ständigen Kontrolle von Spitzeln, Gestapo und Behörden: „Kaum waren unsere evangelischen Bekenntnisschriften im Buchhandel – zum Beispiel ‚Das Schulkind im Dritten Reich' – wurden sie sofort verboten und aus dem Verkehr gezogen! Die Luft zum Atmen wurde immer dünner!" Im übrigen sei nach einiger Zeit durchaus klar gewesen, daß mit dem Schulgemeinde-Erlaß der Einfluß der HJ und ihrer Vertrauenslehrer in der Schule gefestigt werden sollte.

Es habe keine Wahl zwischen Gut und Böse gegeben, sondern nur die Möglichkeit, sich für eines von zwei Übeln zu entscheiden, nämlich seinen

Beruf (und mehr) zu verlieren, oder sich ein Stück weit in die angebotenen ideologischen Kontexte zu begeben und überall dort Zustimmung zu signalisieren, wo es nicht an die *Substanz* der eigenen Glaubensprinzipien ging. Nur unter *diesen* Bedingungen sei der Schulgemeinde-Erlaß als Fortsetzung Dörpfeldscher Tradition hingestellt worden.

Diese Art von Balance-Haltung ist auch in einer weiteren Veröffentlichung des Reichsverbandes zum Schulgemeinde-Erlaß vorfindbar.

Im Umbruch-Verlag Hermann Windels erschien 1935 die von H. Protsch verfaßte Schrift, „Die amtliche Schulgemeinde und wir". Sie spiegelt die Reaktion der evangelischen Schulgemeindebewegung auf die Ursurpierung des Begriffs „Schulgemeinde" durch den NS-Staat wider. Wird dies kritisiert? Gewiß nicht so, wie dies vor oder nach der Zeit des Dritten Reiches möglich war, aber doch spürbar. Um das Bekenntnis zum evangelischen Glauben, die Kritik an der NS-Schulpolitik und die Befürchtungen für die Zukunft überhaupt äußern zu können, müssen entsprechende systemkonforme Gegengewichte gesetzt werden: So kommt Reichsinnenminister Frick auf der ersten Seite zu Wort, indem seine positiven Aussagen zur Familie im NS zitiert werden. Ebenso findet sich am Ende der Ausführungen von Protsch ein Zitat von Walter Groß, dem Leiter des Rasse- und Siedlungshauptamtes, daß der NS „nie und nimmer zu einer Verurteilung oder auch nur Minderbewertung irgendeiner anderen Rassegruppe führen, sondern lediglich zur sachlichen Feststellung ihrer tatsächlich inneren und äußeren Verschiedenheiten" beitragen möchte. Zwischen beiden Zitatenkomplexen wird das Ziel der Schulgemeindebewegung klar definiert: „eine auf biblisch-reformatorischer Grundlage stehende evangelische Bekenntnisschule, die ihre gesamte Arbeit im Geiste des Evangeliums treibt und unter der Pflegschaft einer bewußt evangelischen Elternschaft steht" (Protsch 1935b, S. 2). Protsch scheut sich aber auch nicht, „auf neue ungeahnte Gefahren" hinzuweisen, die der evangelischen Bekenntnisschule im NS-Staat entstehen (S. 3), und er stellt klar, daß im staatlichen Schulgemeinde-Erlaß „das wesentlichste Merkmal einer Schulgemeinde in unserem Sinn" fehle, nämlich „daß sie den Zusammenschluß einer evangelischen Elternschaft darstellte, die für ihre Kinder auch in der Schule eine Erziehung auf der Grundlage des Wortes Gottes nach reformatorischer Auslegung wünschen" (S. 6). Protsch (S. 14) bejaht die staatlichen Weisungen einer Erziehung

— „zum völkisch-deutschen Menschen",
— „zu einer bewußt völkischen Lebensauffassung und zu opferfreudiger Dienstbereitschaft für das Wohl des Ganzen",

– „zu einem lebendigen, auf einer umfassenden Vertiefung in unsere geschichtliche Vergangenheit ruhenden Verständnis für die Aufgaben der Gegenwart sowie für die Ehre und das nationale Geltungsbedürfnis unseres Volkes".

Er fügt aber sofort hinzu, daß alle genannten Ziele unter die Forderungen des Wortes Gottes zu stellen sind und daß nichts in sie hineingetragen werden dürfe, „was dem eindeutigen Zeugnis der Heiligen Schrift widerspricht" (S. 15). „Wer dem Alten Testament seinen Charakter als Wort Gottes bestreiten will, widerspricht dem Zeugnis Jesu an die Jünger von Emmaus." Eindeutig werden Rosenbergs „Mythos"-Vorstellungen und entsprechende bekenntnisfeindliche Äußerungen der HJ-Presse kritisiert. Alles in allem handelt es sich um eine mutige Schrift, die klar auf dem Bekenntnisboden steht. Kein anderer Lehrer- oder Elternverband hat zum gleichen Zeitpunkt eine so entschiedene Haltung *gegen* die Absichten des NS-Staates eingenommen, die evangelische Bekenntnisschule abzuschaffen.

Wenn heute von einer bestimmten Gruppierung innerhalb der Geschichtswissenschaft gefragt wird, ob denn der Nationalsozialismus nicht einen entscheidenden Beitrag zur Modernisierung geleistet habe (Prinz/Zitelmann 1991), so ließ den Bildungshistoriker diese Frage in der Regel kalt, weil mit dem absoluten Erziehungsanspruch des Dritten Reiches kaum eine entsprechende *strukturelle* Bildungsreform einherging. Stellt man allerdings das konfessionelle Moment in Rechnung, dann ist dem Nationalsozialismus mit der Abschaffung der Konfessionsschule zugunsten der „Gemeinschaftsschule" tatsächlich eine bedeutsame Leistung gelungen, die die sozialistische Schulpolitik vor 1933 mit der Propagierung weltlicher Schulen nie erreichte und die die Weichen stellt für das Verhältnis von Kirche und Schule nach 1945: Der *bestimmende* Einfluß beider großen Kirchen auf die öffentlich-staatliche Schule war endgültig gebrochen.

11. Zwischen Bekennender Kirche und Deutschchristentum

Nachdem sich unter den vielen Aufsätzen Petersens, die er in den zwanziger Jahren publizierte, kein einziger befindet, der einem religösen bzw. religionspädagogischen Thema gewidmet ist, ändert sich dies mit dem Jahr 1933: Christliche Verkündigung und RU werden nun zum Gegenstand mehrerer Beiträge, zum Teil auch als Ergebnis von Vorträgen. Sie sind im folgenden daraufhin zu befragen, welche Position Petersen in den theologischen und kirchlichen Auseinandersetzungen der Zeit einnimmt.

Den Übergang ins Dritte Reich bildet ein Aufsatz über „Familie und Schule" in der Zeitschrift „Der Vormarsch" („Evangelische Monatsschrift für Politik und Kultur")[26], der 1933 erschien, aber vermutlich kurz vor der Wendezeit geschrieben wurde. Hier wird, abgesehen von dem unerläßlichen Hinweis auf Dörpfeld, die Familie unter Berufung auf Emil Brunner und seine Ordnungstheologie als eine der Grundformen der Schöpfungsordnung und „Mittel göttlicher Gemeinschaftspädagogik" gedeutet. Brunners radikale Kritik am Staatsbegriff als einer *Dienstordnung*, der er *Familie* und *Volk* als *Schöpfungsordnungen* gegenüberstellt, entspricht jener dichotomisierten Sichtweise von Staat und Volk, Gesellschaft und Gemeinschaft, die Petersen seit Anfang der zwanziger Jahre verfolgte.

Doch der „völkische Schub", den Petersen 1932 vollzieht[27], beginnt sich nun ebenfalls Ausdruck zu verschaffen. Bei der Begründung der Schule durch das Familienprinzip sieht sich Petersen „fest und ganz auf dem nordisch-germanischen Boden". Dem gegenüber stehe die „südlich-welsche Auffassung von der Schule im Sinne einer staatlichen Einheitsschule", wie sie sich in Frankreich seit der Zeit der Aufklärung entwickelt habe. Diese Schule zeige „Zeichen inneren Verfalls", was sich „dem Kenner" erweise an „der wirtschaftlichen wie geistigen Verarmung der Lehrerschaft" und an ihrem „unabwendbaren Hinsinken an den Kommunismus".

„Das berüchtigte Schlagwort dieser südlichen, völlig ungermanischen Auffassung von der Schule aber lautet bekanntlich: *Ein* Volk, *Ein* Staat, *Eine* Schule und (das folgt dann von selber) *Eine* Kirche! Wehe unserem Vaterlande, wenn es diesem südlichen Rationalismus verfiele, anstatt sein neu erwachtes, neu durchforschtes und geklärtes nordisch-germanisches Geisteserbe für den Neubau des Reiches einzuset-zen, und damit dann auch den Ausbau der Schule, der Volks- und höheren Schule, als *deutscher* Schule" (Petersen 1933b, S. 125).

Daß Petersen hier jene Einheitsparole („Ein Volk, ein Staat ...") als „berüch-tigtes Schlagwort" bezeichnet, war richtig, weil sie im eigenen Lande eine Rolle spielte. Aber daß er einer völligen Fehleinschätzung der Situation unterlag, wird ebenso deutlich. Jedenfalls fand der NS-Staat diese Parole kei-neswegs „ungermanisch", sondern versuchte mit ihr, wie bereits angedeutet, die Schaffung einer Reichskirche und die Abschaffung der Bekenntnisschu-len zu verwirklichen.

Die beiden wichtigsten religionspädagogischen Aufsätze Petersens im Dritten Reich wurden 1935 und 1936 veröffentlicht. In ersterem – „Auf dem Wege zu neuen Formen religiöser Unterweisung in der Schule" – wird deut-lich Sympathie für die dialektische Theologie *im allgemeinen* bekundet – allerdings nicht für Karl Barth *im besonderen*, sondern für jene Theologen, die in der Nähe der jungreformatorischen Theologie stehen.

„Ohne sich an sie [sc. die dialektische Theologie; H.R.] anzuschließen, ist doch die gesamte neuere jungreformatorische Theologie samt der von ihr ausgehenden neuen Erziehungswissenschaft (Helmuth Schreiner, Friedrich Delekat[28], Ludwig Heitmann, Gerhard Bohne, Hans Dittmer[29], Magdalene v. Tiling, Kurt Frör[30] u.a.m.) durch die-ses Stahlbad gegangen, dabei zugleich immer auch, mehr oder minder stark, unter die strengen Gedankengänge Sören Kierkegaards gezwungen worden, so sich neu zu besinnen über das, was wahrhaft religiöse Wirklichkeit ist. Das hat sie alle zu radikaler Fragestellung genötigt, also von der Wurzel her zu fragen und zu denken" (Peter-sen 1935b, S. 11).

Zu dieser von Mai bis September 1933 existierenden Gruppierung sei fol-gender Exkurs gestattet.
Die Jungreformatorische Bewegung (JB) konstituierte sich am 9. Mai 1933 mit einem Programm zur Reform der Kirche, das einerseits in weitge-hender Opposition[31] zu den Deutschen Christen formuliert war, andererseits die Kirche als Institution stärken wollte.[32]

Theologisch war die JB dem Neuluthertum und Gogartens Theologie einer Gleichsetzung von Volk und Volkstum mit der Erhaltungs- und Schöp-fungsordnung verbunden; als jungreformatorische Grundschrift konnte die von Künneth und Schreiner Pfingsten 1933 herausgegebene Schrift „Die Nation vor Gott" gelten.

Die Nähe zur „völkischen" Theologie bedingte denn auch, daß dem Staa-te Hitlers Wohlwollen gegenüber gezeigt wurde. Der Staat wurde im Sinne einer neukonservativen Theologie aus der Schöpfungsordnung abgeleitet. Die „religiöse Erneuerung des Volkes" konnte und sollte „auf dem Boden des revolutionären Nationalsozialismus" geschehen. So sprach eine der JB-Thesen „ein freudiges Bekenntnis zum neuen Staat und die Bindung der Kirche an das deutsche Volk" aus.

Die JB präsentierte gleichsam den evangelischen Zweig der „konservativen Revolution" (Mohler 1972) im Anfangsstadium der Gewaltherrschaft Hitlers. Damit begab sie sich der Chance, eine echte Oppositionsrolle gegenüber den Deutschen Christen und dem NS-Staat wahrzunehmen. Die Kritik von Karl Barth (1933) an der JB, er könne sie „nicht als eine legitime und verheißungsvolle" Opposition betrachten, weil sie zu den *Deutschen Christen* „nicht in einem klaren und radikalen, nicht in einem ernst zu nehmendem kirchlich-theologischen Gegensatz" stünde, bildete denn auch den Ausgangspunkt für die spätere Flügelbildung innerhalb der sich ab Herbst 1933 ausbildenden „Bekenntnisfront".

Zu den Mitgliedern der JB gehörten vorwiegend Vertreter der jüngeren Theologengeneration, u.a. „die Privatdozenten Walter Künneth und Heinz-Dietrich Wendland, der Generalsekretär der Deutschen Christlichen Studentenvereinigung Hanns Lilje, die Pfarrer Gerhard Jacobi, Martin Niemöller, Eitelfriedrich von Rabenau, Otto Riedmüller und Georg Schulz, ferner Predigerseminardirektor Martin Doerne und Superintendent Werner Görnandt, Dozentin Anna Paulsen, Oberkonsistorialrat Theodor Heckel und die Religionspädagogin Magdalene von Tiling. Dazu stellten sich sowohl namhafte Theologieprofessoren wie Wilhelm Stählin, Helmuth Schreiner, Friedrich Brunstäd, Wilhelm Lütgert und anfangs Friedrich Gogarten als auch kirchliche Gruppen wie der Berneuchener Kreis[33] und die Sydower Bruderschaft hinter die JB" (P. Neumann 1971, S. 21f.).

Die Betonung des Führerprinzips bei der Forderung nach einer starken Kirchenleitung, die Ablehnung von „Urwahlen" als „überwundenem demokratischem Irrtum" und „Abwehr aller Versuche einer erstorbenen liberalistischen Theologie, sich von neuem in die Kirche einzudrängen" (P. Neumann 1971, S. 42f.), die in den JB-Thesen auftauchten, kam Petersen sehr entgegen; der übrigens auch das Organ der JB, „die Junge Kirche", abonniert hatte.[34] Die folgenden beiden Forderungen der JB (vom 9. Mai 1933) zeigen ihre Nähe zur staatstreuen „völkischen Theologie":

„Auf Grund der bestehenden Einzelbekenntnisse hat die Kirche den Menschen von heute die Antwort des Evangeliums auf die Frage nach Rasse, Volk und Staat zu geben. [...] Wir fordern, daß die evangelische Kirche in freudigem Ja zum neuen Staat den ihr vor Gott gegebenen Auftrag in voller Freiheit von aller politischen Beeinflussung erfüllt und sich zugleich in unlöslichem Dienst an das deutsche Volk bindet" (Denzler/Fabricius 1986, S. 46f.).

Wenn Lilje zur gleichen Zeit in den politischen Ereignissen von 1933 den Anbruch einer politischen Umwälzung sah, die eine Parallele zur Reformation erlaubte, weil sich hier „Christusbotschaft und das deutsche Volkstum in seiner ganzen Breite treffen" (zit. nach Neumann 1971, S. 27), dann entsprach dies Petersens Anliegen, das er auf dem Internationalen Kongreß für sittliche Erziehung 1934 hervorhob: daß „der Durchbruch des neuen Geistes" eine nationalpolitische Bildung ermögliche, die einer einheitlichen Betrachtung und Haltung dem Volkstum und der ganzen Volkskultur gegenüber verpflichtet sei. Seit den Tagen der lutherischen Reformation und der Hanse habe es „kein so geistig reges und in sich geschlossenes Norddeutschland gegeben wie heute" (Petersen 1935c, S. 213).

Bei den Kirchenwahlen am 23. Juli 1933 erlitt die JB eine vernichtende Niederlage. Angesichts des gleichzeitigen Sieges der Deutschen Christen, die die Mehrzahl der Kirchenleitungen besetzten, war eine Neuorientierung notwendig, die durch Niemöllers Engagment zur Gründung des „Pfarrernotbundes" führte und die Wende hin zur BK einleitete.

12. Religiöse Unterweisung und Schulalltag an der Universitätsschule in Jena

Wenden wir uns nun der evangelischen Unterweisung in der pädagogischen Praxis zu, wie sie Petersen in den Jahren nach 1933 vertritt. Die (im übrigen kaum entfaltete) Bildungstheorie des Jenaplans geht im Anschluß an Dörpfeld von den drei Dimensionen „Gott – Natur – Menschenwelt" aus. Petersen (1934b, S. 146) fragt:

„Wo und wie aber begegnen wir innerhalb der Schule und ihrer Arbeitswelt der ersten und höchsten Wirklichkeit – Gott? Diese Frage ist in unseren Tagen dadurch noch ernster geworden, daß der neue Staat sich auf den christlichen Boden stellt und von der Schule eine Haltung im Geiste positiven Christentums *fordert.*"

Der Begriff „positives Christentum" entstammt dem Parteiprogramm der NSDAP. Petersen *glaubt* offenbar, der NS-Staat *sei* christlich. Die Aussage macht ein weiteres Mal deutlich, wie vertrauensvoll Petersen dem NS-Staat gegenüber auch in bezug auf die Ausübung der Glaubenspraxis ist. Und wenn die Normen, mit denen Petersen den NS-Staat sieht, den Zuständen im *real existierenden* NS-Staat nicht entsprechen? Dann versucht er ganz offensichtlich, seine ethischen Maßstäbe dem NS aufzuerlegen, versucht, ihm gewissermaßen den rechten Weg zu weisen, ihn aber kaum grundsätzlich in Frage zu stellen (vgl. Rülcker 1992, S. 235).

Petersen (1934a) stellt in dem Band Jenaplan III ausführlich die Praxis der religiösen Erziehung an seiner Universitätsschule dar, die sich im wesentlichen in den beiden Formen der *Feier* und der *Verkündigung* vollzieht. Dabei haben Choral, Gebet und Wechselspruch ihren festen Platz. Der dafür aufgewandte Zeitanteil ist beträchtlich; mit der Morgenfeier zusammengenommen, macht das einen ganzen Unterrichtsvormittag aus.

Jeder Unterrichtstag (außer Montag) beginnt für alle Schüler der Schule gemeinsam mit einem geistlichen Lied:

„Nachdem die Schüler um 7 Uhr alles für die Arbeit in der Kursstunde geordnet und zurechtgelegt haben, vereinen sie sich vor den geöffneten Türen zu einem großen Chor und singen zum Eingang in die Tagesarbeit den Choral, den Kanon des Tages bzw. der Festzeit des Jahres oder was sie hinweist auf den besonderen Festtag: Totensonntag, Volkstrauertag usf."

Der Montag steht ganz im Zeichen der Feier und des Evangeliums. Was Petersen hier schildert, ist durchaus beeindruckend.

Die Universitätsschule beginnt den Montag mit einer gemeinsamen Feier von 30 – 50 Minuten Dauer, in deren Mittelpunkt der Lehrervortrag steht – umrahmt mit Gedichten, Liedern und anderen Beiträgen der Kinder.

Anschließend gehen die Stammgruppen in ihren Raum („Schulwohnstube"), um sich in der restlichen Zeit der Blockstunde (von etwa 100 Min.) im „Kreis" über das Dargebotene oder über andere von den Kindern vorgebrachte Themen zu unterhalten. Nach der Großen Pause ist die folgende Blockstunde ganz der religiösen Unterweisung gewidmet.

Sie beginnt mit dem gemeinsamen Choral aller Schüler und dem anschließenden Gebet des Lehrers, dem wiederum ein geistliches Lied folgt. Danach gehen die Kinder still in ihre Räume. Die nun verbleibende Zeit dient der „Verkündigung". Das Wort aus der Bibel steht dabei im Vordergrund, das vom Lehrer vorgetragen, in der anschließenden gemeinsamen Aussprache dann auch mindestens zweimal von den Schülern gelesen wird. Dieser Teil wird mit einem Gebet und anschließendem Choral abgeschlossen.

Die Textauswahl für die Verkündigung sieht Petersen am liebsten ganz auf das Neue Testament beschränkt. Der zweite Teil der Blockstunde dient dem „Bibellesen".

„Saßen die Schüler vorher, wenn es der Raum gestattete, im ,Kreis', so nun an den Tischen im Viereck wie eine große Hausgemeinde, unter ihnen der Gruppenführer [sc. Lehrer; H.R.]. Die Bibel wird aufgeschlagen, und es wird aus einer Schulbibel fortlaufend gelesen, jetzt auch geeignete Bücher des Alten Testamentes; Schriften Luthers, Kirchenlieder, Leben der Märtyrer und Verwandtes kann hineingegeben werden, doch stets in der Form der Vorlesung und gemeinsamen stillen Sich-Versenkens."

Fragen der Kinder und Erklärungen der Lehrer kommen hier in freieren Formen als in der „Verkündigung" zur Geltung. Den Abschluß bildet wiederum ein Choral.

Die Schilderung macht deutlich, daß der didaktische Ablauf der Blockstunde als Zeiteinheit deutlich unterscheidbare pädagogische Situationen beinhaltet. Petersens erste Forderung an den RU lautet deshalb, „die pädagogische Situation, in der man steht, so klar wie möglich zu erkennen und sie strukturrein durchzuhalten" (Petersen 1935b, S. 11).

Wenn man sich das Zeitschema dieser Blockstunde einmal vor Augen führt, so wird von den Kindern eine erstaunliche Konzentrationsleistung erbracht:

„11.15-11.20 Uhr: Gemeinsames Singen und Gebet aller Schüler im Schulsaal;
11.20-12.00 Uhr: Verkündigung und Lesung samt Erklärung des Schrifttums;
12.00-12.15 Uhr: Choralsingen;

12.16-13.00 Uhr: Bibellesen; Gebet, Choralvers.- Schulschluß" (Petersen 1936c,
S. 106).

Damit nicht genug, will Petersen die Verkündigung in der Schule mit dem
Gemeindeleben verbinden. Dem dienen etwa fünf bis acht Schulgottesdienste im Jahr, die an bestimmten Feiertagen (wie Erntedankfest, Advent) oder
aus besonderem Anlaß (Gottesdienst für Schulneulinge, am Schulgeburtstag,
am Schuljahrsende) stattfinden.

Um den normalen sonntäglichen Kirchgang der Familie nicht zu stören,
läßt Petersen die Schulgottesdienste vielfach auch wochentags stattfinden –
möglichst unter Teilnahme oder sogar Mitwirkung der Eltern, wenn sie Zeit
erübrigen können. Was Petersen über die Gottesdienstgestaltung sagt, weckt
– zumindest im Rückblick auf die Zeit – einiges Erstaunen:

„Außerdem sind diese Schulgottesdienste liturgisch reich ausgestaltet, immer wirken
Schüler in Sprechchören, Singchören oder einzeln mit einem Gedichtvortrag mit, und
alle diese Dinge müssen doch während der Schulzeit sorgfältig vorbereitet werden.
Desgleichen ist jedesmal für eine reichere Mitwirkung der ganzen Schulgemeinde
[sc. der Elternschaft; H.R.] gesorgt, auch hier außer der Antwort in der Teilnahme am
Choralsingen dadurch, daß die ganze Schulgemeinde einem Sprecher oder einem
Sprechchor antwortet, wiederum im Wort oder im Lied, daß sie laut mitbeten, das
Vaterunser oder das Glaubensbekenntnis spricht. Die besondere Lage der Universitätsschule in Jena hat es uns leicht gemacht, dann und wann Studenten in mannig-
fachster Weise mitwirken zu lassen, den Geistlichen z.B. durch zwei Liturgen unterstützen zu lassen, so daß wir eine erhebliche Zahl neuer Formen erproben und so
unsere Erfahrungen sammeln konnten" (Petersen 1936c, S. 107).

Die führende Rolle des Neuen Testamentes bei der Verkündigung ist für
Petersen nicht Grund, das Alte Testament abzulehnen, in dem zu lesen die
Kinder ebenfalls Gelegenheit erhalten.

Petersen (1936c, S. 107) empfiehlt für die Gottesdienstarbeit den „Evangelischen Jugenddienst" des Landesjugendpfarramtes Rheinland, der Materialien für Kindergottesdienst und Jugendarbeit anbot.[35] Für die religiöse
Unterweisung empfiehlt er Gerhard Bohnes Schrift „Evangelische Religion",
die in der von Kurt Higelke herausgegebenen Schriftenreihe „Völkisches
Lehrgut" erschienen war.[36]

13. Kritik an Petersens religiöser Verkündigung

Von besonderem Interesse ist eine kritische Betrachtung des von Petersen praktizierten Religionsunterrichts durch den Religionspädagogen Hugo Schmitz (1935), der die RU-Praxis an der Jenaer Universitätsschule an einem Montagvormittag miterlebte. Schmitz steht dabei ganz auf dem Boden der Bekenntnisbewegung.

Schmitz geht davon aus, daß der neue RU die *Verkündigung* des Wortes Gottes in den Mittelpunkt stelle und dabei der Bibel „den zentralen Platz" einräume. Auf dem Boden dieser Anschauung sieht er auch den Jenaplan stehen. Wenn der RU einerseits *Unterricht* darstelle, andererseits durch seinen Verkündigungscharakter seine Eigenständigkeit bewahre, dann betone der Jenaplan die Andersartigkeit des RU gegenüber den übrigen Schulfächern durch eine „dreifache Sonderung": eine *zeitliche*, da der RU nur einmal wöchentlich, am Montag, stattfinde und dabei eingebunden sei in das Moment der Feier, das den ganzen Vormittag durchziehe – unterbrochen allerdings „durch den Graben einer 35-Minuten-Pause". Alle Nachbarschaft zu kultur- und naturkundlichen Fächern sei damit „ängstlich gemieden". In dieser „Isoliertheit" und Herausgehobenheit des RU sei er durchaus parallel zum Sonntagmorgen-Gottesdienst zu sehen.

Ein *zweites* Moment der Sonderung des Jenaer RU sieht Schmitz in der Beschränkung der Verkündigung auf das Neue Testament. Unter Berufung auf Kurt Frör bekräftigt Schmitz, daß „alle Führung zum Christentum durch das Alte Testament als dem geeignetsten Anmarschweg zu geschehen" habe. Und:

„Es ist ein Kuriosum der Geistesgeschichte, daß das deutsche Volk, dem in unsern Tagen wieder ein Gefühl für Gottes Handeln in der Geschichte lebendig wird, weithin das klassische Buch für das Handeln an den Völkern, und insbesondere an dem Volke Israel, ablehnt" (Schmitz 1935, S. 8).

Mit dem Handeln Gottes in der Geschichte verweist Schmitz zweifellos auf Hitler, mit der Ablehnung des Alten Testaments auf das Deutschchristentum. Petersens RU wird zwar nicht mit deutschchristlichen Anschauungen identi-

fiziert, die Gefahr, durch Beschränkung der Verkündigung auf die neutestamentlichen Schriften in die Nähe dieser Anschauungen zu kommen, deutet
sich in diesen Worten gleichwohl an.

Als *dritte* Form der Besonderung nennt Schmitz die *didaktische*. Ausgehend von Spiel, Arbeit, Gespräch und Feier im Sinne Ph. Hördts als den
Grundformen der menschlichen Haltung, schließe der Jenaplan Spiel und
Arbeit für die religiöse Verkündigung von vornherein aus. Da es aber im praktischen Vollzug des RU gar nicht zu einem echte Gespräch komme, werde
der RU ausschließlich in der Form der *Feier* praktiziert. Soweit ein „Ant-
wortgeben" der Schüler auf die Verkündigung des Lehrers stattfinde, vollzie-
he es sich in Lied, Gebet und Wechselspruch. Dies sei allzu einseitig und
lasse eigene mögliche Aktivitäten der Schüler zu kurz kommen:

„Die ‚Verkündigung' wird innerhalb des Jena-Plans zur Predigt und unterscheidet
sich von der gottesdienstlichen Feier nur durch den fehlenden liturgischen Rahmen.
Diese Entwicklung ist die notwendige Folge der Angst vor jeglicher Aktivierung
kindlicher Kräfte und Selbsttätigkeit. Arbeit heißt für den Jena-Pädagogen Fremdauf-
trag und muß notwendig in einem Werke ihren Niederschlag finden. Welches Werk
könnte im Bereiche christlichen Glaubens als Ergebnis geleisteter Arbeit in Frage
kommen? Der Glaube selbst, die Erkenntnis Gottes, die Vergebung der Sünden sind
durch keine Denk- und Willensanstrengung zu erarbeiten, sondern einzig und allein
das Geschenk göttlicher Gnade. Wenn darum der Jena-Pädagoge jede so verstandene
Arbeit aus dem Bereich evangelischen Religionsunterrichts verweist, so ist er damit
durchaus im Rechte" (Schmitz 1935, S. 10).

Sieht Schmitz auf der einen Seite das sola-fide-Prinzip evangelischer Glau-
benshaltung gerade im Jenaplan zu seinem Recht kommen, so ist seine Kritik
auf der anderen Seite darauf gerichtet, daß „Verkündigung" in der Schule
nicht mit „Predigen" gleichgesetzt werden dürfe, vielmehr das *lebendige
Gespräch* und das *fragende* Kind einen unverzichtbaren Bestandteil des RU
bilde, ein Gesichtspunkt, der im Jenaplan zu kurz komme.

In der Tat trifft die Kritik von Schmitz einen ganz entscheidenden Punkt,
den die heutige Jenaplan-Rezeption, sei sie befürwortend oder kritisch, bislang völlig ignoriert hat:

Petersen sieht sich nicht nur als evangelischer Christ und Theologe, sondern vor allem als *Prediger*. Dies bedingt, daß der RU eine völlig andere
Stellung im Unterricht als die übrigen „Fächer" bzw. Lernbereiche zugewiesen erhält. Stehen im natur- und kulturkundlichen Unterricht die Aktivitäten
der Gruppe und des einzelnen Kindes im Vordergrund, während die pädagogische Führung des Lehrers hinter das Gruppengeschehen zurücktritt, so ist
im RU eine bemerkenswerte Umkehrung der Rollen festzustellen. Schmitz
drückt diese von ihm wahrgenommene Differenz so aus:

„Während in der ‚Verkündigung' der Mensch vor Gott an seinen Ort gestellt wird als der der Gnade bedürfende Sünder, herrscht im übrigen Schulleben in der Erziehung ein ungehemmter Idealismus, der den Zögling zu immer strebendem Bemühen aufruft, das Ideal der vollkommenen Persönlichkeit zu erreichen. An diesem Punkte findet sich die tiefste Problematik der dem Jena-Plan zugrundeliegenden Anthropologie" (ebenda, S. 15).

Die ‚Problematik', die Schmitz hier aufgreift, sieht er in der *Trennung von Religion und Kultur*, die der Jenaplan praktiziere: Erstere sei von letzterer allzu sehr isoliert, die „Kluft zwischen Verkündigung und Kultur, Evangelium und Erziehung" sei zu groß. Schmitz kritisiert – nicht ganz zu Unrecht –, daß das Moment der *Individualisierung*, das im Jenaplan eine so große Rolle spielt, ausgerechnet im RU nicht praktiziert werde. Damit stehe Petersen allzu sehr in der Gefolgschaft Gogartens und Magdalene v. Tilings (sprich: der dialektischen Theologie), „die aus Furcht, ihre menschenliche Erziehung könnte Ersatz für Gottes Erziehung sein, sich auf die Wortverkündigung beschränken und jede evangelische Menschenführung im Unterricht und der Schulerziehung ablehnen. Diesen Dialektikern zufolge muß alle Erziehung von der allgemein menschlichen Existenz des Zöglings ausgehen, die entscheidend durch ein Stehen in natürlichen Ständen (Stand des Kindseins, des Schülerseins u.a.) bestimmt ist. Diese natürlichen Stände sind als göttliche Schöpfungsordnungen an sich verpflichtend und enthalten die für das sittliche Handeln aller Menschen gültigen Normen" (ebenda, S. 12).

Schmitz hält dieser Anschauung entgegen, „daß das Wesentliche des Menschen nicht sein Stand sei und daß eine Erziehung, die sich auf die Lehre von den natürlichen Ständen gründet, notwendig ein unwirkliches Gedankengebilde zum Gegenstande hat, da sie nie und nimmer auf den lebendigen, individuellen Menschen trifft (ebenda, S. 13)" – ein Gedanke, der für eine moderne Interpretation des Jenaplans durchaus ernst zu nehmen ist. Im übrigen bestreitet Schmitz die „dialektische" Auffassung, daß die Wirklichkeit allen Menschen gleich, *Erziehung* ein „weltliches Geschäft" sei, *evangelische* Erziehung es aber mit dem Schuldigsein vor Gott zu tun habe. Vielmehr sei für den Christen die Wirklichkeit durch das Evangelium von vornherein eine völlig andere geworden als für den Nichtchristen.

Mit diesen Überlegungen führt Schmitz die von ihm wahrgenommene Diskrepanz zwischen dem RU und dem übrigen Unterricht im Jenaplan auf tiefer liegende theoretische Grundanschauungen zurück, die er in der Petersen prägenden dialektischen Theologie Gogartens und Tilings findet. Es wird deutlich, daß Schmitz von einem kulturprotestantisch-lutherischen Standpunkt aus gegen Petersen argumentiert.

Zum Abschluß dieses Abschnittes sei der Bericht eines ehemaligen Schülers zitiert, der die vermeintliche „Kluft" zwischen religiöser Unterweisung und dem übrigen Unterricht im Jenaplan keineswegs so stark wahrgenommen hat, wie dies aus der Schilderung von Schmitz zu vermuten wäre. Pfarrer Jürgen Weber aus Rudisleben bei Arnstadt/Thür. teilte mir als Zeitzeuge seine Erinnerung an seine Schulzeit in der Jenaer Universitätsschule mit (Brief vom 13.10.94):

„Ich besuchte von Ostern 1941 bis Ostern 1944 die Petersenschule (Universitätsschule) in Jena. Aus dieser wurde ich 1944 ins Berufsleben entlassen. Ich selbst ging in diese Schule sehr gern, im Gegensatz zu vorhergehenden allgemeinen Schulbesuchen. Noch heute ist mir die Schulzeit in der Petersenschule im Rückblick wie eine lichte helle Zeit in meinem Leben. Natürlich habe ich Prof. Dr. Petersen noch selbst erlebt. Wir hatten alle großen Respekt vor ihm – aber im guten Sinne. Die meiste Zeit meines Schulbesuches war Dr. Hans Mieskes mein Lehrer. Frau Dr. Opitz war zu meiner Zeit nicht mehr als Lehrerin an der Petersenschule.

Eine Unterrichtswoche an der Petersenschule verlief zu meiner Zeit folgendermaßen: Am Montag begann der Unterricht eine Stunde später – mit Flaggenhissung, Deutschlandlied und einigen Worten von Prof. Petersen. Dann ging es in den größten Gruppenraum zu einer gemeinsamen Stunde für alle Schüler, wo Professor Dr. Petersen etwas über eine deutsche Heldensage oder ähnliches vortrug. Danach teilten sich die Schüler zum Unterricht in ihre Gruppenräume auf. Neben einigen direkt gehaltenen Stunden nahm immer einen breiten Raum die sogenannte Gruppenarbeit ein. Klassen, wie in den allgemeinen Schulen, kannte man nicht. In jeder Gruppe befanden sich mehrere Jahrgänge. Außerdem wurde gemischt (Jungen und Mädchen gemeinsam) unterrichtet. Dies war ja damals noch eine Besonderheit, da man in den allgemeinen Schulen getrennt nach Geschlechtern unterrichtete.

An den einfachen Wochentagen begann der Unterricht mit einer kurzen, gemeinsamen Feier. Meist wurden Volkslieder gesungen und dazu Verse oder Worte von deutschen Dichtern vorgetragen. Am Samstag endete die Schulwoche für alle Schüler mit einer längeren christlichen Schulfeier. Meist hielt sie Prof. Dr. Petersen selbst. Alle Lehrer und Schüler waren daran beteiligt, außer, zu meiner Zeit, drei Schüler. Diese drei Schüler waren katholisch und gingen nach Hause. Es waren dies zwei Kinder von einem spanischen Professor und ein Junge von Eltern aus dem Elsaß. Es wurde viel gesungen, aus der Bibel gelesen und auch gebetet. Dann erhielten wir alle noch ein Blatt mit Bibeltext und Bild zum Nachhausemitnehmen. Mich hat im Unterricht vor allem der Geschichtsunterricht angesprochen. Auch da war Kirchengeschichtliches mit hineingemischt. Auch der Religionsunterricht war gut. Im Jahresablauf gab es mehrere kleine Schulfeste und Aufführungen der Schüler vor Eltern und Gästen. So spielten wir z.B. Wilhelm Tell von Schiller, und kurz vor Weihnachten führten wir immer ein Krippenspiel auf."

Wie andere Berichte ehemaliger Schüler bzw. Lehrer der Jenaer Universitäts-schule bestätigen, fanden in den Kriegsjahren Verkündigung und religiöse Feier nicht mehr am Montag, sondern am Sonnabend statt.

14. Petersens Verhältnis zu zeitgenössischen Theologen (Bohne, Werdermann, Meyer-Erlach)

Als Petersens Doktorandin Frieda Stoppenbrink ihm ihr Leid über den vom Deutschchristentum geprägten Thüringer RU-Lehrplan klagt[37], schreibt Petersen ihr am 6.3.1939 zurück (U.-K Petersen 1991, S. 128):

„Jener Thür. R.U.-Plan ist nichts wert. Bleiben Sie auf dem Grunde des Wortes stehen; denn nur dort kann man fest stehen und Gott an den Schülern dienen, ganz einerlei, was für Mächte sie von Gott abziehen lassen. Schreiben Sie still für sich nach Wupperthal-Elberfeld an den ‚Der Rufer-Verlag‘, Adolf-Hitler-Straße, und bitten Sie um Zusendung des dort erschienenen RU-Lehrplanes mit Stoffverteilung. Danach legen Sie sich für Ihre Schule das Nötigste zurecht. Zur allgemeinen und methodischen Hilfe:
Herm. Werdermann, Relig.pädagog. Schulungsbriefe i.a. 1936. Gerhard Bohne, Evangelische Religion, 1934, Aprilheft 1936 der ‚Deutschen Schule‘.
Aus ‚Jena-Plan III‘ dürften Sie, wie aus der ‚Führungslehre‘, meine Haltung kennen.
[...]“

Bei dem von Petersen abgelehnten RU-Lehrplan kann es sich nur um jenen auf der Grundlage des Deutschchristentum entworfenen Thüringer RU-Lehrplan handeln, dessen Ausarbeitung durch die DC-Männer Wilhelm Bauer und Walter Grundmann erfolgte[38]; der erste Satz dieses Lehrplans lautete:

„Die deutsche Schule im nationalsozialistischen Staat ist ausgerichtet auf die diesen Staat tragende und bestimmende Idee" (Bauer/Grundmann 1937, S. 1; vgl. Anhang 2.2).

Die ganze Diktion des Petersenschen Schreibens deutet sowohl klare Opposition gegenüber dem deutschchristlichen RU-Lehrplan an als auch das Wissen um die Gefährdung der Adressatin bei Befolgen des eigenen Ratschlages („Schreiben Sie still..."). Der von Petersen empfohlene Lehrplan dürfte mit an Sicherheit grenzender Wahrscheinlichkeit der im Rufer-Verlag 1938 erschienene „Altersstufen-Lehrplan" für die „Evangelische Christenlehre" von Martin Albertz und Bernhard Heinrich Forck gewesen sein, der die Position der VLK wiedergibt und klar auf dem Bekenntnisstandpunkt steht.[39] Und Petersen deutet an, daß sein Standpunkt in dem Sammelband „Jena-Plan

III" von 1934 ebenso wie in der 1937 herausgekommenen „Führungslehre des Unterrichts" der Position des von ihm empfohlenen (bekenntnistreuen) Lehrplanes entspricht.

Die Religionspädagogen, deren Schriften Petersen zur allgemeinen Orientierung empfiehlt, Bohne und Werdermann, waren gewiß *keine* Mitglieder der BK; bei Werdermann muß man sogar das Gegenteil in Rechnung stellen.[40] Die von Rickers (1993) bei Werdermann herausgearbeiteten „prägenden Muster", *Deutschtum, Volk, Führertum*, in ihrer Verbindung mit den für Werdermann wie für Petersen wichtigen Topoi *Familie* und *dörfliche Lebensweise* können letzteren dazu bewogen haben, der Werdermannschen Verortung des RU gewisse Sympathien entgegenzubringen. Man darf allerdings die Bedeutung, die Werdermann für Petersen hatte, nicht überschätzen: Die *einzige* mir bekannte Stelle, in der Werdermann Erwähnung findet, ist dieser Brief an Stoppenbrink; andererseits handelt es sich hierbei um einen *vertraulichen* Brief, der ein Gegengewicht zu dem Thüringer RU-Lehrplan der Deutschen Christen setzen will. Eine gewisse Diskrepanz bleibt also bestehen.

Es läßt sich zeigen, daß zwischen Bohne und Werdermann in der Beantwortung der religionspädagogischen Gretchenfrage im Dritten Reich, *Wie hältst du's mit dem Alten Testament?* bemerkenswerte Akzentunterschiede auftreten: Werdermanns Schulungsbriefe von 1936 spiegeln deutlich Antisemitismus auf dem Boden der NS-Ideologie wider: Werdermann (1936, S. 47) meint zum Beispiel, „unser evangelischer Religionsunterricht in den deutschen Schulen des Dritten Reiches kann keinesfalls dazu da sein, um jüdische Belange zu vertreten, jüdische Ansprüche zu stützen, ‚Judenliebe' zu pflegen!" Diese Aussage erscheint zwar als Bestandteil einer Aufzählung *allgemeiner* Bedenken gegenüber dem AT, aber Werdermann hat diese Bedenken offenbar auch. Er unterscheidet deutlich eine israelische Tradition, in der sich Gottes Heilswillen manifestiere, von einer *jüdischen*, die abzulehnen sei: „Es gibt viele Christen, die nicht wissen, wieviel Anstößiges, Unterwertiges, ‚Jüdisches' im A.T. steht [...] wahrhaft evangelischer Religionsunterricht wird mitbestimmt durch die Zeit, in der er erteilt wird, durch das Volk und die Rasse, die durch ihn erreicht werden sollen."

Mit dieser und ähnlichen Aussagen (H. St. Chamberlain wird im Schlußkapitel als wichtiger Bezugspunkt des RU dargestellt) scheint Werdermann schon mitten im Deutschchristentum zu stehen, aber er vollzieht dann doch nicht die letzte Konsequenz. Daß er sich unmittelbar *vor* dem Tor zum Deutschchristentum niederläßt, spiegelt folgender Satz wider:

„Es gibt keinen ‚deutschen Gott‘ und keinen ‚deutschen Christus‘. Aber es gibt eine nordische Art fromm zu sein, einen nordisch geschauten Jesus, ein deutsches Christentum.“

Gegenüber Werdermanns Teilungsstrategie, das AT in eine israelische (gute) und eine übergewichtige jüdisch-böse Traditionslinie aufzuteilen, ist Bohnes Aufteilung anderer Natur. Er argumentiert, das „Jüdische“, das man zu bekämpfen habe, sei noch gar nicht so recht im AT vorfindbar, vielmehr sei es in späteren Jahrhunderten der Auseinandersetzung mit dem Christentum entstanden. Dieses – äußerst fadenscheinige – Argument läßt ihn grundsätzlicher als Werdermann am AT festhalten.

Bohne setzt andere Akzente, indem er die ideologischen Momente des NS zwar als Ausgangspunkt des RU begreift; aber in dessen höchster Aufgabe, der sittlichen Erziehung, klammert er das völkisch-politische Moment weitgehend aus.

In dem von Petersen empfohlenen Aufsatz Bohnes von 1936 heißt es:

„Völkische Erziehung gründet sich auf Blut, Boden, Rasse, Schicksal und Art des Volkes, Bindung an den Führer...Rasse, Blut und Volk sind Urgegebenheiten, in denen Gott als der Schöpfer wirksam ist. Das deutet auch der Führer im ‚Kampf‘ an, wenn er sagt, die Rasse verderben heiße, Gottes Schöpfung verschandeln“ (Bohne 1936a, S. 146).

Der nächste Schritt in Bohnes Argumentation besteht in dem Hinweis, daß die ethische Dimension des Handelns sich *nicht* aus dem rassischen Moment ableiten lasse: Im Ethischen aber setze „die eigentliche Erziehung ein“ (ebenda, S. 147).

Ähnlich wie bei Petersen wird der letzte Grund des sittlichen Handelns gesehen im Da-Sein „Für-den-Andern“, und dies ist wiederum bezogen auf den Anderen als Glied des Volkes. Dieses aus dem Schöpfungsgedanken abgeleitete Moment wird mit der „Christusverbundenheit“ in Einklang gebracht:

„Christus will uns so, wie wir geschaffen sind, in lebendige Gottesgemeinschaft stellen, und das bedeutet, daß wir mit unserer ganzen Art, mit allen uns gegebenen Anlagen und Kräften, in den Dienst des Volkes treten“ (ebenda, S. 152).

Sittliche Erziehung bedeutet nach Bohne, „daß wir den Willen Gottes als den entscheidenden Beweggrund in das sittliche Handeln hineintragen“ (ebenda, S. 153). Er betont dabei einerseits, daß der Mensch nie vor Schuld und Irrtum sicher sei und die „tägliche Schuld“ ernst nehmen müsse, andererseits „in der Vergebung Gottes den Weg zu einem neuen aufrechten Anfang in innerer Sicherheit und Gläubigkeit“ gehen müsse. Der rassisch-völkische Einschlag der Ausführungen Bohnes weicht im Zuge der Entfaltung seiner Gedanken am Ende einer Betrachtung, die frei ist von den eingangs genannten ideologischen Versatzstücken des NS, indem allein die Christus- und Gottesherrschaft zur Grundlage sittlicher Erziehung gemacht wird.

Damit ist die Balance angedeutet, in der sich Bohne bewegt und die Petersen nachvollzieht: Anerkennung der gesellschaftlichen Realität des NS bis zur (zumindest teilweisen) Identifikation, Aussparung der völkisch-rassischen Bestimmungsmerkmale für eine allein von Gott und vom Evangelium her bestimmte sittliche Erziehung. Die Anerkennung der Schuldhaftigkeit des Menschen bei gleichzeitiger Aussparung der gesellschaftlich-politischen Realität, in der sich schuldhaftes Verhalten – sichtbar gewiß auch für Bohne – unter den Bedingungen der Diktatur de facto vollzieht, beschränkt das Schuldigwerden des Menschen, so gesehen, auf den privaten Bereich. So kommt es, daß eine vom evangelischen Glauben getragene sittliche Erziehung die Legitimation dafür abgibt, die Augen vor dem „Bösen" der *gesellschaftlichen* Realität verschließen zu können und den Gedanken an die eigene Mitschuld gar nicht erst aufkommen zu lassen.[41]

Auch wenn etwa bei dem „völkischen" Bohne das positive Verhältnis zum Hitlerstaat ständig präsent ist[42], grenzt er sich, wenn es um Glaubensfragen geht, vom DC-Standpunkt ab.

Die beiden Religionspädagogen, Werdermann und Bohne, die Petersen als allgemeinen Orientierungsrahmen empfiehlt, passen nicht so recht zu dem BK-orientierten Lehrplan des Rufer-Verlages. Auf der anderen Seite gab es bis zum Erscheinen des RU-Lehrplanes von Albertz und Forck kaum Orientierungsschriften zum Religionsunterricht, die einen „gültigen" BK-Standpunkt präsentierten (vgl. Kraft 1994). Bezeichnend ist auch, daß weder der RU-Entwurf von Ellwein (1937) noch der Danziger Lehrplan von Helmuth Kittel, der ebenfalls den DC nahestand[43], von Petersen erwähnt wird.

Für eine gewisse Nähe Petersens zur BK spricht, daß er an seiner Universitätsschule Pastorin Gertrud Schäfer Religionsunterricht erteilen ließ, die der BK angehörte – „als einzige der Jenaer Pfarrerschaft" – wie es in einem Nachruf heißt (Maeß 1987).[44] Ein ausführlicher, noch unveröffentlichter Bericht[45] über die Mittelgruppe der Universitätsschule im Schuljahr 1936/37 (UAJ: Bestand S Abt. I, Nr. 160) belegt, daß der allgemeine Unterricht von der NS-Ideologie weitgehend frei war und im Religionunterricht die „Verkündigung" eher dem Bekenntnisstandpunkt nahe kam, kaum aber deutschchristlich praktiziert wurde.

Petersen hat sich weder brieflich noch in einer Publikation explizit zur Bekennenden Kirche oder zu einer anderen Richtung während des Kirchenkampfes bekannt. Aus den hier geschilderten, sehr unterschiedlichen Gesichtspunkten der Petersenschen religionspädagogischen Praxis läßt sich *allgemein* eine Position der nationalkonservativen Mitte, *im besonderen* jedoch – etwa im Hinblick auf den RU und sein Eintreten für den Erhalt der Bekenntnisschule – ein bekenntnisgebundener Standpunkt und die Distanz zur DC-Bewegung erkennen.

Irritiert ist man freilich, daß im erwähnten Jahresbericht der Mittelgruppe von 1936/37 die Abhaltung eines Schulgottesdienstes durch den Stadtpfarrer Büchner erwähnt wird; Büchner war DC-Mitglied, galt allerdings als „gemäßigt" (Meier 1984, S. 493).

Die Irritierung geht weiter, wenn man fragt, wer die von Petersen ab Sommer 1934 für die Universitätsschule eingerichteten Schulgottesdienste halten sollte: von einem „Pfarrer, der ordentlicher Professor der praktischen Theologie ist", und zwar „in der Kollegienkirche, die der Universität gehört", schrieb Petersen (1934b, S. 150).

Der Name des Pfarrers wird nicht genannt; doch dieser Theologe ist niemand anders als der nur allzu bekannte Nationalsozialist und DC-Mann Wolfgang Meyer-Erlach, von 1935-37 Rektor der Universität Jena.[46] Es ist möglich, daß sich Meyer-Erlach vertreten ließ (spätestens mit Antritt seines Rektorates) oder die getroffene Vereinbarung ganz aufgegeben wurde – was die von Petersen (1936c) angedeutete Verringerung der Anzahl der Schulgottesdienste erklären könnte.[47] Daß Meyer-Erlach zur Feier des 90. Gründungstages der Universitätsschule am 9. Dezember 1934 den Schulgottesdienst in der Kollegienkirche hielt, ist durch ein erhaltenes Programm belegt (UAJ: Bestand S, Abt. I Nr. 315). Die abgedruckte Liturgie des Gottesdienstes hat keinen erkennbaren deutschchristlichen Einschlag.

Jedenfalls ist es vom Bekenntnisstandpunkt her nicht konsequent[48], wenn Petersen bei der Verkündigung des Gotteswortes die Kinder dem ab 1933 als fanatischen Judenhasser[49] auftretenden Meyer-Erlach aussetzt – auch dann nicht, wenn dahinter die Absicht vermutet werden kann, daß Petersen durch Gewinnung des einflußreichen Nationalsozialisten versuchte, einer behördlichen Schließung der Universitätsschule, deren Fortexistenz im Dritten Reich durchaus nicht gesichert war, entgegenzuwirken.[50]

Rektor Meyer-Erlach hatte in einem mit „Heil Hitler!" unterlegtem Vorwort zu einer Jenaer Doktorarbeit (Düning 1936) die dem Führer ergebene Kampfgemeinschaft von Dozenten und Studenten beschworen und ihr die Ewiggestrigen gegenübergestellt, deren Blick nur nach rückwärts gewandt sei. Petersen konnte er schwerlich damit gemeint haben, denn diese von Nazismen strotzende Kampfschrift war eine bei Petersen geschriebene Dissertation, die er in seiner Reihe „Pädagogische Studien und Kritiken" als Nr. 13 aufnahm.

Meyer-Erlach hatte nach seiner Berufung seinen BK-orientierten Kollegen Macholz mehr oder weniger aus dem Amt gedrängt. Als praktischer Theologe war er gleichzeitig Universitätsprediger, ein Amt, das später – spätestens 1942 – abgeschafft wurde (UAJ: Bestand C Nr. 105/2). Daß für die Kinder-Gottesdienste der Universitätsschule der Universitätsprediger zuständig war, hat eine gewisse Sachlogik, die aber kaum als Verpflichtung des Amtes gedeutet werden kann, sondern eher willkommenen Anlaß bot, den Kindergottesdienst als Bestandteil des Lehrdeputats auszuweisen und so unter Mitwirkung von Theologie-Studenten als „praktische Übung" auch der Ausbildung nutzbar zu machen.

Verbindungen Petersens zu Meyer-Erlach schuf aber auch das Faktum, daß dessen Tochter die Universitätsschule besuchte, in die Petersen nach glaubhaften Zeugnissen allerdings ebenso Kinder aus gefährdeten (antifaschistischen und jüdischen) Familien aufnahm, ebenso behinderte Kinder, die von staatlichen Selektionsmaßnahmen besonders bedroht waren.

„Kontakte" konnten aber nicht nur aus Gründen des Schutzes nützlich sein. Sie sicherten auch Einfluß. So unterstützte Meyer-Erlach als Rektor Petersens Pläne zur Ausweitung der Erziehungswissenschaftlichen Anstalt – in einem Brief an Ministerialrat Stier vom 2.4.36 (HSTW: Thür. Volksb. C 374).

Der unpromovierte Meyer-Erlach erhielt am 19. Mai 1937 in Athen den Dr. phil. h.c. verliehen (HSTW: Pers.Akte Meyer-Erlach); Petersen widerfuhr dieselbe Ehrung zum selben Zeitpunkt: Er erhielt mit Datum vom 18. Mai 1937 das Glückwunschschreiben der philosophischen Fakultät der Universität Athen. Gleichzeitig erhielt noch ein dritter Jenaer Wissenschaftler die Ehrendoktorwürde: der außerordentliche Professor August Sieberg, Geophysiker und Erdbebenspezialist – alles aus Anlaß der 100-Jahrfeier der Athener Universität, die auf diese Weise drei Fakultäten der Universität Jena (die theologische, philosophische und naturwissenschaftliche) mit Ehrendoktoraten versah.

In der Zeitung standen zunächst freilich nur Petersen[51] und Sieberg (vgl. Kluge 1992, S. 198), Meyer-Erlach brachte die freudige Überraschung erst 14 Tage später von Athen mit nach Hause und tat sie dann der Hochschulöffentlichkeit kund. Länger warten auf Nachricht aus Athen mußte Reichserziehungsminister Rust: Der erhielt den Dr. phil h.c. (Athen) erst am 15. Februar 1938 vom griechischen Botschafter überreicht (Völkischer Beobachter 15.2.38., BDC); Hitler hatte etwas Geld gespendet für den Wiederaufbau der Olympischen Stätten, und auch sonst waren die politischen Beziehungen zwischen beiden Ländern ganz gut.

Zurück zur Religionspädagogik Petersens. Aufschlußreich ist Petersens Beitrag „Der zeitgeschichtliche Hintergrund des Religionsunterrichts und die Verantwortung der deutschen Schule" (1936a). Hier wird zunächst auf die „entgottete Volkskultur" des atheistischen Rußland verwiesen, in der „alles Religiöse zum Spott gemacht und vom Kindergarten an als etwas Primitives, Menschenunwürdiges, Rückständiges und Lächerliches geschildert und begründet wird"; Petersen verweist auch auf Edzard Schapers Buch „Die sterbende Kirche".

Vermutlich hat die Zerstörung des Religiösen im Kommunismus eine Sichtweise im deutschen Protestantismus entscheidend gefördert, die den Nationalsozialismus zum Bundesgenossen gegenüber der „roten Gefahr" machte – ohne dessen eigene Vernichtungspläne und den mit der Machtübernahme sofort ausgeübten Terror gegen „Nichtartgemäße" als menschenunwürdig abzulehnen.

Petersens Kampfansage an den Bolschewismus folgt ein Hinweis auf Hitlers Worte auf dem Nürnberger Reichsparteitag 1935 (der bekanntlich bei dieser Gelegenheit auch die Rassengesetze in Kraft setzte), der Nationalsozialismus habe seine „weltgeschichtliche Aufgabe" gegenüber dem Bolschewismus erkannt und sei willens, sie durchzuführen! Typischerweise versteht Petersen dies als Aufruf, die deutsche Jugend durch Festigung ihrer *religiösen* Grundlagen auf diese Auseinandersetzung vorzubereiten.

„Es gibt wohl auch keinen, der tiefer und weiter blickt als nur auf den Augenblick, der nicht dieses Glaubens lebt, daß Gott mit uns etwas Besonderes vor hat, und daß wir deswegen als Volk gar nicht bescheiden und still genug unter den Völkern warten können auf die Stunde, wo Gottes Rat offenbar wird. Nur dem flüchtigen Beobachter, gar nicht zu reden von dem böswilligen, kann es entgehen, daß es wirklich echte religiöse Kämpfe sind, in denen wir stehen" (Petersen 1936a, S. 171).

Petersen weiß sich einig mit Martin Hieronimi (1935), daß die „Besten" der Jugend, die sich zum Nationalsozialismus bekennnen, „in einer tragischen Mischung aus Resignation und tatfreudigem Aktivismus" ganz im „Dienst am deutschen Volk" aufgehen und dies mit einer religiösen Inbrunst tun, die „im letzten Sinne metaphysische Bewährung in der Bewährung an Deutschland" will.

Er führt dann (mit Rückgriff auf einen Aufsatz des völkischen Literaturwissenschaftlers Walter Linden) Gedichte von einschlägig dem Nationalsozialismus ergebenen Dichtern als Beleg für deren Wende zum Religiösen an, darunter Verse des Lyrikers Ludwig Friedrich Barthel und des NS-Studentenbund-Führers Gerhard Schumann[52]. Petersen erwähnt in diesem Zusammenhang auch den dänischen Theologen Eduard Geismar, der in seiner Analyse der religiösen Auseinandersetzungen in Hitler-Deutschland einerseits zunächst nicht unbeeindruckt vom religiösen Aufbruch in Deutschland schien, andererseits aber auch ganz klar seine Distanz zum totalitären NS-Staat und seiner Rassenideologie ausdrückt (vgl. Schjørring 1979, S. 250ff.).[53]

Petersens Darstellung macht hier besonders deutlich, daß seine völkisch-nationalpolitische Wende 1933 nicht lediglich ein „Angebot" an die neuen Machthaber darstellte, um die Jenaplan-Pädagogik weiterführen und ausweiten zu können, sondern daß es völkische Identifikationspotentiale gab, die von starken religiösen Erwartungen und Hoffnungen fundiert waren.

Wenn Petersen einem Gerhard Schumann attestiert, er habe „völlig entkrampft und nach heftigen inneren Kämpfen zu Gott zurückgefunden", wäre theoretisch denkbar, daß hier jemand gleichsam „weg vom NS" in die „reine" religiöse Sphäre gehoben werden soll; aber dieser Gedanke überzeugt nicht. Die religiösen Ansichten der beiden genannten (und anderer) NS-Lyriker sind kaum in der Nähe einer bekenntnistreuen Position anzusiedeln.

Petersens von Sympathie getragene Schilderung der innerhalb der NS-Jugend und in der völkischen Gemeinschaftslyrik aufgebrochenen Religiosität kommt dabei durchaus in die Gefahr, einer Verbindung von Christentum und NS, wie es das Deutschchristentum wollte, näher zu sein als einem nur auf die Bibel gegründeten evangelischen Glauben, der, anders als in den von Petersen zitierten Beispielen, nicht Gott oder das Absolute, sondern *Christus* in den Mittelpunkt stellt.

15. Metahermeneutische Zwischenüberlegung

Es erhebt sich die Frage, ob die oben aufgeführten Sachverhalte, die einerseits die Nähe Petersens zur BK anzeigen, durch die zuletzt angedeuteten Fakten aufgehoben oder relativiert werden. Es ist in der historischen Rekonstruktion von Einstellungen und Verhaltensweisen einer Person unter den Bedingungen der Diktatur offenbar schwierig – und dies gilt nicht nur für Petersen, sondern für viele andere Fälle –, eine über einen längeren Zeitraum *und* über unterschiedliche Situationen hinweg *eindeutige* Zuordnung zu einem bestimmten Aussagen-Typus vorzunehmen – wie dies unsere auf die Dichotomie von „gut" und „böse" fixierte, dem Interpretationsprozeß meist *vorlaufende* Moral erwartet.

Unter den Bedingungen der Diktatur, egal ob sie bejaht oder kritisiert wird, gibt es eine hohe Sensibilität für das, *was* man *wo* sagt oder *nicht* sagt. Man verhält sich in öffentlichen Situationen anders als in privaten, man äußert sich mündlich gegenüber Freunden anders als etwa schriftlich in einem Aufsatz, dessen besondere Akzentsetzungen wiederum davon abhängig sind, in welchem Publikationsorgan er erscheint und für welchen Addressatenkreis er geschrieben ist. Die Balancen zwischen dem, was ein Autor sagt oder schreibt, und seinen Erwartungen, wie die Adressaten oder die politische Öffentlichkeit darüber denken, sind unter den Bedingungen der Diktatur hochempfindlich.

Die bisherige Interpretation des Verhaltens der Kirche und einzelner Persönlichkeiten im Dritten Reich ist zeitweise auch unter dem Aspekt der Verdrängung oder Tolerierung problematischer Sachverhalte geschrieben worden (wie etwa von führenden BK-Mitgliedern nach dem Kriege, die die Fragwürdigkeit der *politischen* Anerkennung Hitlers weitgehend aussparten); in jüngerer Zeit – man denke an Veröffentlichungen von Ernst Klee – steht stärker der Aspekt der Entlarvung jener Unmenschlichkeiten des Dritten Reiches im Vordergrund, an denen (oder an deren Vertuschung nach dem Krieg) kirchliche Institutionen und Persönlichkeiten mitbeteiligt waren.

In beiden Fällen bleibt die Interpretation gebunden an eine bestimmte Identitätsbalance des Interpreten und ist Bestandteil eines von ihm vollzogenen Abarbeitungsprozesses.

Die Schwierigkeit bei der Rekonstruktion von Vorgängen unter den Bedingungen der Diktatur liegen nicht nur im sachlichen Rekonstruktionsprozeß, sondern auch darin, daß der Interpret mit seinem Urteil in den Interpretationsprozeß in besonderer Weise eingebunden ist. Der Vielschichtigkeit und Mehrdeutigkeit von Aussagen in der real existierenden Diktatur steht ein Interpret gegenüber, der einerseits versuchen kann, von möglicher Schuld zu entlasten und ein bestimmtes Verhalten zu rechtfertigen, andererseits die Möglichkeit hat, Einstellungen und Verhalten als moralisch bedenklich zu entlarven sowie der öffentlichen Kritik auszusetzen.

Die bisherige Petersen-Diskussion innerhalb der Erziehungswissenschaft verlor sich teilweise in Grabenkämpfen zwischen Befürwortern und Kritikern Petersens – gerade auch bezüglich seines Verhaltens im Dritten Reich. Jede Seite suchte sich jene Sachverhalte für die eigene Interpretation, die das eigene moralische (Vor-)Urteil am besten rechtfertigten. Dabei kam es selten genug zu einer echten wechselseitigen, argumentativen Auseinandersetzung, sondern nur zur Zurschaustellung dessen, was man für die Rechtfertigung des eigenen Standpunktes der Öffentlichkeit „vorzuführen" gedachte – unter weitgehender Reduzierung oder gar Weglassung von Momenten, die die eigene Interpretation stören könnten. Selbst Aktenstudien – Akten signalisieren heute hohe Beweiskraft – können zu diesem Zweck recht selektiv durchgeführt werden.

Die Interpretation wird damit zum Arrangement jener aufgerechneten Bestimmungsstücke, mit der man den eigenen Standpunkt vertritt und einen gegenteiligen zu entkräften sucht. Die Tatsache, daß Petersen so vielseitig in seinem Wirken, so vielschichtig in seinem geistesgeschichtlichen Hintergrund ist, macht es besonders schwer, das „Ganze" in den Blick zu bekommen.

Ist Petersen für die einen – in der Regel Befürworter seiner Pädagogik – der widerständige Fels in der Brandung nationalsozialistischer Terrorherrschaft, so ist er für andere – in der Regel kritisch-politisch denkende Pädagogen – ein *Verblendeter*, der sich zum brauchbaren Glied und zum Legitimationsbeschaffer des NS-Staates machte, nicht zuletzt deshalb, weil seine Pädagogik nach Meinung seiner Gegner falschen Konstruktionsprinzipien folge.

Dieses grobe Schema läßt sich verfeinern, indem etwa die „Pro-Petersen-Front" die Fragwürdigkeit bestimmter Aussagen während der NS-Zeit zugibt, doch Petersens Ethos und andere gleichsam „gegengerechnete" positive Aspekte seines Verhaltens in die Waagschale wirft, in der Überzeugung, daß Petersen, so gesehen, vor dem Urteil der Geschichte bestehen könne.

Aber auch die Kritiker-Phalanx will sich mit ihrer Anti-Apologetik nicht dem Vorwurf der Undifferenziertheit und Einseitigkeit aussetzen. Sie ist bereit, einzelne positive Aspekte bei Petersen hervorzuheben oder einzelne Kritikpunkte zu relativieren, so daß die Verurteilung größere Glaubwürdigkeit erhält, weil die Argumentation entsprechend differenzierter angelegt ist.

Aus dieser Gesamtlage der Interpretation scheint es faktisch kein Entrinnen zu geben, denn der Interpret hat mit seiner moralischen Grundeinstellung das Interpretationsergebnis vorweg entschieden. Die jeweils ausgewählten Deutungsmuster – immer ist Interpretation auch ein auswählender, selektiver Vorgang – sind im Grunde nichts anderes als ein möglichst optimales Arrangement, um das eigene Urteil vor den Augen der Öffentlichkeit glaubwürdig und sachlich begründet erscheinen zu lassen.

Interessant ist es dabei, den *Beziehungsaspekt* des jeweiligen Interpreten gegenüber Petersen zu analysieren – nämlich Pathos, Emotionalität und Moralität der benützten Sprache, die manchmal mehr über den Standpunkt des Interpreten aussagt als über das, was er an Sachargumenten vorlegt. Dies gilt auch für *Rezensionen* jüngster Veröffentlichungen über Petersen.

Es bietet sich an, den „gestörten" Interpretationsprozeß *kommunikativ* zu verstehen, d.h. zu versuchen, ihm mit den Mitteln der Kommunikationstheorie (Watzlawick u.a. 1990) zu begegnen. Dies aber macht die Gewinnung eines übergeordneten Standpunktes notwendig: *Metahermeneutik.*

Mit dem Terminus Metahermeneutik soll zum einen die Unerläßlichkeit bezeichnet werden, die *Rolle des Interpreten* (und die politische Wirklichkeit, von deren Normenhorizont her er eine andere vergangene Wirklichkeit interpretiert) im Deutungsprozeß mitzureflektieren[54], zum anderen die Notwendigkeit, im Rekonstruktionsprozeß jene *Tricks, Techniken und Methoden* deutlich zu machen, die Interpreten und mögliche Kontrahenten – also wir selbst – anwenden, um vor den Augen der (Fach-)Öffentlichkeit ein Ergebnis zu erzielen, das sachlich Bestand hat, gleichzeitig aber auch der Richtung eines bestimmten Moralstandpunktes weitgehend entspricht.[55]

Rekonstruktionsversuche eines Zeitabschnittes der Geschichte, der immer noch schuldhaft auf den nachfolgenden Generationen lastet, bringen eine Verdoppelung des Interpretationsproblems mit sich: Dem Aufspüren von Identitätsbalancen bei der zu untersuchenden Persönlichkeit, hier Petersen, entspricht eine Identitätsbalance beim Interpreten, der sich mit der vorgelegten Interpretation wesentlich stärker dem Urteil der Öffentlichkeit ausgesetzt sieht (und dies vorausdenkt), als wenn es sich um Sachverhalte handelt, die vom Problem historischer Schuld nicht berührt werden.

Das Balance-Verhältnis zwischen analytisch-differenzierendem Vorgehen und gleichzeitiger moralischer Bewertung kann vermutlich annähernd zufriedenstellend reguliert werden, wenn die *Untersuchung der Identitätsbalancen* ins Zentrum der Aufgabenstellung rückt.

Rickers (1993, S. 333), folgt einem ähnlichen Gedanken, wenn er darauf hinweist, daß der übliche Ausschluß der Deutschen Christen aus der christlichen Solidargemeinschaft an die Stelle der historischen Untersuchung das bloße Verdikt setzt. In der Tat: Es ist relativ einfach (und wird in der politischen Rhetorik ständig praktiziert), Richtungen oder Sachverhalte, die dem Interpreten nicht in den Kram passen, moralisch „vorzuführen", um die moralische Siegerpose einnehmen zu können – unter Aussparung aller Fakten, die dieses Urteil gefährden könnten. Dafür gibt es in der jüngeren Petersen-Rezeption durchaus Beispiele.

Rickers entwickelt im Zusammenhang seiner Analyse der Werdermannschen Theologie ein Balance-Modell, das die Pole „Bewahrung des Evangeliums" und „Bewährung im Glauben" umfaßt. Der erste Pol gilt der Frage, wie der zu interpretierende Theologe, also Werdermann, mit dem biblischen Ausgangspunkt des Glaubens, dem Evangelium, als identitätsstiftendem Merkmal umgeht, so daß „seine Identität mit dem biblischen Ausgangspunkt behauptet werden kann" (Rickers 1993, S. 345). Der zweite Pol („Bewährung im Glauben") richtet sich auf die Frage nach der Glaubwürdigkeit des Evangeliums in bezug auf Probleme gesellschaftlicher Praxis und humaner Lebensgestaltung – unter den Bedingungen der Diktatur.

Ähnlich könnte bei Petersen gefragt werden: In welchen Balance-Verhältnissen findet er seine Identität als Christ unter den Bedingungen eines Staates, dessen Ideologie weiten Teilen des deutschen Protestantismus einerseits attraktiv erschien, andererseits die Gemeinschaft der Gläubigen spaltete – und zum Teil auch existentiell bedrohte?

16. Petersens Balancen unter den Bedingungen des NS-Staates

Die Zeit des „Dritten Reiches" bildet den Höhepunkt der religionspädagogischen Aktivitäten Petersens. Mitte der dreißiger Jahre veröffentlichte er mehr als je zuvor religionspädagogische Aufsätze, hervorgegangen aus Vorträgen. Daß die Vorträge weitere Vortragseinladungen nach sich zogen und Petersen dadurch mit einer größen Anzahl von evangelischen Institutionen in Kontakt kam, geht aus mehreren brieflichen Anfragen hervor.

Auf Grund einer Einladung von Carl Stange[56] hielt Petersen auf der 26. Tagung des Apologetischen Seminars der Luther-Akademie in Sondershausen vom 7.-11. Oktober 1935 einen Vortrag über „Die neue deutsche Erziehungswissenschaft und ihre Stellung zum Religionsunterricht" (Petersen 1936b).

Die seit 1932 unter Leitung Stanges in Sondershausen/Th. ansässige Luther-Akademie hatte es sich zur Aufgabe gemacht, regelmäßige Tagungen zu veranstalten, auf denen theologische Fragen und Entwicklungen der Zeit zur Sprache kamen.[57] Dies geschah auf der Grundlage des Luthertums einmal auf internationaler Ebene durch ökumenische Tagungen (an denen insbesondere auch skandinavische Theologen teilnahmen), zum anderen durch Veranstaltungen des „Apologetischen Seminars", das sich die Aufgabe stellte, „in Auseinandersetzung mit den der Theologie benachbarten Gebieten, insbesondere die Pfarrer und Religionslehrer mit den geistigen Bewegungen der Zeit vertraut zu machen"[58].

Petersen kennzeichnet in seinem Vortrag an der Luther-Akademie „die neueste deutsche Erziehungswissenschaft" durch ihre Hauptbegriffe „Leben, gebundene Freiheit, Gemeinschaft, Volk, organische Erziehung". Er sieht dabei zwei Ausprägungsformen, eine „völkische" („Max Hildebert Boehm und Max Rumpf") und eine evangelische („Gogarten, Schreiner, Koepp"). Petersen betrachtet die neue Erziehungswissenschaft[59] als „selbständiges Moment in der neuen Geistesbewegung überhaupt, in der ‚Norddeutschland‘ führend" sei:

„als ‚politische', d.h. ‚vom Volksganzen' ausgehende Wissenschaft, den vieldeutigen Ausdruck ‚völkisch' vermeidend, stellt sie anstelle des idealistischen Bildungsbegriffes den realistischen der Erziehung in den Mittelpunkt" (Petersen 1936b, S. 18).

Petersen erhielt auf Grund seines Vortrages in Sondershausen gleich drei weitere Anfragen mit Vortrags- bzw. Publikationswünschen:

Bruno Geißler vom Evangelischen Verein der Gustav-Adolf-Stiftung, Leipzig, fragt mit Schreiben vom 14. 11.35 bei Petersen an, ob er einen Beitrag für die Stärkung der evangelischen Diaspora des Auslandes angesichts der der Volksgemeinschaft drohenden Assimilationsgefahr leisten könne (PPNG).[60]

Pfarrer Erich Hoyer, Geschäftsführer der *Liturgischen Konferenz Niedersachsen*, seit 1934 Pfarrer in Isenhagen (bei Gifhorn), bittet in einen Brief an Petersen vom 2.12.36 (PPNG) um Teilnahme und Vortrag über pädagogische Gesichtspunkte bei der Durchführung des Kindergottesdienstes anläßlich einer für 1937 geplanten liturgischen Tagung in Isenhagen.

Die Liturgische Konferenz wurde 1926 gegründet, um in den überall anzutreffenden liturgischen Reformbestrebungen der Landeskirchen eine überregionale Einrichtung zu schaffen, die der Gefahr der Zersplitterung entgegenwirken sollte. Liturgie („die durch das kirchliche Amt geordnete Weise des Feierns und Betens für Sonntag und Alltag, für Gemeinde und Haus") sollte zur Angelegenheit der Gemeinde werden, so daß liturgische Aus- und Fortbildungstagungen „im Geiste der Einkehr" für Pfarrer, Katecheten, Religionspädagogen, Kirchenmusiker das Hauptbetätigungsfeld der Liturgischen Konferenz bildeten.

Petersen nimmt an der großen Isenhagener Pfingsttagung 1937 teil. In der Meldeliste der Teilnehmer steht sein Name an 114. und damit vorletzter Stelle (ELH: Bestand D3 Nr. 54), er hält aber keinen Vortrag.[61]

Die dritte Anfrage erhielt Petersen am 23.9.35 (PPNG) von dem Schriftleiter der Zeitschrift „Deutsche Evangelische Erziehung", Lic. Wilhelm Heienbrok (den er vermutlich auch aus der Schulgemeindebewegung kannte), ob sein Vortrag an der Luther-Akademie in der Zeitschrift zum Abdruck kommen könnte. Tatsächlich erschien der Beitrag von Petersen (1936c), aber ohne Hinweis, daß ihm der Sondershausener Vortrag zu Grunde lag. Vielleicht handelt es sich um eine *Bearbeitung* des Original-Vortrages, jedenfalls sind gewisse Akzentunterschiede gegenüber der publizierten Vortragszusammenfassung (Petersen 1936b) vorhanden:

Hatte Petersen im Sondershausener Vortrag, wie bereits dargestellt, eine *völkische* und eine *evangelische* Richtung des Realismus unterschieden, so heißt es nun in der Aufsatzfassung:

Es gibt „klar voneinander unterschiedene ‚Richtungen‘, mindestens zwei große: den ‚völkischen Realismus‘ oder ‚ganzheitlich-völkischen Realismus‘, auch als ‚Pädagogik vom Volke aus‘ charakterisiert, und den protestantisch-evangelischen Realismus, der wiederum eine mehr auf den Evangelien und den jungen Luther sowie eine andere mehr auf den Paulinismus und Luther gründende Richtung erkennen läßt" (Petersen 1936c, S. 95).

Stellt man beide Texte einander gegenüber, fällt auf, daß im Sondershausener Vortrag für die Richtung des völkischen Realismus zwei Wissenschaftler genannt werden, die *keine* Erziehungswissenschaftler sind (H. Boehm, M. Rumpf). Im zweiten Text wird für den völkischen Realismus überhaupt kein Vertreter genannt; eigentlich hätte in beiden Fällen der Name Ernst Krieck erwartet werden können; Kriecks Pädagogik wird trotz mancher Übereinstimmung im grundsätzlichen auf Grund der Gleichsetzung von Volk und Staat (gegen die sich Petersen vehement wehrt) von Petersen offenbar ambivalent rezipiert.

Bemerkenswert ist, daß Petersen sich im Sondershausener Vortrag dazu bekennt, den Ausdruck „völkisch" meiden zu wollen, daß er außerdem an Stelle von Erziehungswissenschaftlern *Theologen* bzw. *Religionspädagogen* benennt, wenn er von jener pädagogischen Richtung spricht, mit der er sich selbst identifiziert.

Auch für Petersen ist nach 1933 „Gemeinschaft" verwurzelt „in Volk und Rasse und im politischen Sein". Das rassische Moment dominiert dabei allerdings nicht; es wird nicht expliziert, aber es wird auch nicht völlig vermieden. Wenn von Petersen der Begriff des Politischen primär nicht im Sinne des NS, sondern im Sinne einer Volksgemeinschaft verstanden wird, wie *er* sie sehen möchte, dann ist deutlich, daß Petersen sich, politisch gesehen, nicht mit dem NS identifiziert, seinen Standort jedoch *in der Nähe* des NS ansiedelt – in einer den NS nicht grundsätzlich in Frage stellenden Grundeinstellung, die es aber je nach Kontext, in dem Petersens Äußerung steht, erlaubt, Abgrenzungen und Differenzierungen vorzunehmen.

Dies impliziert eine Sichtweise, die Meier (1968) bei hohen evangelischen Kirchenführern (wie etwa Theophil Wurm) bis in die Zeit deutlichen Protestes der Kirche gegen den Völkermord der „Endlösung" feststellt: der Glaube, es sei trotz der bedrückenden Realität eine *Humanisierung des NS* möglich, wird nicht aufgegeben.

Unser Vergleich zwischen Petersens Rede in der Luther-Akademie (1936b) und dem darauf fußenden Aufsatz (1936c) zeigte, daß das völkische Moment in ersterer bewußt klein gehalten wird; im halböffentlichen Kreis von (nicht deutschchristlichen) Theologen[62] wird anders gesprochen, als man in einer der öffentlichen Kontrolle stehenden Zeitschrift schreibt.

Gliedert Petersen in seinem Aufsatz (1936c) den Realismus in einen „völkische" und eine „evangelische" Richtung (mit Sympathie für die letztere), so fallen solche Unterschiede weg, wenn Petersen in einem politischen Umfeld publiziert, wie es die von seinem Vetter Hans Cordsen herausgegebene Zeitschrift „Die Schule im nationalsozialistischen Staat"[63] darstellt; hier wird ohne jede Differenzierung von „völkischem Realismus" gesprochen, dem Petersen seine „volkstheoretisch begründete Erziehungswissenschaft" nahtlos einordnet (vgl. Petersen 1935a, S. 3).

In diesem Aufsatz (1935a) versucht Petersen – wie sonst nirgendwo so dezidiert in seinen Publikationen – seine *Nähe* zum Nationalsozialismus unter Beweis zu stellen. Obwohl dieser Aufsatz zu dem Fragwürdigsten gehört, was Petersen nach 1933 geschrieben hat[64], sind auch hier seine reformpädagogisch-volksorganologischen, *dem real existierenden Nationalsozialismus eher widersprechenden* Grundaussagen präsent; indem er sich bemüht, seine Grundsätze als übereinstimmend mit Aussagen der NS-Führer Frick und Darré auszuweisen[65], versucht er gleichzeitig, den NS in die Pflicht zu nehmen. So, wenn Petersen betont,

a) daß der „Führer" nicht aus eigener Machtvollkommenheit herrsche, sondern sein Mandat von denen erhalte, die ihn dazu ermächtigen („Nordische Auffassung kennt nur den *beauftragten* Führer, niemals den Führer kraft irgendeiner außerhalb der freien Selbstverwaltung stehenden Rechtsgewalt");

b) daß Machtausübung nur insoweit berechtigt sei, „soweit sie Dienst" bedeute, denn das „Verhältnis: Herrscher, Untertan, d.h. die reine Herrenstellung ohne Verpflichtung dem Untergebenen gegenüber", würde unsere Seele „vergiften und vernichten";

c) daß der Staat kein „auf Befehlsgewalt und Gehorsamspflicht gegründeter Zwangsapparat, sondern ein auf Wechselseitigkeit der Rechte und Pflichten aufgebauter persönlicher Treueverband" sei;

d) daß Grundlage des „organischen Volksstaates" die *Familie* sei;

e) daß bei aller Zurückweisung eines gemeinschaftsfeindlichen Individualismus die *Individualität* „bejaht und bekräftigt" werden müsse, weil Gemeinschaft „nur in Individualitäten und „die Führung der Jugend zu Staat und Gesellschaft durch diese verwirklicht werden" könne.

Die Balance-Akte, die Petersen vollführte, um der NS-Ideologie „nahe" zu kommen, um gleichzeitig wiederum Distanz zu ermöglichen, verdeutlicht die 1937 erschienene Zweitauflage der „Pädagogik" (Petersen 1932) mit dem neuen Titel „Pädagogik der Gegenwart".

Die Erstauflage kritisierte der deutschchristliche Religionspädagoge Martin Redeker als unzeitgemäß und „noch nicht realistisch genug...Würde der Vf. heute diesen Grundriß der Pädagogik herausgehen lassen, so müßte er die Fragen der völkischen Erziehung und die Bedeutung des pädagogischen Realismus für sie in das Zentrum der Betrachtung rücken" (Redeker 1934, Sp. 2214f.).

Petersen kannte diese Rezension – und bessert die Zweitauflage nach, indem er neue Abschnitte hinzufügt, z.B. eine Passage über die Hitler-Jugend; die „politische Erziehung" habe nun wieder ein oberstes Bildungs- und Erziehungsziel, „das aus der völkischen Zerrissenheit zur Volkseinheit, aus einer auflösenden, volkzersetzenden Zeit in eine gemeinschaftsbildende Epoche hineinweist" (Petersen 1937a, S. 46).

Andererseits weigert sich Petersen nach wie vor, seinen Volksbegriff in irgendeinen Zusammenhang mit dem Staat zu bringen; die Kritik am „vergotteten Staat" (1937a, S. 165) ist eher noch stärker geworden. Petersen bleibt dabei (unter Berufung auf die historischen Vorbilder Stoy und Dörpfeld), in der *Familie* die eigentliche Bezugsgröße für das Volksleben zu sehen, da sie „dem Streite der Parteien am fernsten" sei.

So wird wiederum die Distanz zum NS-Staatspädagogen Ernst Krieck deutlich (1937a, S. 142), der Volk und Staat identisch setzt, was Petersen ablehnt; Petersen sieht sich bei seiner Positionsbestimmung nicht in der Nähe von Krieck, sondern von Julius Ziehen (1864-1925), dem eine ‚Volkserziehungswissenschaft‘ vorgeschwebt habe; Petersen schätzte Ziehen aus der gemeinsamen Zeit im Deutschen Bund für Erziehung und Unterricht, erwähnt ihn aber in der Erstauflage nicht in diesem Zusammenhang.[66]

Mit dieser Balance-Haltung kann Petersen nicht nur den Demokraten John Dewey und dessen Projektmethode[67] würdigen (1937a, S. 159f.), sondern auch in einem neu eingefügten Abschnitt über „Christliche Erziehung" unter deutlicher Distanzierung vom Deutschchristentum den Bekenntnisstandpunkt formulieren:

„Christliche Erziehung, die sich auf dem Boden des reinen Evangeliums erhebt, ist immer realistisch; sie kann nicht ein Wahnbild vom Menschen gewinnen, da sie ihn zuerst stets als den von Gott gesonderten, d.h. sündigen unvollkommenen Menschen nehmen muß, und es ist Gottes Werk aus Gnaden, der einem Menschen diese Unvollkommenheit nicht anrechnet, sondern ihn mit neuen Kräften der Liebe erfüllt" (Petersen 1937a, S. 123f.).

Der NS-Staat wird als weltliche, politische Macht von Petersen grundsätzlich anerkannt und bejaht. Er stellt sich bewußt in den Dienst dieses Staates.

Das Faktum gilt – mit ganz wenigen Ausnahmen, zu denen vor allem Dietrich Bonhoeffer gehört – für die breite Mehrheit des deutschen Protestantismus, gerade auch der BK. In nachträglichen Rechtfertigungsversuchen wurde diese Haltung von Protestanten und von der Kirche zumeist mit der Lehre Luthers von den zwei Regimenten und dem Gehorsam des Christen gegenüber weltlicher Obrigkeit begründet. Daß Luthers Obrigkeitslehre unter den Bedingungen der Zwangsherrschaft die entgegengesetzte Interpretation fordert, nämlich den Ungehorsam gegenüber der Diktatur, machte dagegen der norwegische Bischof Eivind Berggrav (1950) deutlich, als die norwegische Kirche gegen die deutschen Besatzer Norwegens während des Zweiten Weltkrieges opponierte. Statt einer nur deutschzentrierten Betrachtungsweise der religiösen Strömungen und politischen Ereignisse der Zeit zu verfallen, erscheint es notwendig, Reaktionen und Eigenentwicklungen auch im internationalen bzw. europäischen Gesamtspektrum zu betrachten.

17. Die Kriegsjahre:
Apokalyptik und Gottesgericht

Petersens Grundeinstellung zum Menschen hat spätestens in den Anfangsjahren des Krieges eine grundlegende Wandlung erfahren. Zweifel und Resignation sind aufgekommen. An Frieda Stoppenbrink schrieb er am 4.2.1940 (vgl. U.-K. Petersen 1991, S. 139f.):

„Daß Sie schwer weiter kommen, wundert mich nicht. Es ist auch mir oft so, daß die Hand einem wie festgehalten wird. Jeder, der tiefer und weiter sieht und denkt, weiß ja, es geht um die Stellung der weißen Rasse in der Welt, bes. des Europäers germanischer Art. Und an dem Endsieg zweifle ich nicht, bin der festen Überzeugung, er ist im Frühjahr 1941 da. Allein wie stehen dann die Sieger da? Es ist ein Schicksalsjahr, in dem Gott gewaltiger reden wird denn je, nämlich so, daß es auch die Spötter merken werden. [...] Es ist tief, tief erschütternd zu sehen, wie das schlichteste sittliche und religiöse Empfinden ausgeschaltet werden soll und wie die Phrase einer Volksgemeinschaft in ihrer vollen Hohlheit offenbar geworden ist" (ebenda, S. 139).

Dies sind Gedanken Petersens in einer Zeit, in der in Deutschland Siegesrausch und nationale Euphorie vorherrschen, die politische Propaganda auf vollen Touren läuft, gleichzeitig aber vom NS-Staat unmenschliche Verbrechen begangen werden – ein Staat, in dessen Institutionen Petersen nur allzu sehr eingebunden ist.[68]

Anfang November 1940 teilte Stoppenbrink Petersen brieflich mit, daß ihr die sofortige Entlassung angedroht worden sei, als sie ein (behindertes) Kind vor der Sterilisation bewahren wollte. Es handelte sich um ein Mädchen, das sie in ihrer bei Petersen 1939 abgeschlossenen Dissertation über das „brauchbare Hilfsschulkind" als Fallbeispiel beschrieben hatte.

Petersen antwortet am 15. Dezember 1940 (ebenda, S. 142):

„Ihr Brief war voller wichtiger, z.T. sehr betrübender Dinge, die jedoch allüberall ähnlich bis gleich liegen. Und an jene Drachensaat denke auch ich mit Grauen; ich möchte Sie meine Stimmung aus ein paar Versen erschließen lassen, die ich am Neujahrsmorgen 1940 niederschrieb:

Warum bist Du von uns gegangen,
Mein Gott, und schweigst, wenn ich Dich frag'?
Öd' ward der Ausblick; dicht verhangen
Von Wolken dehnt sich jeder Tag
Ich suchte Dich am frühen Morgen,
Wenn für den Schlaf dankt mein Gebet,
Ich rufe Dich in tausend Sorgen,
Wenn schleppend schwer das Tagwerk geht.
Mich schreckt's, daß Du auf besserm Sterne
Dein Schöpfungswerk ein ander Mal
Neu überprüfst und also ferne
Uns irren lässest voller Qual.
Die Erde hat Dich stets verspottet,
Verhöhnte Güte, Licht und Recht;
Der Mensch hat sich im Wahn vergottet
Und quält und schändet sein Geschlecht.
Mein Vater, Deine milden Blicke
Erbarmend, lösend zu uns wend! –
Du schweigst? – Du willst nicht? – Herr! Dein Gericht!
Zerdrück den Erdball – Zerreiß die Stricke!
Daß er in Sonnenglut verbrennt!

Dem wäre mündlich noch manches anzufügen. Bleiben sie tapfer, stark und gläubig in Ihrer Arbeit; nicht Sie, nicht ich sitzen im Regimente. Der aber dort waltet, denkt das Gute. Ihm wollen wir weiter helfen. Zum heiligen Fest und für 1941 das Beste!

Stets Ihr Peter Petersen."

Diese Äußerungen sind einem privatem Briefwechsel entnommen. Aus heutiger Sicht könnte man fragen: Wird bei Petersen die konkrete *politische* Betroffenheit vom Unrecht des NS-Staates und seines Ausrottungskrieges nicht verdrängt von einer theologischen Betrachtung, die *konkrete* menschliche Schuld umdeutet als *allgemeinen* Abfall des Menschen von jeglichen sittlich-religiösen Bindungen, dem nur das Strafgericht Gottes folgen kann?

Die Bejahung dieser Frage liegt nahe.[69] Zu fragen wäre allerdings auch, wie in der Kriegszeit das Zeitgeschehen, der Siegeszug der deutschen Wehrmacht und der ab 1942/43 spürbare Umschwung des Kriegsgeschehens bis zum bitteren Ende, *theologisch* gedeutet wurde. Joachim Diestelkamp (1993) untersuchte apokalyptische Predigten aus der NS-Zeit und konnte zeigen, daß sie ganz besonders dort Sinnbild für Protest und Trost, Opposition und Widerstand bildeten, wo sie *nicht* Reaktion auf eine sich verschlechternde Gesamtsituation Deutschlands waren (wie etwa nach dem Bombenhagel von Großangriffen der Alliierten in den letzten Kriegsjahren), vielmehr schon zu einem Zeitpunkt vom Endzeitcharakter des Dritten Reiches sprachen, als dieses Grund hatte, nach innen und nach außen als der Sieger der Geschichte auszusehen.

Der Polenfeldzug und die Kapitulation Polens im September 1939 hatten die „offizielle" evangelische Kirche zu Dankeshymnen veranlaßt:

„Aber der Gott, der die Geschicke der Völker lenkt, hat unser deutsches Volk in diesem Jahr mit einer reichen Ernte gesegnet. Der Kampf auf den polnischen Schlachtfeldern ist, wie unsere Heeresberichte in diesen Tagen mit Stolz feststellen konnten, beendet... Wie könnten wir Gott dafür genügsam danken! Wir danken ihm, daß er unseren Waffen einen schnellen Sieg gegeben hat... Wir loben Dich droben, Du Lenker der Schlachten, und flehen, mögst stehen uns fernerhin bei" (zit. nach Diestelkamp 1993, S. 236).

Pfarrer Rudolf Schlunk war einer der ganz wenigen, der in dieser Zeit statt Dankgottesdienste Bußpredigten hielt. Das Wort aus Galater 6,7 („Irret euch nicht! Gott läßt sich nicht spotten. Denn was der Mensch sät, das wird er ernten"), auf das wohl auch Petersen anspielte, als er – siehe oben – von den „Spöttern" sprach, wird im *September 1940* für Schlunk zu einem einzigen Aufruf zur Umkehr von menschlicher Selbstüberheblichkeit:

„Aber wenn dann die stolzen Babeltürme des menschlichen Hochmuts zusammenkrachen werden, wenn die Träume der Spötter, die da wähnen, ewige Reiche zu gründen und ewigen Frieden, Gerechtigkeit, Wohlstand selber schaffen zu können, zerstieben werden vor Gottes Gerichten, dann wird der Fromme, dann wird die treu gebliebene Schar wohl immer bängeren Herzens fragen: Herr, wer wird bestehen? Und immer bescheidener, immer flehentlicher rufen: Erhalt uns Du Herr, bei deinem Wort, auf daß wir es nicht verlieren und verloren gehen. Ja, wer wird bestehen dann? [...] Gott hätte das Recht, uns samt unserem Volk vom Erdboden verschwinden zu lassen, um unserer Sündenschuld willen. Daß wir noch da sind, daran ist allein schuld seine um Christi willen geübte Geduld, seine grundlose Barmherzigkeit" (Schlunk, in Diestelkamp 1993, S. 239f.)

Im Briefwechsel mit Frieda Stoppenbrink schlägt Petersen zu einem Zeitpunkt apokalyptische Töne an, an dem er selbst vom baldigen Sieg Deutschlands über seine Gegner überzeugt ist. Diestelkamp betont, daß es im Grunde nicht viele evangelische Prediger gab, die diese apokalytische Sichtweise vom Dritten Reich hatten. Insbesondere in den ersten Kriegsjahren, als die Wehrmacht von Sieg zu Sieg eilte, waren sie die seltene Ausnahme. Daß es sie überhaupt gab, ist erst eine Erkenntnis der jüngsten zeithistorischen Forschung. Besonders groß war der Jubel deutscher evangelischer Theologen, darunter natürlich auch Bekenntnistheologen, als die Wehrmacht am 14. Juni 1940 in Paris einzog: Die „Schmach" von Versailles schien endlich beseitigt!

So predigte etwa Paul Althaus am 16. Juni 1940 in Erlangen (zit. nach Diestelkamp 1993, S. 245f.):

„Welch eine Wendung durch Gottes Führung, wie geht uns dieses Wort des alten Kaisers Wilhelm nach der Schlacht bei Sedan 1870 in den letzten ungeheuren Tagen immer wieder durch den Sinn! Wir bewundern in tiefstem Danke den Führer und die Soldaten. Aber wir erschauern ehrfürchtig, da wir den gewaltigen Schritt des Herrn der Geschichte spüren. Immer ist er am Werke. [...] Deutsche Truppen in Compiègne, wo der Hochmut der Sieger unsere Unterhändler demütigte, deutsche Truppen nun in Versailles, wo der frevelhafte Übermut des Friedensdiktates seine Orgien feierte – was heißt denn das alles? Hält Gott nicht Gericht? Nimmt er nicht Rache, auch wenn wir und unser Führer das gar nicht gewollt haben? Laßt uns Gott fürchten und vor ihm anbeten! Sein majestätischer Wille ist am Werke."

Während bei Althaus das Gottesgericht zur Rache an Deutschlands Feinden wird, ist die Stimmung Petersens eine völlig andere.[70] Seine Worte haben mit der zitierten Bußpredigt Schlunks eine beeindruckende Ähnlichkeit:

„Diese Jahre stehen so eindeutig unter einem großen Gericht, daß jeder mehr denn sonst horchen muß auf das, was geschieht und sich führen lassen muß", schreibt Petersen am 6. Oktober 1942 an Stoppenbrink (zu einem Zeitpunkt, als Goebbels' Propagandaschlachten den Deutschen noch Glauben machen konnten, Deutschland sei weiterhin auf der Siegesstraße, und Japan gegen die USA den Krieg im Pazifik schon fast gewonnen zu haben schien).

Der Gedanke an das Gottesgericht ist zu einem durchgängigen Motiv für Petersens Deutung der politischen Ereignisse der Kriegsjahre geworden: Am 17.11.43 heißt es in einem Brief an Stoppenbrink:

„Aber die Lawine rast, das Gottesgericht geht über ein entartetes und entwurzeltes Geschlecht und reißt, wie wir wissen und darum auch gar nicht anders erwarten, Gute und Böse mit sich" (in: U.-K Petersen 1991, S. 153f.).

Für das, was in dieser Zeit geschieht, um dieses Gottesgericht herauszufordern, ist ein privater Brief des SS-Gruppenführers Dr. Harald Turner an den SS-Gruppenführer Richard Hildebrand vom 17. Oktober 1941 aufschlußreich:

„Lieber Richard!

Soeben erreichte mich Dein lieber Brief vom 6. Oktober. Ich danke Dir dafür ebenso herzlich wie für das mir als Geburtstagsgebinde übersandte Büchlein, das mir eine willkommene Abwechslung in dem ewigen Einerlei des hiesigen Dienstes sein wird. [...] Vor 5 Wochen ungefähr hatte ich bereits die ersten von 600 an die Wand gestellt, seitdem haben wir bei einer Aufräumungsaktion etwa wieder 2000 umgelegt, bei einer weiteren wieder etwa 1000 und zwischendurch habe ich dann in den letzten 8

Tagen 2000 Juden und 200 Zigeuner erschießen lassen nach der Quote 1:100 für bestialisch hingemordete deutsche Soldaten, und weitere 2200, ebenfalls fast nur Juden, werden in den nächsten 8 Tagen erschossen. Eine schöne Arbeit ist das nicht! Aber immerhin muss es sein, um einmal den Leuten klar zu machen, was es heisst, einen deutschen Soldaten überhaupt nur anzugreifen, und zum andern löst sich die Judenfrage auf die Weise am schnellsten. [...] Ich hoffe also sehr rasch wieder von Dir zu hören und bin mit den herzlichsten Grüssen an Deine liebe Frau und die Kinder, besonders aber an Dich

mit Heil Hitler
wie stets Dein getreuer Harald" (BDC; Akte L.F. Clauß).

Hannah Arendt (1989, S. 92) hat darauf aufmerksam gemacht, daß die moralische Dimension des nationalsozialistischen Ausrottungsprogrammes nicht durch einen Begriff wie „Völkermord" erfaßt wird, sondern durch die Erkenntnis, „daß all dies im Rahmen einer gesetzmäßigen Ordnung geschah, daß der Eckpfeiler dieses ‚Neuen Rechts' aus dem Gebot bestand ‚Du sollst töten' – [...] Und diese Taten wurden nicht von Banditen, Monstern oder rasenden Sadisten begangen, sondern von den angesehensten Mitgliedern der ehrenwerten Gesellschaft, die in der Regel nicht einmal die ‚Führerworte' glaubten, die doch Gesetzeskraft hatten."

Die entscheidende Frage, die Arendt stellt: Was war das Kriterium für einige wenige, die es wagten, sich nicht dieser gesetzmäßigen Ordnung zu fügen, die den Alltag beherrschte? Es war nicht ein besseres Wertesystem, sondern es war die Tatsache, daß „ihr Gewissen nicht in dieser sozusagen automatischen Weise funktionierte, als ob wir über eine Reihe von erlernten oder angeborenen Regeln verfügten, die wir immer dann, wenn es sich ergibt, anwenden, so daß jede neue Erfahrung oder jede neue Situation bereits im vorhinein beurteilt ist... Ich glaube, daß diejenigen, die nicht teilnahmen, ein anderes Kriterium hatten: Sie stellten sich die Frage, inwiefern sie mit sich selbst in Frieden leben könnten, wenn sie bestimmte Taten begangen hätten, und sie zogen es vor, nichts zu tun. [...] Nicht weil sie das Gebot ‚Du sollst nicht töten' streng befolgt hätten, lehnten sie es ab zu morden, sondern eher deshalb, weil sie nicht willens waren, mit einem Mörder zusammenzuleben – mit ihnen selbst" (Arendt 1989, S. 93).

Generell läßt sich fragen: Wer konnte unter den Bedingungen der Diktatur mit sich selbst in Frieden leben? Konnten es Menschen, die um ihrer Ideen willen Kompromisse eingingen? Konnte es Petersen? Wohl kaum. Diese Vermutung ergibt sich aus der Diskrepanz zwischen der im privaten Briefwechsel geäußerten Vision vom Gottesgericht und öffentlichen Äußerungen Petersens aus derselben Zeit:

„Die deutsche Jugenderziehung kann erst seit 1933 die bildende Kraft der politischen Symbole nutzen, die den Völkern rings um uns her so wohlbekannt ist. Die deutsche Schule kennt noch kein volles Jahrzehnt die Sitte, daß die Schüler ihre Wochenarbeit unter wehenden Fahnen beginnen und schließen. [...] Im ,*Landjahr*‘ werden alljährlich einige zehntausende erbgesunder [sic!] und besonders wertvoller Knaben und Mädchen des fünfzehnten Lebensjahres, also im ersten Jahr nach dem Abschluß der Volksschule, in Lagern zu etwa 30 bis 120 Jungen bzw. Mädchen über das Reich verteilt. [...] So wie in der Jugendorganisation, im Landjahr und Arbeitsdienst die Charaktererziehung voransteht, so lautet auch für alle Schulen die erste Forderung: Charakter- und Erziehungsschule zu werden. [...] Und daß es möglich ist, das ist so oft und so gründlich erwiesen und praktisch gezeigt worden, daß es den deutschen Lehrern nicht schwer gemacht wird, den Forderungen der Richtlinien gerecht zu werden. Die Schüler erhalten eine wohlabgewogene Mitwirkung an der Aufrechterhaltung der Ordnung ihres Zusammenlebens wie in ihrer gesamten Bildung“ (Petersen 1942a, S. 198ff.).

Der Beitrag über die „Selbstverantwortung der deutschen Jugend“, dem diese Passagen entnommen sind, ist vermutlich ein Vortrag, der vor hoher Prominenz gehalten wurde (vgl. Anmerkung 68). Petersen bewegt sich in brisanten Kontexten. Daß er dabei gleichzeitig versucht, „seine“ Sichtweise zu vermitteln dort, wo im Grunde eine ganz andere gefragt ist (statt „Selbstverantwortung“ bedingungsloser Gehorsam, Ausmerzen alles Nichtartgemäßen usw.), und dies wiederum zu Anpassungsvorgängen führt, die es kaum möglich machen, mit sich selbst „in Frieden leben“ zu können, ist ebenso deutlich.

Petersen spricht 1942 in einer Rezension des Werkes von C.G. Jung, „Psychologie und Religion“, von der „Überspannung des modernen Menschen“ und sieht die „seelische Verwüstung bis zur Bestialität des einzelnen“ als Ergebnis „des entgotteten und damit zucht- und sittenlos gewordenen weißen Mannes im 20. Jahrhundert“. Diese Passage nimmt er in seine – erst posthum veröffentlichte – Ethik, „Der Mensch in der Erziehungswirklichkeit“, mit auf (Petersen 1954), die von der „Satanie“[71] des Menschen handelt. An die Stelle des Grundurteils „von Natur gut“ ist die Erfahrung von der „wesenhaften Unvollkommenheit unserer Natur“ (Petersen 1954, S. 247), der beständige Kampf des Bösen gegen das „Reich der sittlichen Tugenden“ getreten.

Zu einem Zeitpunkt, zu dem Petersen in der SBZ/DDR keine Publikationsmöglichkeiten mehr erhielt und von der SED ausgeschaltet wurde[72], erscheinen in Westdeutschland als letzte Veröffentlichungen vor seinem Tod zwei Schriften, die auf zuvor gehaltene Vorträge in Braunschweig bzw. Bremen zurückgehen: „Jugenderziehung und Jugendseelsorge“ und „Die Führung der Jugend zu Staat und Gesellschaft vom Evangelium aus“ (Petersen 1949; 1950). Beide Texte sind Zeichen für die Durchgängigkeit und ständige Präsenz des religiösen Moments im pädagogischen Denken Petersens, das sich besonders nach Zeiten des Umbruchs – 1918, 1933, 1945 – Ausdruck verschaffte und dabei sowohl die jeweiligen Zeittendenzen in sich aufnahm, als auch anderen Menschen Orientierung zu geben versuchte.

18. Schlußbetrachtung

Petersen vollzog über die verschiedenen politischen Epochen unseres Jahrhunderts hinweg eine Entwicklung, die ihn vom Neuprotestantismus in die Nähe eines ideellen (nicht marxistisch-klassenkämpferischen) Sozialismus, von der Volkskirchenbewegung in eine volksorganische Gemeinschaftspädagogik führte, die ab 1933 völkische Züge annimmt und eine deutliche Ausweitung in religiöser Hinsicht erhält. Mit dem Beginn des Zweiten Weltkrieges finden sich bei Petersen in privaten brieflichen Äußerungen auch Hinweise, daß der vermeintliche militärische Siegesweg Hitlers für ihn nur als Sieg des Antichristen in der Welt und eines ihm folgenden um so furchtbareren göttlichen Strafgerichtes gedeutet werden kann. Hier hat bei Petersen ein deutlicher Wandel seiner theologischen Einstellung zum Dritten Reich im Vergleich zur Zeit um 1933 stattgefunden.

Berücksichtigt man Petersens Beziehungen zu bestimmten völkischen Kreisen und die gelegentliche Dichotomisierung seines pädagogischen Urteils in „nordisch/norddeutsche" (gute) und „südlich-welsche" (abzulehnende) Auffassungen ab 1932, so schwingt darin mit die kulturell und geographisch geprägte Vorstellung vom Protestantismus als eine dem „nördlichen" bzw. „nordischen" Lebensraum zugehörende Erscheinung, die sich in ihrer Überlagerung mit völkischem Gedankengut allerdings bricht am Protestantismus Nordeuropas, der dem „völkischen Erwachen" in Deutschland distanziert gegenüberstand.

Alles in allem ist es eher erstaunlich, daß Petersen ab 1932 *nicht* Deutscher Christ wurde (oder gar zu den Deutschgläubigen ging). Das hat einen einfachen Grund: Petersen war, bei aller Fragwürdigkeit etlicher Texte, die er nach 1933 schrieb, und etlicher Freundschaften und Kontakte, die er pflegte, *kein* Nationalsozialist (Kaßner 1992), und es kam für ihn als einzige Quelle der Verkündigung nur die Bibel in Frage.

Petersen setzte sich nach 1933 für den Erhalt der evangelischen Bekenntnisschule ein und bot an seiner Universitätsschule BK-Anhängern Schutz.[73] Insofern stand er vermutlich der Bekennenden Kirche durchaus nahe. Er hatte andererseits auch Kontakte zu einzelnen Deutschen Christen und zeigte

– zumindest bis zum Kriegsausbruch – Sympathie für völkische Positionen, was einen bekenntnistreuen Standpunkt jedoch nicht ausschloß. So ist seine Stellung während des Kirchenkampfes der dreißiger Jahre wohl am besten in der Nähe des BK-Flügels der sog. „Kompromißbereiten"[74] zu lokalisieren. Deutscher Christ war Petersen nicht.

Berücksichtigt werden muß, daß Thüringen von allen Regionen des Reiches am stärksten von der DC-Bewegung heimgesucht wurde, die Kirchenleitung deutschchristlich war (weitgehend auch die Jenaer Pfarrerschaft) und die BK hier einen besonders schweren Stand hatte.

„Religiöse Unterweisung" war für Petersen nicht Unterrichtsfach, das religiöse Stoffe behandelt, nicht Katechismuskunde oder Religionsgeschichte, sondern ein eigener Wirklichkeitsbereich, in dessen Mittelpunkt die Verkündigung des Wortes Gottes aus der Bibel zentral ist.

Petersen achtete offenbar schon in den zwanziger Jahren sehr darauf, für welchen Adressaten er schrieb und in welchen Kontext sein Beitrag jeweils eingelagert war. In der Überzeugung, der Jenaplan sei eine allgemeine Ausgangsform für Schule und Erziehung, konnte Petersen Ende der zwanziger Jahre, wie oben erwähnt, sowohl katholische Lehrerkreise im Rheinland als auch sozialdemokratisch orientierte Pädagogen in Brandenburg für sein Schulmodell interessieren. Die Katholiken kritisierten die allzu freie Art des Unterrichts und die kollegiale Schulverwaltung; ihnen versuchte Petersen klar zu machen, daß der Jenaplan „die führende Rolle des Lehrers" betone, Gemeinschaft und Disziplin der Kinder pflege sowie „falsch verstandene Kindertümlichkeit" ablehne. Den sozialistischen Lehrern machte Petersen den Jenaplan interessant gerade mit jenen Gegebenheiten, die die konservativ-christliche Lehrerschaft nicht so gut fand. Nach 1933 wird unter den neuen politischen Gegebenheiten diese balancierende Aussagetechnik wesentlich erweitert und verfeinert.

In Petersens Pädagogik der zwanziger Jahre waren sowohl demokratische als auch vordemokratische Elemente vorhanden. Nach 1933 berief sich Petersen vor allem auf die letzteren, gab sie aber nun als *antidemokratische* Elemente aus. Dies betrifft insbesondere den Gemeinschaftsbegriff, der durch Dörpfelds Verständnis von Schulgemeinde geprägt ist und auf Luther zurückgeht (vgl. Böhme 1993); ab 1933 versuchte Petersen deutlich zu machen, daß diese Konzeption mit dem *völkischen* Gemeinschaftsbegriff in Übereinstimmung steht, ohne die Praxis der Jenaer Universitätsschule wesentlich zu verändern: Eine politische Ausrichtung auf die Ziele des NS im Sinne völkisch-politischer Erziehung fand nicht statt[75], gemessen an jenen ideologischen Zwängen, denen die Regelschule nach 1933 ausgesetzt war. Nach 1945 wurde von Petersen selbstverständlich wieder die demokratische Tradition seiner Pädagogik betont. Wie es Petersen gelang, seine pädagogischen Grundvorstellungen gleichsam unabhängig von den jeweiligen politischen Gegebenheiten durch die Zeiten zu bringen, ist eine Leistung, die eine gewisse Einmaligkeit besitzt. Letztlich aber konnte dies kaum gelingen, ohne daß Petersen in Widersprüche geriet und seine Identität von selbst verursachten Beschädigungen verschont blieb.

Petersens „realistische" Grundeinstellung war, aus heutiger Sicht betrachtet, weitgehend unrealistisch, weil sie auf dem kaum tragfähigen Fundament volksorganologischen Denkens die Möglichkeit verbaute, die Problematik der politischen Wirklichkeit der NS-Diktatur zu sehen.

Die Suche nach den Gründen für die Bereitschaft zur Akzeptanz der nationalsozialistischen Ideologie als politischer Realität ab 1933 hat dazu geführt, „Volkskirche", „Volkstum" und „Gemeinschaft" als hinreichende Bedingung dafür verantwortlich zu machen. Dies mag in vielen Fällen, zu denen auch Petersen zu zählen ist, zutreffend sein, in anderen durchaus nicht.

Aus der *internationalen* Perspektive betrachtet, stellt sich der Sachverhalt noch anders dar. Man kann davon ausgehen, daß jene theologischen Bestimmungsstücke, die im protestantischen Deutschland zur grundsätzlichen Akzeptanz Hitlers führten, wie etwa die Verbindung des Glaubens mit dem Volksbegriff *und* die Luthersche Lehre von den zwei Regimenten, auch außerhalb Deutschlands eine Tradition besaßen, insbesondere in den skandinavischen Kirchen. Weder der Volkstumsgedanke noch die Zwei-Reiche-Lehre Luthers waren in irgendeiner Hinsicht der sich ab 1933 in Skandinavien entwickelnden Kritik gegenüber dem Deutschchristentum und Hitler hinderlich; in der Zeit der deutschen Besetzung Dänemarks und Norwegens sowie im Krieg Finnlands gegen die Sowjetunion wurden mit beiden Theoremen sogar erhebliche Widerstandspotentiale begründet.[76]

Organologische Volksvorstellungen im Sinne Herders, nordische Mythologie sowie nationale, soziale und religiöse Erneuerungsbestrebungen – das Erbe Grundtvigs – bildeten jenes geistige Konglomerat, aus dem sich in Dänemark in der zweiten Hälfte des 19. Jahrhunderts, unterstützt durch eine entsprechende Gesetzgebung, ein der europäischen Gesamtentwicklung weit vorauseilendes Demokratieverständnis entwickeln konnte (Engberg 1991). Dabei ist zu beachten, daß der *Begriff* der Demokratie kaum eine Rolle spielte, sondern sich ein „volkliches" Bewußtsein bildete, das der auf Egalität abhebende Terminus *folkelihed* ausdrückt – und dies in einem Land, das dem Gedanken des Königstums fest verbunden war und in der Zeit preußischer Besetzung und preußischer Germanisierungspolitik starke nationale, deutschfeindliche Einstellungen entwickelt hatte. Das durch Grundtvig geprägte Verständnis von *folkelig („volklich", „völkisch")* und *folkelihed*

(„Volkheit") entspricht durchaus Petersens Egalitätsvorstellungen, die allerdings aus anderen Quellen, aus dem Schulgemeindekonzept und dem deutschen Genossenschaftswesen, stammen.[77]

Im Vergleich zu Dänemark haben nationales Luthertum und religiösromantische Volksauffassung in Deutschland offenbar eine andere Entwicklung genommen, werden sie doch bei uns als geistige Wegbereiter für den Eintritt des deutschen Protestantismus in die Diktatur des Hitler-Staates betrachtet. Eine vorschnelle Umdeutung von subjektiven Entdeckungszusammenhängen „kritischer" Analysen (etwa: Luthertum = autoritätsgläubig = antidemokratisch = hitlerfreundlich) zu objektiven Bedingungszusammenhängen sollte nach dem Gesagten nicht mehr möglich sein. Keineswegs *jeder* Lutheraner, der nach 1933 an deutschen Hochschulen Theologie lehrte, war Deutscher Christ. In der theologischen Auseinandersetzung zwischen Lutheranern und Barthianern wurde nach dem Krieg die „Schuldzuweisung" auch als moralische Waffe für die Legitimation theologischer Standpunkte eingesetzt, was den Prozeß unterstützte, den Widerstand gegen Hitler teilweise zum Gegenstand von Legendenbildungen werden zu lassen (Baumgärtel 1976).

Eine gewisse Parallele kann man für die deutsche Nachkriegspädagogik ziehen, die das Problem „Bewältigung des NS" einerseits zwischen Verdrängung und Restauration, andererseits zwischen Schuldzuweisung und Mythosbildung ansiedelte. Die These des Zusammenhanges von Reformpädagogik und Faschismus war zumindest in ihrer ideologiekritischen Enthüllungsfunktion wirksam. Wenn heute einige Erziehungswissenschaftler im reformpädagogischen Begriff der *Gemeinschaft* oder – im Anschluß an Georg Lukács – im *Irrationalismus* die Kontinuitätsschiene für den nahtlosen Übergang in den Nationalsozialismus sehen, so ist für die deutsche Situation sicher ein *Kern von Wahrheit* in dieser Aussage enthalten, aber es ist fraglich, ob damit die *ganze Wahrheit* erfaßt ist.

Schjørring (1979, S. 15) beschreibt im Vorwort zu seinem Buch über Hirsch und Geismar, wie seine Vorstellungen, die dänische Ordnung der Volkskirche sei die „einzig legitime und jedenfalls beste Kirchenverfassung", völlig verändert wurden, als er zu einem Studienaufenthalt nach Deutschland kam und hier als Folge der Hitlerzeit die Problematik dieser Begriffe aus deutscher Sicht kennenlernte. Luthertum und Volkskirchentum, denen insbesondere von Barthianern in Deutschland allzu gern die „Schuld" am Versagen der Kirche in der NS-Zeit zugeschoben wird, existieren in Skandinavien im Rahmen von Staatskirchen (!) durchaus in unterschiedlichen Formen, aber jedenfalls frei von *dieser* Last. Ohne Berücksichtigung der erkenntnistheoretischen Voraussetzungen des eigenen Interpretationsstandpunktes *und* der spezifischen politischen Rahmenbedingungen bzw. kulturell differenten Tradierungen des erfaßten Zeitabschnittes greift der Versuch eines historischen Rekonstruktionsprozesses vermutlich zu kurz – insbesondere dann, wenn dabei auch Ideologiekritik geübt wird. Ideologiekritik ist *notwendig*, aber auch selbst der Gefahr ausgesetzt, ideologieträchtig zu sein.

Offenbar haben neben der bloßen kulturellen Überlieferung gesellschaftliche Entwicklungen *und* politische Ereignisse eine eigene Wertigkeit, die für länderspezifische Unterschiede in der Ausprägung der Traditionen des nordeuropäischen Protestantismus verantwortlich zu machen ist. Generell ist von einer Wechselwirkung politischer Ereignisse und den in einer Zeit vorherrschenden „Ideologien" auszugehen. Dort, wo die Aufarbeitung des Phänomens Faschismus zum überwiegenden Teil *ideengeschichtlich* erfolgt ist (vgl. Lukács 1962), müßten die spezifische Eigendynamik des politischen Geschehens *und* das wechselseitige Zusammenspiel beider Faktorenbündel beim Übergang in die Diktatur des NS-Staates mit in Rechnung gestellt werden.

So unerläßlich ideengeschichtliche Untersuchungen zur Aufdeckung struktureller und zeitübergreifender Zusammenhänge sind und so bedeutsam ihre „entlarvende", ideologiekritische Funktion sein kann, treffen sie nicht die tatsächliche Realität des Politischen, die *insbesondere in Krisenzeiten* ausschlaggebend ist für die Richtung, die eine Gesellschaft einschlägt. Oft handelt es sich um historische Konstrukte nach dem Muster „Vertane Chancen" („Man hätte doch erkennen müssen, wohin das führt!"), deren Argumentation einleuchtend und stimmig scheint, weil sie von jenem gegenwartsbezogenen Standpunkt aus geschrieben sind, der sich im Laufe der historischen Erfahrung als der richtige herausgestellt hat. Aber auch dann noch hängen Interpretationen von den jeweils vorherrschenden gesellschaftlichen Bedingungen ab, in denen sich der Interpret bewegt, wie gerade das Beispiel der veränderten Interpretationslage deutscher Nachkriegsgeschichte auf Grund der deutschen Wiedervereinigung zeigt.

Dies gibt das Stichwort zu einer zweiten Überlegung. Nachdem sich in Deutschland eine weitere Diktatur im Anschluß an den NS-Staat etablierte, die immerhin 40 Jahre existierte, ohne daß Kritiker mit politischem Scharfblick dies erkennen konnten oder wahrhaben wollten, sind wir heute nachdenklicher geworden in bezug auf Fehlbarkeit und Unfehlbarkeit von Gesellschaftstheorien. Die sich im Spektrum kritischer Theoriebildung seit den siebziger Jahren ausbildende „politische Betrachtungsweise" pädohistorischer Sachverhalte entlarvte die deutsche Nachkriegspädagogik als *Verdrängungspädagogik* – ohne wahrzunehmen, daß die eigene ideologiekritische *Enthüllungspädagogik*, die nun die pädagogische Diskussion beherrschte, ebenfalls mit Verdrängungsprozessen einherging, indem die Untaten des real existierenden Sozialismus, die gleichsam „nebenan" passierten, mit diesem kritischen Blick nicht wahrgenommen, sondern toleriert wurden. Beides *gleichzeitig* vorzunehmen, ist auch wohl kaum möglich. Aber *Offenheit* zu zeigen, für *alle* Formen des Unrechts, wäre zu fordern.

Schuld und Verstrickung lasteten nicht nur im NS-Staat, sondern ebenso im SED-Staat auf nicht wenigen Menschen. Ob diese Tatsache denjenigen Entlastung bietet, die in der einen Diktatur mitschuldig wurden, indem sie sich zu ihr bekannten, um der anderen Diktatur zum Opfer zu fallen, ist eine Frage, die kaum pauschal beantwortet werden kann. Für den Interpreten führt die Existenz zweier zeitlich fast aneinander anschließender Diktaturen mit unterschiedlicher ideologischer Programmatik eher zu einer Verdoppelung des Schuldproblems.

Petersen ist durch bestimmte, während der NS-Zeit verfaßte Texte und Äußerungen belastet. Das Bemühen um Differenzierung und das Aufzeigen der Kontexte, in denen diese Äußerungen stehen, ändert an dem Gewicht ihres Inhaltes wenig. Sie nötigt den Interpreten allerdings zur Überprüfung seiner eigenen Interpretationsbalancen.

Schuld darf nicht verschwiegen werden. Es gibt ein Recht und die Pflicht, sie im Namen geschehenen Unrechts auszusprechen. Durch Zustimmung zu einem Unrechtsstaat mitverantwortlich geworden sein für dessen Unrecht, ist das eine. Das andere ist, dies als moralisches Urteil auszusprechen. Aber wann ist Schuld wirklich erwiesen? Immer werden bei Petersen neben Zustimmung auch Distanzierung und Abgrenzung sichtbar. Im nachträglichen Prozeß der Selbstrechtfertigung erhalten solche Momente dann eine zentrale Leitfunktion unter Verdrängung bzw. Hintansetzung eher fragwürdiger Äußerungen oder Handlungen. Wie sind bestimmte, „Nähe" bzw. „Distanz" zum NS signalisierende Äußerungen zu gewichten?

Wird die Interpretation am Ende zur bloßen Aufrechnung von Gut und Böse, Schuldig- oder Nichtschuldigsein? Hat der Interpret ein moralisches Richteramt inne? Fragen dieser Art sind weder in der Theologie noch in der Erziehungswissenschaft bislang gründlich diskutiert worden, weil sogenannte historische „Rekonstruktionen" in ihrem Bewertungshorizont zu Arrangements werden, die Enthüllungs- oder Rechtfertigungsabsichten verfolgen; dies vor allem dann, wenn die zu interpretierende Persönlichkeit „umstritten" ist und noch nicht der „Historisierung" (M. Broszat) unterliegt.

Das Andeuten und Aussprechen von schuldhaftem Verhalten in politischer Hinsicht ist keineswegs nur unter dem Aspekt der Verdrängung, sondern ebenso unter dem Aspekt einer ästhetisch-moralischen Inszenierung der Schuldzuweisung zu einer Beziehungsfalle geworden. Ein Interpret, der die

Aufgabe der Vergangenheitsbewältigung primär nicht unter dem Gedanken der Schuldzuweisung, sondern *der Gerechtigkeit* zu lösen versucht, wird an irgendeiner Stelle seines Bemühens selbst hineingezogen in das Schuldproblem. Er fühlt sich – bei aller Distanz – mitbetroffen von den Verstrickungen, der Problematik des Verhaltens, der Aussagen der zu interpretierenden Personen. Wie hätte man sich selbst verhalten in einer solchen Situation? In der Freiheit eines modernen demokratischen Staates leben zu können, schließt im Hinblick auf vorangegangene Zeiten der Unfreiheit und des Unrechts nicht nur die Verpflichtung ein, Schuld einzugestehen, sondern auch zu lernen, mit Schuld umzugehen.

Anmerkungen zu Teil II

1   Drei Jahre später übt Petersen (1929b, S.132) in einem Aufsatz anläßlich des 10jährigen Bestehens der Lebensgemeinschaftsschulen bereits Kritik an Karsens *politischer* Orientierung der Versuchsschularbeit.

2   Petersen rezensiert 1932 – nicht ohne Anerkennung – in der von Georg Kenstler herausgegebenen Zeitschrift „Blut und Boden" („Monatsschrift für wurzelstarkes Bauerntum, für deutsche Wesensart und nationale Freiheit") Ernst Kriecks „Nationalpolitische Erziehung". Im Sommersemester 1932 hält Kenstler bei Petersen in Jena einen Vortrag über „die Landvolkbewegung"; festgehalten in den Annalen der Erziehungswissenschaftlichen Anstalt der Universität Jena ist auch ein Ausspracheabend „Über die Frage: Rasse und Christentum im Anschluß an Aufsätze aus der Zeitschrift ‚Blut und Boden'" (Döpp-Vorwald 1934, S. 24).

3   Minister Wächtler hatte 1933 Duken dazu ausersehen, die Thüringer Volkshochschulen in nationalsozialistische Deutsche Heimatschulen umzuwandeln, eine Aufgabe, die dann Theodor Scheffer übernahm.

4   Die Volksdienstpresse umfaßte eine Tageszeitung („Tägliche Rundschau") und neun regional erscheinende Wochenblätter. Petersen hielt das in Korntal-Stuttgart erscheinende Wochenblatt „Christlicher Volksdienst" und wurde vom Schriftleiter, Pfarrer Haug, gebeten, für die Kulturbeilage der Zeitschrift Beiträge zu schreiben (Schreiben Haug an Petersen vom 4.1.33; PPNG); dazu kam es aber offenbar nicht mehr.

5   Strathmanns Schicksal nach Hitlers Machtergreifung ist bekannt: Er wurde als Dekan abgesetzt und war verschiedenen Kampagnen der SA ausgesetzt (v. Loewenich 1979, S. 161f.).

6   Persönliche Mitteilung von Dr. Uwe K. Petersen.

7   Das Vortragskonzept (PPNG) enthält stichwortartig einige Grundgedanken. Die Textübertragung der von Petersen benutzten alten Stenographie (Stenotachygraphie) besorgte Walter Stallmeister, Universität Hagen.

8   Ähnliches dürfte für Petersen gelten, der einerseits das biologische Denken seiner Zeit in sein Menschenbild mitaufnimmt, aber daraus keineswegs seine ethischen Maßstäbe bezog. Von daher erscheint es fraglich, ob es gerechtfertigt ist, von „naturalistischen Fehlschlüssen" bei Petersen zu sprechen (Benner/Kemper 1991, S. 38ff.).

9   Die Angaben verdanke ich Albert Böhme, dem ehemaligen Schriftleiter des „Evangelischen Schulfreundes".

10 Die durch diese Krise bedingten Auseinandersetzungen werden in den Nummern 30 bis 32, 42 und 46 der Reformierten Kirchenzeitung, 78. Jg. 1928, in verschiedenen Artikeln durch „Erklärungen" und „Gegenerklärungen" ausgetragen (Quelle: AKWB, Bibliothek).

11 Nach einem Schreiben des Deutschen Evangelischen Kirchenausschusses vom 15. März 1932 (EKRD: Bestand Konsistorium B IIa 41, Bd. 1).

12 Beilage zum General-Anzeiger der Stadt Wuppertal, Nr. 236 vom 7.10.32. (Quelle: STW).

13 Presse-Artikel und Kongreß-Informationen erhielt ich dankenswerter Weise vom Gemeindearchiv Utrecht und der Bibliothek der Universität Utrecht. Der Kongreßbericht ist einsehbar in der Bibliothek der Universitäten Amsterdam und Nijmegen. Einen ausführlichen Bericht über den Kongreß gibt Graffmann (1936; AKWB).

14 Windel schrieb in seinem Rundbrief vom 20. Juni 1936, der unter anderem auch an Petersen adressiert war: „Liebe Brüder! Unser Freund Udo Smid, Pastor in Wesermünde und Leiter der Bibelkreis-Bewegung, ist, vermutlich vom Reichskirchenausschuss, im Blick auf die zu lösenden Fragen zwischen Staat und Schule um eine grundsätzliche Aeusserung gebeten worden..." (vgl. Anhang 4.2).

15 Es liegt nur eine Abschrift des Antwortbriefes von Petersen an Windel vor; in Unterlagen des Reichsverbandes (EKWB: Bestand 5.1 Nr. 113.2) finden sich weitere (allerdings nicht originale, sondern schon übertragene) Antworten auf den Rundbrief Windels vom 20. Juni 1936 und die vom RKA gestellten drei Fragen, darunter die Stellungnahme eines evangelischen Rektors, eines Studienrates, eines Universitätsprofessors – jeweils ohne Namensnennung; vermutlich handelt es sich um Bearbeitungen Windels zur Veröffentlichung im „Schulfreund", die aber nicht zustande kam. Der erwähnte Universitätsprofessor ist Petersen, die gegebene Antwort entspricht dem im Petersen-Nachlaßarchiv (PPNG) vorliegenden Brieftext an Hermann Windel.

16 Die VLK (Vorläufige Leitung der Deutschen Evangelischen Kirche) war das im November 1934 gebildete oberste Leitungsgremium der Bekennenden Kirche (vgl. van Roon 1987, S. 90f.).

17 (BAP: REM 3285/4; HSTW: Thür.Volksb. C 356, Bl. 152)

18 Neuendorf (1875-1961), bis 1919 Bundesleiter des Wandervogels mit Bindungen an die evangelische Kirche, wurde 1925 Direktor der preußischen Hochschule für Leibesübungen (Kreppel 1982, S. 88) und hatte engere Bindungen an die evangelische Kirche.

19 Man lese dazu etwa Fritz Karsens anerkennende Rezension des Buches von Petersen/Wolff (1925) in der von Karsen herausgegebenen Zeitschrift „Lebensgemeinschaftsschule" (1926, S. 95f.) und die beeindruckenden Berichte von Pädagogen unterschiedlichster weltanschaulicher Standorte, die die Jenaer Universitätsschule ab 1926 besuchten.

20 Zentralblatt für die gesamte Unterrichtsverwaltung in Preußen, 75. Jg. 1933, S. 233.

21 Zentralblatt für die gesamte Unterrichtsverwaltung in Preußen, 76. Jg. 1934, S. 242ff.

22 Der Staatsjugendtag wurde aus organisatorischen Gründen 1936 wieder aufgehoben. Der Einfluß der HJ in der Schule wurde 1937 dadurch erhöht, daß aus der HJ hervorgegangene „Vertrauenslehrer" als Schuljugendwalter bei Schüler- und Lehrerschaft Aufklärungsarbeit über die HJ leisten sollten (vgl. Schuljugendwalter 1938).

23 Peter-Petersen-Archiv Nr. 18.2. (PPNG), Zur Schulgemeinde-Vorlesung, S. 1. Aus der Stenotachygraphie übertragen von Walter Stallmeister, Fernuniversität Hagen.

24 Peter-Petersen-Archiv Nr. 18.2. (PPNG), Zur Schulgemeinde-Vorlesung. S. 4 (158^s).

25 Dies belegt ein Schreiben der NSDAP-Gauleitung vom 15. Oktober 1937 an den Oberbürgermeister von Wuppertal, in dem Auskunft über Böhmes Aktivitäten für den Reichsverband gegeben wird; Böhme wurde das Schreiben 1955 in einer Abschrift zugänglich gemacht, er gab es mir zur Einsicht.

26 Zuvor hieß der Untertitel „Unabhängige Zeitschrift für reformatorisches Christentum".

27 Vorbereitet ist dies in Petersens „Pädagogik" (1932), die die Erneuerung der Erziehung im Sinne des volksorganologischen Denkens fordert. Hierbei wird unter anderem „alle germanische Art" als „antirational in ihrem Blick auf Leben und Dasein" bezeichnet und bei Luther „dieses germanische Element" besonders hervorgehoben (Petersen 1932, S. 94).

28 Gegenüber Delekat, der sich für die BK eingesetzt hatte, verhängte die Gestapo am 25. November 1936 Redeverbot und sorgte für seine Zwangsemeritierung (BDC).

29 Der Pfarrer und christliche Schriftsteller Hans Dittmer promovierte bei Petersen 1929 über den ländlichen Konfirmandenunterricht im Lichte der neueren Pädagogik. Er stand nach 1933 der BK nahe; ein parteiamtliches Gutachten über seine Publikationen kommt zu dem Negativurteil, Dittmer suche „den Einfluß der Kirche auf die geistige Führung des Volkes und auf die Erziehung der Jugend zu erhalten und zu steigern" (BDC).

30 Der den Lutheranern nahestehende Nürnberger Theologe Kurt Frör war Mitglied der Bekennenden Kirche und ein entschiedener Verfechter der Bekenntnisschule. In Hermann Windels Umbruch-Verlag veröffentlichte er eine mutige Kampfschrift (Frör 1936).

31 Diese Opposition war keineswegs in allen Punkten scharf akzentuiert. Es gab in der Anerkennung von „Volkstum und Evangelium" durchaus Gemeinsamkeiten. Die Differenz zeigte sich vor allem bei der Ablehnung des Arierparagraphen durch die JB.

32 Die folgenden Ausführungen folgen P. Neumann (1971).

33 Dem Berneuchener Kreis, einer 1924 gegründeten Erneuerungsbewegung, die sich um die Vertiefung des religiösen Lebens u.a. durch Ausgestaltung der Liturgie und feste Gebetsordnungen bemühte, gehörte der Petersen nahestehende Ludwig Heitmann an.

34 Nach einer Mitteilung von Dr. Uwe K. Petersen.

35 Herausgeber des „Evangelischen Jugenddienstes" war Landesjugendpfarrer Voß (Düsseldorf); die aus hektographierten Blättern bestehende Material-Sammlung, die vollständig überliefert ist (EKRD), hat lutherischen Charakter mit nationalen Tendenzen. Daß der Herausgeber dem NS gegenüber aufgeschlossen war, geht daraus hervor, daß er die Eingliederung der Evangelischen Jugendverbände in die HJ bejahte (Meier 1976, Bd 1, S. 596).

36 Die „völkische" Orientierung Bohnes kommt auch in dem Unterrichtsbeispiel „Der Backenstreich" (Bohne 1936b, S. 168ff.) oder in seiner Besprechung religionspädagogischer Schriften von H. Tögel (Bohne 1935) zum Ausdruck. Bohne war aber keinesfalls dem Deutschchristentum verpflichtet.

37 Die Anfrage Stoppenbrinks ist nicht erhalten, nur Petersens Antwort.

38 Bereits am 27. November 1933 wurden „Richtlinien für die Religions-Lehrpläne der Thüringer Schulen" im Amtsblatt des Thüringischen Volksbildungsministerium von Minister Wächtler bekannt gegeben, womit Thüringen überhaupt das erste Land war, das – DC-orientierte – RU-Lehrpläne im Dritten Reich veröffentlichte. Parallel zu ihnen wurde der „Rahmenlehrplan für den Religionsunterricht der thüringischen Schulen" entwickelt. Er geht zurück auf Dr. Wilhelm Bauer, Altenburg, der als Vorsitzender des RU-Ausschusses im NSLB bereits am 18.10.33 seinen Grundsatz-Entwurf an den Landeskirchenrat geschickt hatte (TLKE: Allg. Registr. A 839 Bd III). Der Rahmenlehrplan diente den örtlichen Schulaufsichtsbehörden als Grundlage für die Aufstellung des RU-Lehrplanes, wie etwa der Thüringische Schulrat für Jena II, Preiß, eine solche Ausarbeitung an das Thür. Volksbildungsministerium sandte (HSTW: Thür. Volksb. B 437).

39 Vom Reichsverband deutscher evangelischer Schulgemeinden war zuerst 1934, dann 1935 im Umbruch-Verlag, dem Vorgänger des Rufer-Verlages, ein auf bekenntnistreuer Grundlage stehender „Entwurf eines Lehrplanes für den Religionsunterricht der deutschen evangelischen Volksschule" veröffentlicht worden (STW; vgl. Anhang 3).

40 Hermann Werdermann (1888-1945) war seit 1929 Professor für Religionspädagogik an der Pädagogischen Akademie Hannover, seit 1933 an der HfL Dortmund; Werdermann wurde Anhänger der DC, erhielt 1942/43 an der Universität Rostock einen Lehrauftrag (H. Schreiners Lehrstuhl war nicht mehr besetzt worden!) und war ab 1939 (Rickers 1993, S. 332) auch Mitarbeiter für Meyer-Erlachs „Institut zur Erforschung des jüdischen Einflusses auf das deutsche kirchliche Leben".

41 Petersen kannte Bohne schon seit den zwanziger Jahren, als dieser zunächst in Altenburg, ab 1929 in Jena als Studienrat tätig war; 1930 verließ Bohne Jena und folgte einem Ruf an die Pädagogische Akademie Frankfurt/O. Er erhielt 1934 an der Kieler Hochschule für Lehrerbildung die Professur für evangelische Theologie; sein Vorgänger war der aus politischen Gründen entlassene Emil Fuchs. 1937 trat Bohne in die NSDAP ein (BDC). Als Rektor der PH Flensburg wurde Bohne 1960 öffentlich verdächtigt, die Übung eines Kollegen mit dem Thema „Pädagogik des Dritten Reiches" kurzerhand verboten zu haben. Bohnes Rechtfertigung bestand bezeichnenderweise aus dem Hinweis, er habe „aus wohlüberlegten hoch-

schulinternen Gründen" den betreffenden Kollegen lediglich *gebeten*, „von einer geplanten Übung im laufenden Semester Abstand zu nehmen...weil ich bei einer gegebenen Situation befürchten mußte, daß hierdurch gerade der Prozeß einer wirklich inneren und echten Auseinandersetzung nicht gefördert würde" (zit. nach Knoop 1984, S. 119).

42 Dr. Christoph Carstensen, (Lehrer-)Student Bohnes an der HfL Kiel 1934-1936 und 1937-40 bei Petersen Assistent in Jena, teilte mir im Oktober 1994 mit, Petersen habe ihm gegenüber nur ein einziges Mal, sehr achtungsvoll, Bohne im Gespräch erwähnt. Er selbst, Carstensen, habe als eingedeutschter Däne Professor Bohne in keiner guten Erinnerung, da bei den häufig angesetzten Wehrübungen Dozent Bohne (mit rußgeschwärztem Gesicht und Stahlhelm) besonders scharfmacherisch aufgetreten sei.- Bohne betätigte sich seit 1934 in der SA als Prüfer für das SA-Sportabzeichen (BDC).

43 Vgl. dazu die Darstellung von Kittel und Bohne bei Rickers (1986); Kittel, zeitweise DC-Mitglied, war Rottenführer der SA (BDC). Er gab mit anderen führenden deutschchristlichen Theologen (darunter Gerhard Kittel und Emanuel Hirsch) die Zeitschrift „Deutsche Theologie" heraus, in der 1935 sein Lehrplan „Schule unter dem Evangelium" erschien – als Beitrag zur völkischen Erneuerung des Bildungswesens der nationalsozialistischen Regierung der Freien Stadt Danzig.

44 Näheres über Gertrud Schäfer auch bei Kluge (1992, S. 185); Pastorin Schäfers Anwesenheit in der Universitätsschule wird für 1935 dokumentiert im Bericht über die Schulvisitation der Universitätsschule am 23./24. September 1935 durch einen Vertreter des Reichserziehungsministeriums (BAP: REM 3285/4).

45 Dieser Bericht, der im Originalmanuskript 130 Schreibmaschinen-Seiten umfaßt, wird demnächst zugänglich sein (Retter in Vorb.).

46 Meyer-Erlach betrieb nicht nur die Entfernung unbotmäßiger Kollegen aus der Universität, sondern vertrat 1936 auch den Grundsatz: „Wer heute noch mit Juden, auch getauften, irgendein Werk in Deutschland treibt, ist Volksverräter!" Zu solchen Volksverrätern zählte er Martin Niemöller und den RKA-Vorsitzenden, Generalsuperintendent Zoellner (HSTW: Personalakte Meyer-Erlach).

47 Petersen (1934b S. 150) hatte *zunächst* die Zahl von 15-20 geplanten Gottesdiensten im Schuljahr genannt, *später* (Petersen 1936c, S. 107) war nur noch von 5-8 die Rede. Die tatsächliche Zahl der Schulgottesdienste, die Meyer-Erlach oder ein Stellvertreter hielt, ist nicht mehr feststellbar, weil die Kirchenbücher durch Kriegseinwirkungen verloren gingen.

48 Die Angelegenheit hatte natürlich auch ihre moralische und menschliche Seite. Seit Petersens Anfängen in Jena bestanden enge Beziehungen zu jüdischen Freunden, insbesondere zu Otto Eppenstein, in dessen Jenaer Hause Petersens zwei Söhne aus erster Ehe seit 1931 lebten (vgl. Kluge 1992, S. 90, S. 378).

49 Nach seiner Ablösung als Rektor durch den politisch gewichtigeren Karl Astel 1939 gründete Meyer-Erlach ein „Institut zur Erforschung des jüdischen Einflusses auf das kirchliche deutsche Leben", dessen einzige Richtschnur „das Werk des Führers" war und das mithelfen sollte, „die tödliche Kruste, die die Konfessionsschulen um das religiöse Leben unseres Volkes legten, zu zersprengen" – wie er

Staatssekretär Zintzsch im Rust-Ministerium am Neujahrstag 1940 mit der Über-
reichung des ersten Sitzungsberichtes mitteilte (BDC).

50 Petersen, der es trotz aller Aufgeschlossenheit für „die neue Zeit" ablehnte, in die
NSDAP einzutreten, schuf sich solche „braunen" Verbindungswege sowohl innerhalb seiner engeren Schülerschaft (H. Döpp-Vorwald, H. Sailer, H. Ruppert, H.
Dietz) als auch zu einflußreichen Universitätskollegen – wie zum Beispiel zu
H.F.K. Günther („Rasse-Günther"), dessen Tochter ebenfalls Petersens Schule
besuchte. *Persönlich-familiäre* Beziehungen zu Günther oder Meyer-Erlach hat es
wohl nicht gegeben.

51 Daß Petersen schon länger Kontakt zu griechischen Kollegen hatte, geht daraus
hervor, daß sein Kollege Zobenakis aus Athen an der Großveranstaltung in Rah-
den/Westf. im Mai 1934 teilnahm, auf der Petersen vor Lehrern und politischer
Prominenz sein Jenaplan-Schulkonzept vorstellte (vgl. den Artikel „Willkommen
in Rahden" im Rahdener Wochenblatt vom 22.5.34, S. 3).

52 Zu Schumann vgl. Adam 1977, S. 33f., S. 47-52; ferner Hillesheim/Michael 1993,
S. 403.

53 Eduard Geismar (1871-1939) lehrte Systematische Theologie an der Universität
Kopenhagen und galt als der führende dänische Kierkegaard-Forscher Skandina-
viens. Er war mit dem Kierkegaard-Übersetzer und DC-Theologen Emanuel
Hirsch befreundet, was allerdings in bezug auf seine Einschätzung der DC-Bewegung nicht zu falschen Analogieschlüssen führen darf. Geismar sieht im religiösen
(bzw. deutschchristlichen) Aufbruch in Deutschland des Jahres 1933 – dies hebt
Petersen besonders hervor – eine historische Parallele zu Grundtvigs Kampf um
eine nationale und religiöse Erneuerung der Bildung in Dänemark im 19. Jahrhundert; Geismar betont dabei aber stärker die Unterschiede als die Gemeinsamkeiten zwischen Grundtvigs und Rosenbergs Mythosvorstellungen.

54 Die deutsche Wiedervereinigung hat für die Einschätzung von Wissenschaftlern,
die, wie Petersen, sowohl dem NS-, als auch dem SED-Staat unterstanden, eine
neue, gegenüber der Zeit vor 1989 deutlich andere Interpretationslage gebracht.
Nicht nur die These von der Aufeinanderfolge zweier Diktaturen, die zu äußern
erst nach dem Zusammenbruch der DDR möglich wurde (heute allerdings nicht
von jedermann, insbesondere nicht von ehemaligen DDR-Wissenschaftlern,
akzeptiert wird), auch die Veränderung der Interpretationen, die Petersen vor 1989
und heute bei Pädagogen in Mitteldeutschland erfahren hat, ist bemerkenswert:
Der ideologischen Verurteilung als Reformpädagoge ist eine – im großen und
ganzen – weitaus freundlichere Bewertung gewichen, die zurückzuführen ist auf
veränderte Identitätsbalancen der Interpreten durch den Übertritt in eine neue
politische Wirklichkeit, die die bisherige Wirklichkeit als die eines „Unrechtstaa-
tes" beurteilt. Dies verdeutlicht wiederum die Abhängigkeit der allgemeinen Interpretationslage von der vorherrschenden politisch-gesellschaftlichen Wirklichkeit
und ihren Normen.

55 Im Rahmen der Petersen-Kontroverse wird dies an anderer Stelle erfolgen (vgl.
Retter 1995b).

56 Der deutschnationale Stange war der völkischen Theologie zeitweise stark verbunden. Seine Begeisterung für den NS führte zur Verstimmung bei vielen Vertretern der skandinavischen Kirchen mit der Folge einer zunehmenden Distanz zu Stange bzw. zur Luther-Akademie Sondershausen (Schjørring 1985, S. 35f.). 1937 wird dem Emeritus „Abt Stange" in einem Gutachten des Theologischen Unterführers der Göttinger Dozentenschaft (das war Dekan Emanuel Hirsch!) allerdings bescheinigt, er habe zum NS „weder eine positive noch eine negative Berührung" und halte sich „abseits des politischen Geschehens" (BDC). Zu Petersen scheint Stange nur anläßlich der Einladung zum Sondershausener Vortrag Kontakt gehabt zu haben; es liegen zwei Briefe Stanges an Petersen aus dem Jahre 1935 vor (PPNG).

57 Über die Luther-Akademie und ihre Wirkungsgeschichte unterrichtet die Jenaer Dissertation von Hans Mikosch (1993).

58 Carl Stange in einem Brief an Peter Petersen vom 9. Juli 1935 (PPNG).

59 Es ist seit den dreißiger Jahren eindeutig, daß Petersen mit „neuer deutscher Erziehungswissenschaft" seinen eigenen Standpunkt meint. Merkwürdig genug, daß die Gewährsleute, die er für die beiden Richtungen des „Realismus" nennt, den Volkstheoretiker Boehm und den Soziologen Rumpf (vgl. Maus 1959, S. 76), mit Pädagogik fachlich überhaupt nichts zu tun hatten, allerdings – das trifft zumindest für Boehm zu – mit Petersen gut bekannt waren. Es mag dies auch ein Zeichen der Isolation Petersens sein innerhalb der Erziehungswissenschaft zu dieser Zeit.

60 Petersens Antwort ist weder im Nachlaß noch im Archiv des Gustav-Adolf Werks, Leipzig, erhalten.

61 Im Kirchenkampf standen Hoyer und die Liturgische Konferenz etwa in der Mitte der Parteien und hier eher im Bekenntnislager (unter Förderung des hannoverschen Landesbischofs Marahrens); es gab sowohl Verbindungen zum Berneuchener Kreis (Wilhelm Stählin) als auch zur Luther-Akademie in Sondershausen (Carl Stange). Teilnehmer von Tagungen (insbesondere religionspädagogischen Kursen) und Mitarbeiter an Publikationen wie dem „Kirchlichen Jahrbuch" entstammten allen kirchlichen Glaubensrichtungen (ELH: D 3; Nr. 89, 151; zur Geschichte der Liturgischen Konferenz vgl. Stalmann 1981).

62 Außer Petersen hielten auf der Tagung noch die folgenden Theologen einen Vortrag: der dem „Lutherrat" angehörende Ernst Sommerlath (Leipzig), der der konservativ-nationalen Mitte zuzurechnende Johannes Meyer (Göttingen) sowie die beiden BK-Theologen Rengstorff (Tübingen) und K.D. Schmidt (Kiel). Schmidt wurde „wegen politischer Unzuverlässigkeit" Ende 1935 in den Ruhestand versetzt, Rengstorff wurde, als er 1936 als Privatdozent die Vertretung einer Professur in Kiel wahrnahm, die Lehrerlaubnis entzogen, nachdem die „lutherische Kameradschaft" an der Universität Kiel ihn als untragbar denunziert hatte (Uhlig 1991, S. 111f.).

63 Petersen und Cordsen kannten sich aus der gemeinsamen Hamburger Mitgliedschaft im *Bund für Schulreform* (später: Deutscher Bund für Erziehung und Unterricht), dessen Gründungsmitglied und 1. Vorsitzender Cordsen 1910 war. Ab 1923

Direktor der höheren Schule in Soltau, übernahm Cordsen im Februar 1934 die Redaktion der zuvor von August Messer herausgegebenen Zeitschrift „Die Schule", deren Titel er abänderte und ganz auf das Programm des NS verpflichtete; 1936 ging die Zeitschrift ein.

64 Die ganze Problematik des Aufsatzes zeigt sich darin, daß Termini wie etwa der Begriff des *Dienstes* oder der des *Standes*, die vor 1933 einem theologisch-metaphysischen Begründungszusammenhang entstammten, nun bruchlos auf die politische Wirklichkeit des NS-Staates übertragen werden: „Es werden den Aufbau des ständischen Staates notwendig begleiten neue Dienstbindungen der Menschen untereinander, angefangen in ihren ersten Verbindungen bis hinauf zur höchsten, der Gefolgschaftstreue dem Führer gegenüber; ohne sie wird nichts entscheidend Neues werden" (Petersen 1935a, S. 5).

65 Insbesondere Darrés „Bauerntum als Lebensquell nordischer Rasse" von 1929 wird zur Zitatenquelle, aus der Petersen schöpft.

66 Julius Ziehen war erst Oberlehrer an einem Frankfurter Gymnasium, seit 1901 Oberstudiendirektor; von Haus aus nationalkonservativ, verfaßte er viele Schriften zur „Volkserziehung" und zur Schulreform. Seit 1906 besoldeter Frankfurter Stadtrat, bekleidete er 1916 eine ordentliche Pädagogik-Professur an der Universität Frankfurt/M., die auf Grund einer Stiftung eingerichtet worden war (vgl. Ziehen 1980). In dem Berufungsvorschlag der philosophischen Fakultät der Universität Jena vom 3.1.1923 für die Neubesetzung des pädagogischen Lehrstuhls von Emeritus Wilhelm Rein stand Ziehen an dritter Stelle, vor ihm Richard Meister und Ernst Krieck (UAJ: Bestand M, Nr. 629). Die Liste wurde vom sozialistischen Volksbildungsminister Greil ignoriert. Berufen wurde stattdessen Peter Petersen.

67 Petersen hatte 1935 das bekannte Werk von Dewey und Kilpatrik „Der Projekt-Plan" in deutscher Übersetzung in seiner Schriftenreihe „Pädagogik des Auslands" erscheinen lassen.

68 Petersen führte in den letzten Kriegsjahren pädagogische Kurse für RAD-Führerinnen in Jena durch und hielt Vorlesungen an der Akademie für Jugendführung in Braunschweig, sowie an der Erzieherakademie in Sonthofen für Lehrer von Adolf-Hitler-Schulen (U.-K. Petersen 1991, S. 153ff., Kaßner 1992, S. 250).

69 Petersen war empört, als er nach 1945 Kritik von skandinavischen Pädagogen an seiner Haltung während der NS-Zeit erfuhr (U.-K. Petersen 1991, S. 188ff; vgl. ferner Bruhn 1968, S. 185). Er konnte das gar nicht verstehen. Das, was er als Gegenargument aufzählte (z.B. die Bedrohung seiner Schule durch NS-Stellen), trifft im Grunde nicht jene Kritik, die nach seiner öffentlich zum Ausdruck gebrachten *politischen* Haltung fragte.

70 Der apokalyptischen Stimmungslage folgt wenig später der Schicksalsschlag: Der älteste Sohn wurde im Januar 1943 an der Ostfront als vermißt gemeldet und kehrte nicht zurück.

71 Der Begriff wurde von Eberhard Grisebach (1928, S. 462ff.) geprägt, der bis 1931 in Jena, anschließend in Zürich Philosophie lehrte und von dem Petersen beeinflußt ist.

72 Zu der angekündigten Neuauflage von Petersens „Führungslehre" kam es nicht
auf Grund eines nachträglichen Druckverbotes im Frühjahr 1947 (Mitzenheim
1994, S. 365): In einem Brief vom 30. September 1949 teilte Petersen Frieda
Stoppenbrink das Schicksal des Buches mit folgenden Worten mit: „Do.
31.3.1947 morgens 8 Uhr 3.000 Stück der 2. Aufl. bei Beltz in Langensalza auf
Befehl des Ortskommandanten zerschnitten: (rot wie braun natürlich). Sie ist jetzt
bei Westermann gedruckt und schon umgebrochen" (U.-K. Petersen 1991, S. 188).
Auslöser dafür war ein Gutachten von Wilhelm Heise im Auftrag des Volksbil-
dungsministeriums (UAJ: Bestand 0, Nr.73). Nachdem 1947 auch ein Aufsatz
Petersens von der Redaktion der SBZ/DDR-Fachzeitschrift „pädagogik" nur mit
Abdruck einer kritischen Gegendarstellung möglich war (Petersen 1947; Deiters
1947), wurde 1949 ein weiterer Beitrag Petersens über Pädagogische Tatsachenforschung nach langer Wartezeit zurückgeschickt – wie Petersens Briefwechsel
mit der „pädagogik"-Redaktion deutlich macht (PPNG). Im September 1948
wurde von der SED beschlossen, Petersen als Dekan zu entlassen und ihn von der
Leitung der Erziehungswissenschaftlichen Anstalt zu entbinden (HSTW: Land
Thür. Volksb. Nr. 3134, Bl. 82).

73 Dies betrifft nicht nur Pastorin Gertrud Schäfer, sondern auch die Lehrerin Bertha
Büchsel, die ich als Zeitzeugin befragen konnte. Der Bericht über ihre Lehrerjah-
re 1941-45 an der Universitätsschule Jena wird an anderer Stelle veröffentlicht
(vgl. Retter in Vorb.).

74 Diese Bezeichnung bezieht sich auf die Tatsache, daß ein Teil der BK bereit war –
insbesondere dort, wo die Landeskirchen *nicht* von Deutschen Christen beherrscht
wurden – mit dem NS-Staat in kirchlichen Angelegenheiten zusammenzuarbeiten,
und keinen *harten* Oppositionskurs führte, wie dies vor allem in den Bruderräten
als den kirchlichen Notregimenten der Fall war (vgl. Scholder 1988, S. 142).

75 Dies läßt sich anhand der erhaltenen Jahresberichte der Stammgruppen der Jenaer
Universitätsschule aus den zwanziger und dreißiger Jahren (UAJ: Bestand S)
belegen.

76 Vgl. die Beiträge skandinavischer Autoren in dem von Carsten Nicolaisen (1982)
herausgegebenen Band sowie die Aufsätze von Torleiv Austad (Oslo) und Henrik
Fossing (Aarhus) in Duchrow (1977).

77 Es gehört zur Ironie der Geschichte, daß sich in Dänemark im 19. Jahrhundert ein
demokratischer Begriff des Völkischen entwickelt, der seine Wurzeln aus der
deutschen Romantik nicht verkennt (vgl. Rerup 1993, Jørgensen 1993), dabei
gleichzeitig, fußend auf Grundtvigs Deutschfeindlichkeit, durchaus national ist
und ab 1933 bzw. 1940 das Grundpotential des Widerstandes gegen Hitler bildet.

Literatur

Adam, U.-D.: Hochschule und Nationalsozialismus. Tübingen 1977.

Arendt, H.: Was heißt persönliche Verantwortung unter einer Diktatur? In: Geisel, E. u.a. (Hrsg.): Nach Auschwitz. Berlin 1989, S. 81-97.

Asmussen, H.: Politik und Christentum. Hamburg 1933.

Bachmann, Prof. : Kirche und Schule. In: Kirchliches Jahrbuch für die evangelischen Landeskirchen Deutschlands 1928. Ein Hilfsbuch zur Kirchenkunde der Gegenwart. Hrsg. v. J. Schneider. 55. Jg. 1928, S. 492-498.

Balca, N.: Die Bedeutung Gogartens und seines Kreises für die Pädagogik der Gegenwart. Phil. Diss. Jena 1934.

Barth, K.: Theologische Existenz heute. Zwischen den Zeiten, Beiheft 2. München 1933. (Wiederabdruck in: Theologische Existenz heute, hrsg. v. K. Barth. Reprint der Hefte 1-77. Bd. 1. München 1980)

Bauer, W./W. Grundmann: Der Religionsunterricht in der deutschen Schule. Frankfurt o.J. (1937).

Baumgärtel, F.: Wider die Kirchenkampf-Legenden. Neuendettelsau 1976.

Baumgarten, O.: Der Aufbau der Volkskirche. Tübingen 1920.

Becker, H./G. Kluchert: Die Bildung der Nation. Schule, Gesellschaft und Politik vom Kaiserreich zur Weimarer Republik. Stuttgart 1993.

Beckmann, J.: Artgemäßes Christentum oder schriftgemäßer Christusglaube? Eine Auseinandersetzung mit der Lehre der Glaubensbewegung Deutscher Christen. Essen 1933.

Benner, D./H. Kemper.: Einleitung zur Neuherausgabe des Kleinen Jena-Plans. Weinheim 1991.

Berggrav, E.: Wenn der Kutscher trunken ist. Die Pflicht zum Ungehorsam gegenüber der Obrigkeit. In: Ders.: Der Staat und der Mensch. Hamburg 1950.

Berneuchener Konferenz (Hrsg.): Das Berneuchener Buch. Vom Anspruch des Evangeliums auf die Kirchen der Reformation. Hamburg 1926.

Besier, G.: Die evangelische Kirche in den Umbrüchen des 20. Jahrhunderts. Gesammelte Aufsätze. 2 Bde. Neukirchen-Vluyn 1994.

Blok, H.L.: Der Anfang des Schulkampfes in Holland. In: Der Evangelische Schulfreund, 22. Jg. 1936, S. 148.

Böhme, A.: Zum 100. Todestag eines rheinischen Schulmannes. Friedrich Wilhelm Dörpfeld und die Idee der Schulgemeinde. In: Erziehen heute, 43. Jg. 1993, Heft 3, S. 2-14.

Bohne, G.: Evangelische Religion. Gegenstand und Gestaltung. Leipzig 1934.

Bohne, G.: [Buchrezension] „Völkische Prägungen des Christentums." Von H. Tögel.
[...] „Der Religionsunterricht im neuen Deutschland." Von H. Tögel. Beide im Verlag Julius Klinkhardt, Leipzig. In: Die deutsche Schule, 39. Jg. 1935, S. 49-54.

Bohne, G.: Religion und Erziehung. In: Die Deutsche Schule, 40. Jg. 1936a, S. 145-154.

Bohne, G.: Unterrichtsbeispiel. Der Backenstreich. In: Deutsche evangelische Erziehung, 47. Jg. 1936b, S. 157-178.

Bonhoeffer, M.: Gesammelte Schriften. Bd. 2, hrsg. v. E. Bethge. München 1959.

Brieger, E.M.: Lilien – eine künstlerische Entwicklung um die Jahrhundertwende.
Berlin 1922.

Bruhn, K.: Strömningar i det tjugonde Århundradets Skolpedagogik. Helsinki (Söder-
strom & Co Förlags AB) 1968.

Bülck, W.: Begriff und Aufgabe der Volkskirche. Tübingen 1922.

Chronik der Universität Kiel. Kiel 1905/06.

Cimutta, O.: Das religiöse Erziehungsproblem im Zeitspiegel der evangelischen
Pädagogik. In: Erziehung und Bildung. Wissenschaftliche Beilage der Preußischen
Lehrerzeitung 1933, S. 11-14.

Cole, G.D.H./C. Mellor: Gildensozialismus. Köln 1921.

Darré, W.: Das Bauerntum als Lebensquell der Nordischen Rasse. München 1929.

Das Evangelische Deutschland. Jahr- und Adreßbuch der kirchlichen Behörden und
der gesamten evangelischen Geistlichkeit Deutschlands. 11. Aufl. Leipzig1929/30.

Deiters, H.: Kritische Bemerkungen zum gruppenunterrichtlichen Verfahren nach
dem Jenaplan. In: Pädagogik, 2. Jg. 1947, S. 147-160.

Delekat, F.: Von Sinn und Grenzen bewußter Erziehung. Leipzig 1927.

Denkschrift des Ersten Internationalen Evangelischen Schulkongresses in Wuppertal
vom 7. bis 10. Oktober 1932. Hrsg. vom Internationalen Verband Evangelischer
Erziehungs- und Unterrichtsorganisationen. Wuppertal o.J. (1932).

Denzler, G./V. Fabricius: Die Kirchen im Dritten Reich. Christen und Nazis in einer
Hand? Band 2: Dokumente. Frankfurt 1986.

Der deutsche Protestantismus im Revolutionsjahr 1918-19. Witten 1974.

Der evangelische Buchhandel. Eine Übersicht seiner Entwicklung im 19. und 20.
Jahrhundert. Mit 600 Firmengeschichten aus Deutschland, Österreich und der
Schweiz. Hrsg. v. d. Vereinigung evangelischer Buchhändler. Stuttgart 1961.

Deutschland-Berichte der Sozialdemokratischen Partei Deutschlands (Sopade) 1934-
1940. Frankfurt 1980.

Dibelius, O.: Das Jahrhundert der Kirche. Berlin 1927.

Die Schulgemeinde. Erlaß. Richtlinien und Erläuterungen. Evangelischer Preßverband für Deutschland. Berlin Steglitz o.J. (1934).

Diestelkamp, A.J.: Das Tier aus dem Abgrund. Eine Untersuchung über apokalyptische Predigten aus der Zeit des Nationalsozialismus. Protest und Trotz, Widerstand und Mißbrauch. Dessau 1993.

Dittmer, H.: Religionsunterricht auf dem Grunde der Wirklichkeit und Neuen Erziehung. Weimar 1932.

Döpp-Vorwald, H.: Zehn Jahre Erziehungswissenschaftliche Anstalt. 14. Mai 1924 bis 14. Mai 1934. In: Mitteilungen der Erziehungswissenschaftlichen Anstalt der Thüringischen Landesunivesität Jena. Heft 6. Weimar 1934, S. 21-27.

Dörpfeld, F.W.: Die freie Schulgemeinde und ihre Anstalten auf dem Boden der freien Kirche im freien Staate. Gesammelte Schriften. 8. Band: Schulverfassung. Gütersloh 1898.

Dross, R.: Religionsunterricht und Verkündigung. Diss. theol. Fak. Univ. Mainz 1964.

Duchrow, U. (Hrsg.): Zwei Reiche und Regimente. Ideologie oder evangelische Orientierung? Internationale Fall- und Hintergrundstudien zur Theologie und Praxis lutherischer Kirchen im 20. Jahrhundert. Gütersloh 1977.

Düning, H.J.: Der SA-Student im Kampf um die Hochschule (1925-1935). Weimar 1936.

Eberhard, O.: Welterziehungsbewegung. Kräfte und Gegenkräfte in der Völkerpädagogik. Berlin 1930.

Ellwein, T.: Der evangelische Religionsunterricht an der deutschen Volksschule. Hrsg. v. d. Volkskirchlichen Arbeitsgemeinschaft der Deutschen Evangelischen Kirche. 2. Aufl. Frankfurt 1937.

Engberg, P.: Folkelighed – die nationalen, sozialen und demokratischen Komponenten in Grundtvigs Gedanken. In: P. Röhrig (Hrsg.): Um des Menschen Willen. Grundtvigs geistiges Erbe als Herausforderung für Erwachsenenbildung, Schule, Kirche und soziales Leben. Weinheim 1991, S. 29-37.

Fenske, H.: Deutsche Parteiengeschichte. Von den Anfängen bis zur Gegenwart. Paderborn 1994.

Frör, K.: Der notwendige Kampf um die Bekenntnisschule. Wuppertal o.J. (1936).

Geismar, E.: Religiösa brytninga i det nutida Tyskland. Stockholm (Svenska Kyrkans Diakonistyrelses Bokforlag) 1935.

Geißler, B.: Evangelische Gedanken zu den Fragen der Umvolkung. In: Die Evangelische Diaspora, 1931, S. 216-228.

Gengnagel, L.: Praktische Anleitung für die evangelische Unterweisung in der Volksschule. Calw 1951.

Gerstenmeier, E./C.H. Ratschow/W. Schütz: Helmuth Schreiner. Gedenkreden. Münster 1963.

Gierke, O.: Rechtsgeschichte der deutschen Genossenschaft. Berlin 1886.

Goebel, K.: Wer die Schule hat, der hat die Zukunft. Gesammelte Aufsätze zur rheinisch-westfälischen Schulgeschichte. Bochum 1995.

Gogarten, F.: Glaube und Wirklichkeit. Jena 1928.

Gogarten, F.: Politische Ethik. Jena 1932.

Gogarten, F.: Einheit von Evangelium und Volkstum? 2. Aufl. Hamburg 1933.

Gogarten, F.: Ist Volksgesetz Gottesgesetz? Eine Auseinandersetzung mit meinen Kritikern. Hamburg 1934.

Götz von Olenhusen, A.: Zur Entwicklung völkischen Rechtsdenkens. In: H.J. Vogel/H. Simon/A. Podlech (Hrsg.): Die Freiheit des Anderen. Festschrift für Martin Hirsch. Baden-Baden 1981.

Graffmann, H.: Der Zweite Internationale Christliche Schulkongreß in Utrecht. In: Reformierte Kirchenzeitung, 86. Jg. 1936, S. 363-365.

Greschat, M.: Das Zeitalter der industriellen Revolution. Das Christentum vor der Moderne. Stuttgart 1980.

Greschat, M.: Kirche, Volk, Volkskirche in Deutschland 1918-1945. In: P. Röhrig (Hrsg.): Um des Menschen Willen. Grundtvigs geistiges Erbe als Herausforderung für Erwachsenenbildung, Schule, Kirche und soziales Leben. Weinheim 1991, S. 235-244.

Grisebach, E.: Gegenwart. Eine kritische Ethik. Halle/S. 1928.

Hauschild, W.-D.: Der Wiederaufbau der Evangelisch-Theologischen Fakultät Münster nach 1945. In: W.H. Neuser (Hrsg.): Die Evangelisch-Theologische Fakultät Münster 1914-1989. Bielefeld 1991.

Heiber, H.: Universität unterm Hakenkreuz. Teil I: Der Professor im Dritten Reich. München 1991. Teil II: Die Kapitulation der Hohen Schulen. Das Jahr 1933 und seine Themen, Bd. 2. München 1994.

Heienbrok, W.: Die Erziehungswissenschaft der Gegenwart und die christliche Pädagogik. In: Die evangelische Pädagogik, 4. Jg. 1929, S. 81-95.

Heitmann, L.: Großstadtjugend und Religion. Hamburg 1921.

Helmreich, E.C.: Religionsunterricht in Deutschland. Von den Klosterschulen bis heute. Hamburg 1966.

Herkenrath, L.-L.: Politik, Theologie und Erziehung. Untersuchungen zu Magdalene von Tilings Pädagogik. Heidelberg 1972.

Hieronimi, M.: Die religiöse Lage der deutschen Jugend. In: Volk im Werden, 3. Jg. 1935, S. 358-362.

Hillesheim, J./E. Michael: Lexikon nationalsozialistischer Dichter. Biographien – Analysen – Bibliographien. Würzburg 1993.

Jacke, J.: Kirche zwischen Monarchie und Republik. Hamburg 1976.

Jahresbericht, gehalten auf der Jahreshauptversammlung des Reichsverbandes deutscher evangelischer Schulgemeinden am 22. April 1933 in Mühlheim/Ruhr durch das geschäftsführende Vorstandsmitglied Herm. Windel in Wuppertal-Barmen. Als Manuskript gedruckt. Nicht für die Veröffentlichung bestimmt.

Jaspers, K.: Die geistige Situation der Zeit. Berlin 1931.

Jaspers, K.: Philosophie. Berlin 1932.

Jørgensen, T.: Reflections on Grundtvig and Germany. In: Grundtvig Studier. Under redaktion af G. Albeck et al. Kopenhagen (Danske Boghandleres Kommissionsanstalt) 1993.

Kaiser, J.-C./M. Greschat (Hrsg.): Der Holocaust und die Protestanten. Frankfurt 1988.

Karwehl, R.: Politisches Messiastum. Zur Auseinandersetzung zwischen Kirche und Nationalsozialismus. In: Zwischen den Zeiten, 1931, S. 519-543.

Kaßner, P.: Peter Petersen und sein Bild vom Nationalsozialismus. In: T. Rülcker/P. Kaßner: Peter Petersen: Antimoderne als Fortschritt? Frankfurt 1992, S. 247-284.

Kittel, H.: Schule unter dem Evangelium. Richtlinien. In: Deutsche Theologie, 2. Jg. 1935, S. 141-153.

Klee, E.: „Die SA Jesu Christi". Die Kirchen im Banne Hitlers. Frankfurt 1989.

Klotz, L. (Hrsg.): Die Kirche und das Dritte Reich. Fragen und Forderungen Deutscher Theologen. 2 Bde. Gotha 1932.

Kluge, B.: Peter Petersen. Lebenslauf und Lebensgeschichte. Auf dem Weg zu einer Biographie. Heinsberg 1992.

Knak, S.: Glaube und Volkstum. In: Auslandsdeutschtum und evangelische Kirche. Hrsg. v. E. Schubert. München 1932, S. 24-38.

Knoop, K.: Zur Geschichte der Lehrerbildung in Schleswig-Holstein. 200 Jahre Lehrerbildung vom Seminar bis zur Pädagogischen Hochschule 1781-1981. Husum 1984.

Koepp, W.: Die Erziehung unter dem Evangelium. Tübingen 1932.

Koerrenz, R./N. Collmar (Hrsg.): Die Religion der Reformpädagogen. Ein Arbeitsbuch. Weinheim 1994.

Kraft, F.: Religionsdidaktik zwischen Kreuz und Hakenkreuz. Versuche zur Bestimmung von Aufgaben, Zielen und Inhalten des evangelischen Religionsunterrichts, dargestellt an den Richtlinienentwürfen zwischen 1933 und 1939. Dissertation 1994 am FB Phil. u. Sozialwiss. II, FU Berlin.

Kreppel, F.: Streit mit dem Zeitgeist. Das Menschenbild der Deutschen Jugendbewegung. In: H. Schallenberger (Hrsg.): Religion und Zeitgeist im 20. Jahrhundert. Stuttgart 1982, S. 75-97.

Krumwiede, H.-W.: Göttinger Theologie im Hitler-Staat. In: Jahrbuch der Gesellschaft für Niedersächsische Kirchengeschichte. 85. Bd. 1987, S. 145-178.

Künneth, W./H. Schreiner (Hrsg.): Die Nation vor Gott. Zur Botschaft der Kirche im Dritten Reich. 3. Aufl. Berlin 1934.

Künneth, W./W. Wilm/H. Schemm: Was haben wir als evangelische Christen zum Rufe des Nationalsozialismus zu sagen? Dresden 1931.

Kupffer, H.: Gustav Wyneken. Stuttgart 1970.

Kupisch, K.: Die Bekennende Kirche und die Judenfrage. In: Ders.: Durch den Zaun der Geschichte. Betrachtungen und Erkenntnisse. Berlin 1964, S. 371-398.

Lassahn, R./B. Ofenbach: Vernachlässigt – Vergessen – Verdrängt. Der Zusammenhang von Glaube und Erziehung bei Petersen. In: M. Fell/H. Hablitzel/M. Wollenschläger (Hrsg.): Erziehung – Bildung – Recht. (Festschrift P. Eggers). Berlin 1994, S. 110-122.

Lilien, O.M.: E.M. Lilien. Briefe an seine Frau 1905-1925. Königstein/Ts. 1985.

Linden, W.: Die völkische Lyrik unserer Zeit. Von George zur jüngsten nationalsozialistischen Dichtung. In: Zeitschrift für Deutschkunde, 49. Jg. 1935, S. 457.

Loewenich, W. v.: Luther und der Neuprotestantismus. Witten 1963.

Loewenich, W. v.: Erlebte Theologie. München 1979.

Lukács, G.: Die Zerstörung der Vernunft. Darmstadt 1962.

Maeß, D.: Durch schwere Zeiten hindurch gebetet. Porträt einer ungewöhnlichen Frau. In: Glaube und Heimat. Wochenzeitung für Thüringen Nr. 30, Jena 26. Juli 1987, S. 3.

Margies, D.: Das höhere Schulwesen zwischen Reform und Restauration. Die Biographie Hans Richerts als Beitrag zur Bildungspolitik in der Weimarer Republik. Neuburgweier 1972.

Maus, H.: Bericht über die Soziologie in Deutschland 1933 bis 1945. In: Kölner Zeitschrift für Soziologie und Sozialpsychologie, 11. Jg. 1959, S. 72-99.

Meier, K.: Kirche und Judentum. Die Haltung der evangelischen Kirche zur Judenfrage. Göttingen 1968.

Meier, K.: Volkskirche 1918-1945. Ekklesiologie und Zeitgeschichte. München 1982.

Meier, K.: Der evangelische Kirchenkampf. Bd. 1 u. 2 Göttingen 1976, Bd. 3 1984.

Meier, K.: Evangelische Kirche in Gesellschaft, Staat und Politik 1918-1945. Berlin 1987.

Meisiek, C.H.: Evangelisches Theologiestudium im Dritten Reich. Frankfurt 1993.

Meyer-Blanck, M.: Leben, Leib und Liturgie. Die praktische Theologie Wilhelm Stählins. Berlin 1994.

Mikosch, H.: Systematisch-theologische Überlegungen zur Zeit und Wirkungsgeschichte der Luther-Akademie (Sondershausen) unter besonderer Berücksichtigung ihrer wissenschaftlichen Leiter Carl Stange und Rudolf Hermann von 1932 bis 1962. Diss. (A) theol. Fakultät Universität Jena 1993.

Mitzenheim, P.: Zur Bildungspolitik, Lehrerbildung und Pädagogik in Thüringen 1945-1950. In: E. Cloer/R. Wernstedt (Hrsg.): Pädagogik in der DDR. Eröffnung einer notwendigen Bilanzierung. Weinheim 1994, S. 357-374.

Mohler, A.: Die konservative Revolution in Deutschland 1918-1932. Ein Handbuch. Darmstadt 1972.

Neumann, P.: Die Jungreformatorische Bewegung. Göttingen 1971.

Neumann, S.: Die Parteien der Weimarer Republik. 5. Aufl. Stuttgart 1986 (Erstdruck 1932).

Neuser, W.H.: Die evangelisch-theologische Fakultät Münster 1914-1989. Bielefeld 1991.

Nicolaisen, C. (Hrsg.): Nordische und deutsche Kirchen im 20. Jahrhundert. Göttingen 1982.

Norden, G. van: Widerstand im deutschen Protestantismus 1933-1945. In: K.-J. Müller (Hrsg.): Der deutsche Widerstand 1933-1945. Paderborn 1986, S. 108-134.

Novy, K.: Genossenschafts-Bewegung. Zur Geschichte und Zukunft der Wohnreform. Berlin 1983.

Nowak, K.: Evangelische Kirche und Weimarer Republik. Zum politischen Weg des deutschen Protestantismus zwischen 1918 und 1932. Weimar u. Göttingen 1981.

Oelkers, J.: Reformpädagogik. Eine kritische Dogmengeschichte. Weinheim 1989.

Offenstein, W.: Die Schulpolitik der Sozialdemokratie. Düsseldorf o.J. [1929].

Opitz, G.: Der Christlich-Soziale Volksdienst. Versuch einer protestantischen Partei in der Weimarer Republik. Düsseldorf 1969.

Pauli, S.: Geschichte der theologischen Institute an der Universität Rostock. In: Wissenschaftliche Zeitschrift der Universität Rostock. 17. Jg. 1968, S. 348-357.

Peters, T.R.: Die Präsenz des Politischen in der Theologie Dietrich Bonhoeffers. München 1976.

Petersen, P.: Der Entwicklungsgedanke in der Philosophie Wundts. Zugleich ein Beitrag zur Methode der Kulturgeschichte. Leipzig 1908.

[Petersen, P.:] Zum Kampf um die Schulreform. Von einem Pädagogen. In: Sächsisches Kirchen- und Schulblatt, 1912, Nr. 45, vom 7. November 1912, S. 731-736.

Petersen, P.: Die Philosophie Friedrich Adolf Trendelenburgs. Ein Beitrag zur Geschichte des Aristoteles im 19. Jahrhundert. Hamburg 1913a.

Petersen, P.: Neuprotestantischer Religionsunterricht und künstlerische Bibelausgaben. In: Der Säemann, 4. Jg. 1913b, S. 367-369.

Petersen, P.: Goethe und Aristoteles. Berlin 1914a.

Petersen, P.: Religionsunterricht und Jugendkunde. In: Der Säemann, 5. Jg. 1914b, S. 206-211. (Wiederabdruck in Petersen 1925a).

Petersen, P.: Gemeinschaft und freies Menschentum. Die Zielforderungen der neuen Schule. Eine Kritik der Begabungsschulen. Gotha 1919a.

Petersen, P.: Neugestaltung des Religionsunterrichts in den höheren Schulen. In: Der Aufbau, vom 31. Mai 1919b, Nr. 9 (Wiederabdruck in Petersen 1925a).

Petersen, P./F. Tügel: Was wir wollen! In: Die Neue Kirche, 1. Jg. 1919, S. 1-2.

Petersen, P.: Geschichte der aristotelischen Philosophie im protestantischen Deutschland. Leipzig 1921.

Petersen, P.: Eine erziehungswissenschaftliche Betrachtung der Reifeprüfung. In: A. Grimme (Hrsg.): Vom Sinn und Widersinn der Reifeprüfung. Oldenburg 1923, S. 51-68.

Petersen, P.: Allgemeine Erziehungswissenschaft. Berlin 1924.

Petersen, P.: Innere Schulreform und Neue Erziehung. Weimar 1925a.

Petersen, P.: Wilhelm Wundt und seine Zeit. Stuttgart 1925b.

Petersen, P.: Die vier Hauptaufgaben des neuen Berufsschulwesens. In: P. Petersen//W. Zimmermann (Hrsg.): Die Aufgaben des neuen Berufsschulwesens und die Berufsschulgemeinde im Lichte der Jugendkunde und sozialer Politik. Weimar 1925c, S. 134-163.

Petersen, P./H. Wolff (Hrsg.): Eine Grundschule nach den Grundsätzen der Arbeits- und Lebensgemeinschaftsschule. Weimar 1925.

Petersen, P.: Erziehung und Führung. In: Pädagogische Antithesen, Heft 2 der Reihe: Mainzer Abhandlungen zur Philosophie und Pädagogik, hrsg. v. E. Feldmann. Karlsruhe 1926a.

Petersen, P.: Die Neueuropäische Erziehungsbewegung. Weimar 1926b.

Petersen, P.: Die Stellung des Landerziehungsheims im Deutschen Erziehungswesen des 20. Jahrhunderts. Ein typologischer Versuch. In: E. Huguenin, Die Odenwaldschule. Weimar 1926c, S. VII-XLIX.

Petersen, P.: Der Jena-Plan einer freien allgemeinen Volksschule. Langensalza 1927.

Petersen, P.: Die Philosophie in erziehungswissenschaftlicher Beleuchtung. Weimar 1929a.

Petersen, P.: Zehn Jahre Lebensgemeinschaftsschulen (1919-1929). In: Die Volksschule, 25. Jg. 1929b, S. 129-139, S. 177-189.

Petersen, P.: Schulleben und Unterricht einer freien und allgemeinen Volksschule nach den Grundsätzen Neuer Erziehung. Weimar 1930a.

Petersen, P.: Die Weltanschauung des „Jena-Plans" im Rahmen der „Neuen Erziehung". In: Preußische Lehrerzeitung Nr. 115, v. 25. 9. 1930b.

Petersen, P.: Der Ursprung der Pädagogik. Berlin 1931a.

Petersen, P.: Vergeistigung als Sinn der Erziehung. In: Pädagogische Warte, 38. Jg. 1931b, S. 734-741.

Petersen, P.: Die Pädagogik der Gegenwart und ihr Beitrag für die Christliche Jugendarbeit. In: Schwarzatal-Zeitung (Bad Blankenburg), 45. Jg. 1931c, Nr. 248 v. 22.10.31.

Petersen, P.: Pädagogik. Berlin 1932.

Petersen, P.: Die I. landschulpädagogische Woche in Wörsdorf im Taunus 26.6.-1.7. In: Die Volksschule, 29. Jg. 1933a, S. 387-392.

Petersen, P.: Familie und Schule; Schulgemeinden nach dem Jena-Plan. In: Der Vormarsch, 3.Jg. 1933b, S. 121-126.

Petersen, P. (Hrsg.): Die Praxis der Schulen nach dem Jena-Plan. Weimar 1934a. (Jena-Plan III)

Petersen, P.: Dienst an der religiösen Erziehung in der Schule. Einordnung der religiösen Wirklichkeit in die Arbeitswelt der Schüler. In: P. Petersen (Hrsg.): Die Praxis der Schulen nach dem Jena-Plan. Weimar 1934b, S. 144-151.

Petersen, P.: Bedeutung und Wert des Politisch-Soldatischen für den deutschen Lehrer und unsere Schule. In: Deutsches Bildungswesen, 2. Jg. 1934c, S. 1-17.

Petersen, P.: Die erziehungswissenschaftlichen Grundlagen des Jenaplanes im Lichte des Nationalsozialismus. In: Die Schule im nationalsozialistischen Staat. 11. Jg., 1935a, Nr. 6, S. 1-5.

Petersen, P.: Auf dem Wege zu neuen Formen religiöser Unterweisung in der Schule. In: Die Deutsche Schule, 39. Jg. 1935b, S. 9-14.

Petersen, P.: Nationalpolitische Bildung der menschlichen Sittlichkeit. In: Die Erziehung, 10. Jg. 1935c, S. 208-218.

Petersen, P.: Der zeitgeschichtliche Hintergrund des Religionsunterrichts und die Verantwortung der deutschen Schule. In: Die Deutsche Schule, 40. Jg. 1936a, S. 169-172.

Petersen, P.: Die neue deutsche Erziehungswissenschaft und ihre Stellung zum Religionsunterricht. In: Nachrichten der Luther-Akademie in Sondershausen, hrsg. im Auftrag des Vorstandes von Pfarrer H. Koch, Soest. 12. Heft, Januar 1936b, S. 17-18 (Zusammenfassung eines Vortrages von Petersen).

Petersen, P.: Die religiöse Unterweisung im Lichte der neuen deutschen Erziehungswissenschaft und Schulpraxis. In: Deutsche Evangelische Erziehung, 47. Jg. 1936c, S. 95-109.

Petersen, P.: Der Jena-Plan einer freien allgemeinen Volksschule. Kleiner Jena-Plan. Langensalza 7./8. Auflage 1936d.

Petersen, P.: Pädagogik der Gegenwart. Berlin 1937a.

Petersen, P.: Führungslehre des Unterrichts. Langensalza 1937b.

Petersen, P.: Selbstverantwortlichkeit in der deutschen Jugend. In: Geist der Zeit, 20. Jg. 1942a, S. 194-207.

Petersen, P.: C.G. Jung. Psychologie und Religion. In: Die Tatwelt, 17. Jg. 1942b, S. 171.

Petersen, P.: Der Kameradschaftsunterricht und das gruppenunterrichtliche Verfahren nach dem Jenaplan. In: Pädagogik, 2. Jg. 1947, S. 76-91.

Petersen, P.: Jugenderziehung und Jugendseelsorge. Bremen 1949.

Petersen, P.: Die Führung der Jugend zu Staat und Gesellschaft vom Evangelium aus. Bremen 1950.

Petersen, P.: Der Mensch in der Erziehungswirklichkeit. Mühlheim/R. 1954.

Petersen, U.-K.: Der Jena-Plan. Die integrative Schulwirklichkeit im Bilde von Briefen und Dokumenten aus dem Nachlaß Peter Petersens. Frankfurt 1991.

Plake, K.: Reformpädagogik. Wissenssoziologie eines Paradigmenwechsels. Münster 1991.

Pöhlmann, W.: Gehorsam um der Liebe willen. Römer 13 und die 5. Barmer These. In: G. Ringshausen/G. Besier (Hrsg.): Bekenntnis, Widerstand, Martyrium. Von Barmen 1934 bis Plötzensee 1944. Göttingen 1986, S. 126-147.

Poptodorow, T.: Der pädagogische Realismus Helmuth Schreiners. Phil. Diss. Jena 1942.

Prinz, M./R. Zitelmann (Hrsg.): Nationalsozialismus und Modernisierung. Darmstadt 1991.

Protsch, H.: Volkstum und Christentum. In: Evangelischer Schulfreund, 22. Jg. 1935a, S. 19-20.

Protsch, H.: Die amtliche Schulgemeinde und wir. Wuppertal (Umbruch-Verlag H. Windel) o.J. (1935b).

Quervain, A. de: Die theologischen Voraussetzungen der Politik. Grundlinien einer politischen Theologie. Berlin 1931.

Radde, G.: Fritz Karsen. Ein Berliner Schulreformer der Weimarer Zeit. Berlin 1973.

Rang, M.: Biblischer Unterricht. Theoretische Grundlegung und praktische Handreichung für den Religionsunterricht in Schule, Kirche und Familie. Berlin 1936.

Redeker, M.: Peter Petersen (ord. Prof. f. Erziehungswiss. an d. Univ. Jena). Pädagogik. [Rezension]. In: Deutsche Literaturzeitung, 1934, Heft 47, Sp. 2213-2215.

Rerup, L.: Grundtvig and the 19th century. In: Grundtvig Studier. Under redaktion af G. Albeck u.a. Kopenhagen (Danske Boghandleres Kommissionsanstalt) 1993, S. 16-26.

Retter, H. (Hrsg.): Jenaplan-Pädagogik als Chance. Kindgerechte Schulpraxis im Zeichen europäischer Verständigung. Bad Heilbrunn 1993.

Retter, H.: Der Reformpädagoge Peter Petersen (1884-1952). Zur Durchsetzung seiner Schul- und Lehrerbildungskonzeption in den zwanziger und dreißiger Jahren. In: Zeitschrift für Pädagogik, 41. Jg. 1995a, S. 205-223.

Retter, H. (Hrsg.): Reformpädagogik zwischen Kritik, Rekonstruktion und Verständigung. Beiträge zur Pädagogik Peter Petersens. Weinheim 1995b.

Retter, H.: Peter Petersen und sein Jenaplan im Zeitenwandel (in Vorb.).

Rickers, F.: Religionspädagogen zwischen Kreuz und Hakenkreuz. Ein historisches Kapitel zum gesellschaftlichen Bewußtsein und zur Wahrnehmung politischer Verantwortung in der Religionspädagogik. In: Jahrbuch der Religionspädagogik. Hrsg. v. P. Biehl u.a., Band 3, 1986, S. 36-68.

Rickers, F.: Bewahrung des Evangeliums und Bewährung im Glauben. Die weltanschauliche Orientierung des Religionspädagogen Hermann Werdermann 1933-45. In: H. de Buhr u.a. (Hrsg.): Die evangelische Kirche im Spannungsfeld von Staat und Gesellschaft. Festschrift für G. van Norden. Köln 1993, S. 331-361.

Ringshausen, G.: Evangelische Kirche im Widerstand. In: H. Engel (Hrsg.): Deutscher Widerstand – Demokratie heute. Bonn 1992, S. 62-117.

Ringshausen, G.: Religionspädagogik und der Geist der Zeit. Von der „Deutschen Evangelischen Erziehung" zum Evangelischen Religionsunterricht. In: J. Ohlemacher (Hrsg.): Religionspädagogik im Kontext kirchlicher Zeitgeschichte. Göttingen 1993, S. 81-99.

Röhm, E./J.Thierfelder: Juden – Christen – Deutsche. Bd 1. 1933-1935: Ausgegrenzt. Stuttgart 1990. Bd 2/I und Bd. 2/II: 1935-1938: Entrechtet. Stuttgart 1992.

Röhrs, H.: Die Reformpädagogik. Ursprung und Verlauf unter internationalem Aspekt. 3. Aufl. Weinheim 1991.

Romeyk, H.: Die leitenden staatlichen und kommunalen Verwaltungsbeamten der Rheinprovinz 1916-1945. Düsseldorf 1994.

Roon, G. van: Widerstand im Dritten Reich. Ein Überblick. 4. Aufl. München 1987.

Rülcker, T.: Erziehung für die Volksgemeinschaft. In: T. Rülcker/P. Kaßner (Hrsg.): Peter Petersen: Antimoderne als Fortschritt? Erziehungswissenschaftliche Theorie und pädagogische Praxis vor den Herausforderungen ihrer Zeit. Frankfurt 1992, S. 193-246.

Scheler, M.: Die Stellung des Menschen im Kosmos. Darmstadt 1928.

Schiefler, G.: Eine Hamburgische Kulturgeschichte 1890-1920. Hamburg 1985.

Schjørring, J.H.: Theologische Gewissensethik und politische Wirklichkeit. Das Beispiel Eduard Geismars und Emanuel Hirschs. Göttingen 1979.

Schjørring, J.H.: Ökumenische Perspektiven des deutschen Kirchenkampfes. Leiden 1985.

Schjørring, J.H.: Nordisches Luthertum und Antisemitismus. In: J.-C. Kaiser/M. Greschat (Hrsg.): Der Holocaust und die Protestanten. Frankfurt 1988, S. 120-150.

Schjørring, J.H: ...und über Barmen hinaus. Studien zur Kirchlichen Zeitgeschichte, hrsg. v. J.Mehlhausen. (Festschrift für C. Nicolaisen). München 1994, S. 323-334.

Schlatter, A.: Erläuterungen zum Neuen Testament. Erster Band: Die Evangelien und die Apostelgeschichte. Calw 1908.

Schlatter, A.: Der Evangelist Matthäus. Seine Sprache, sein Ziel, seine Selbständigkeit. Stuttgart 1929.

Schmidt, K.D.: Dokumente des Kirchenkampfes II. Die Zeit des Reichskirchenausschusses 1935-37. Erster Teil Göttingen 1964, Zweiter Teil Göttingen 1965.

Schmitz, H.: Religiöse Menschenführung in der Schule. Gedanken zur Stellung des Religionsunterrichts innerhalb des Jena-Planes. In: Evangelisches Schulblatt, 69. Jg. 1935, S. 2-16.

Scholder, K.: Die Kirchen und das Dritte Reich. Bd. 1: Vorgeschichte und Zeit der Illusionen 1918-1934. Frankfurt 1977.

Scholder, K.: Die Kirchen zwischen Republik und Gewaltherrschaft. Gesammelte Aufsätze hrsg. v. K.O. Aretin u. G. Besier. Berlin 1988.

Schreiner, H.: Der Nationalsozialismus vor der Gottesfrage. Illusion oder Evangelium. Berlin-Spandau 1931a.

Schreiner, H.: Pädagogik aus Glauben. 2. Aufl. Schwerin 1931b.

Schuljugendwalter – Vertrauenslehrer der Hitler-Jugend. In: Das Junge Deutschland, 32. Jg. 1938, S. 218-220.

Schwensen, B.: Der Schleswig-Holsteiner-Bund 1919-1933. Ein Beitrag zur Geschichte der nationalpolitischen Verbände im deutsch-dänischen Grenzland. Frankfurt 1993.

Sontheimer, K.: Antidemokratisches Denken. Die politischen Ideen des deutschen Nationalismus zwischen 1918 und 1933. München 1962.

Stählin, W.: Schicksal und Sinn der deutschen Jugend. Wülfingerode-Sollstedt 1927.

Stalmann, J.: Die Jugendjahre der Liturgischen Konferenz Niedersachsen. In: Für den Gottesdienst. Hrsg. v. d. Arbeitsstelle für Gottesdienst und Kirchenmusik der ev.-luth. Landeskirche Hannover 1981 (hektogr.), S. 4-22.

Stapel, W.: Volksbürgerliche Erziehung. 4. Aufl. Hamburg 1928.

Stapel. W.: Der christliche Staatsmann. Eine Theologie des Nationalismus. Hamburg 1932.

Stettner, M.: Die Zusammenhänge der Pädagogik Peter Petersens mit der existentiellen Philosophie. In: Unser Weg, 10. Jg. 1955, S. 365-420.

Stöver, B.: Volksgemeinschaft im Dritten Reich. Die Konsensbereitschaft der Deutschen aus der Sicht sozialistischer Exilberichte. Düsseldorf 1993.

Strathmann, H.: Prof. Strathmann zur Innenpolitik. In: Der Christlich-Soziale Volksdienst zur Reichs- und preußischen Staatsregierung. Reden seiner Abgeordneten im Reichstag und preußischen Landtag Oktober 1931. Hrsg. v. der Reichsgeschäftsstelle des Christlich-Sozialen Volksdienstes. Berlin 1931, S. 18-27.

Strathmann, H.: Nationalsozialistische Weltanschauung? 2. Aufl. Nürnberg 1932 (Erstdruck 1931).

Stupperich, M.: Otto Dibelius und die Schulfrage 1918-1965. In: J. Ohlemacher (Hrsg.): Religionspädagogik im Kontext kirchlicher Zeitgeschichte. Göttingen 1993, S. 33-69.

Taylor, G.R.S.: Der Gildenstaat. Seine Leitgedanken und Möglichkeiten. Tübingen 1921.

Thierfelder, J.: Die Auseinandersetzungen um Schulform und Religionsunterricht im Dritten Reich zwischen Staat und evangelischer Kirche. In: M. Heinemann (Hrsg.): Erziehung und Schulung im Dritten Reich. Teil 1: Kindergarten, Schule, Jugend, Berufserziehung. Stuttgart 1980, S. 230-250.

Thimme, F./E. Rolffs (Hrsg.): Revolution und Kirche. Zur Neuordnung des Kirchenwesens im deutschen Volksstaat. Berlin 1919.

Thyssen, A.P.: Die volkskirchliche Tradition in Skandinavien. In: C. Nicolaisen (Hrsg.): Nordische und deutsche Kirchen im 20. Jahrhundert. Göttingen 1982, S. 271-289.

Tilgner, W. Volksnomostheologie und Schöpfungsglaube. Ein Beitrag zur Geschichte des Kirchenkampfes. Göttingen 1966.

Troeltsch, E.: Der Religionsunterricht und die Trennung von Staat und Kirche. In: Revolution und Kirche. Zur Neuordnung des Kirchenwesens im deutschen Volksstaat. Hrsg. von F. Thimme u. E. Rolffs. Berlin 1919, S. 301-325.

Troeltsch, E.: Die Soziallehren der christlichen Kirchen und Gruppen. Tübingen 1923.

Troeltsch, E.: Die Bedeutung des Protestantismus für die Entstehung der modernen Welt. 5. Aufl. München 1928 (Erstdruck 1906).

Tügel, F.: Mein Weg 1888-1946. Erinnerungen eines Hamburger Bischofs. Hrsg. v. C. Nicolaisen. Hamburg 1972.

Uhlig, R.: Vertriebene Wissenschaftler der Christian-Albrechts-Universität zu Kiel (CAU) nach 1933. Frankfurt 1991.

Ulbricht, J.H.: „Die Heimat als Quelle der Bildung". Konzeption und Geschichte regional und völkisch orientierter Erwachsenenbildung in Thüringen in den Jahren 1933 bis 1945. In: Volkshochschule der Stadt Jena (Hrsg.): 75 Jahre Volkshochschule Jena. Rudolstadt 1994, S. 183-217.

Verhandlungen des Deutschen Evangelischen Kirchentages 1919. Berlin-Steglitz 1919.

Verhandlungen des Zweiten Deutschen Evangelischen Kirchentages 1927. Königsberg i.Pr. 17.-21. Juni 1927. Hrsg. vom Deutschen Evangelischen Kirchenausschuß. Berlin 1927.

Volksstaat oder Parteienstaat. In: Erlanger Tageblatt vom 10. November 1928, S. 5 (Bericht über einen Vortrag von H. Strathmann).

W.R.: Schulgemeinde und Jugendwalter. In: Das Evangelische Deutschland, 11. Jg. 1934, S. 393-394.

Warzel, A.: Heiligkeit der Vernunft. Existenzphilosophische, polarische und dialektische Ansätze bei Peter Petersen. Frankfurt 1990.

Warzel, A.: Peter Petersen und Maurice Blondel – Denkmuster und Grundmotive im Spannungsfeld von Erziehung und Lebenssinn. Habilitationsschrift. FB Erziehungs- und Kulturwiss. Univ. Münster 1992.

Watzlawick, P./J.H: Beavin/D. D. Jackson: Menschliche Kommunikation. Formen, Störungen, Paradoxien. 9. Aufl. Stuttgart 1990.

Weber, H.: Kommunismus in Deutschland 1918-1945. Darmstadt 1983.

Werdermann, H.: Religionspädagogische Schulungsbriefe. Praktische Ratschläge für einen lebendigen Religionsunerricht in der deutschen Volksschule. Leipzig 1936.

Wichmann, O.: Erziehungs- und Bildungslehre. Halle/S. 1935.

Wittwer, W.: Die sozialdemokratische Schulpolitik in der Weimarer Republik. Ein Beitrag zur politischen Schulgeschichte im Reich und in Preußen. Berlin 1980.

Wundt, M.: Volk, Volkstum, Volkheit. Langensalza 1927.

Wyneken, G.: Revolution und Schule. Leipzig o.J. (1919).

Ziehen, H. (Hrsg.): Julius Ziehen. Erinnerungen 1864-1925. Frankfurt/M. 1980.

Anhang

Der Kampf des Reichsverbandes deutscher evangelischer Schulgemeinden um den Erhalt der Bekenntnisschule im Nationalsozialismus (Dokumentation)

1. Einleitung des Herausgebers

Die nachstehend zusammengestellten Dokumente berichten von einem Schauplatz des Kirchenkampfes Mitte der dreißiger Jahre, der in den bisherigen Bemühungen um die Aufarbeitung von Schuld und Widerstand der evangelischen Kirche im Dritten Reich weitgehend ausgespart blieb und erst in den beiden letzten Jahrzehnten – überwiegend regional – bearbeitet wurde: Es geht um die Erhaltung des bekenntnisgebundenen evangelischen Religionsunterrichts gegenüber der drohenden Gefahr eines Religionsunterrichts im Sinne *deutschchristlicher* Theologie *und* die Erhaltung der bekenntnisgebundenen evangelischen Konfessionsschule (Volksschule) gegenüber der vom NS-Staat propagierten „Gemeinschaftsschule", in der Kinder beider Konfessionen vereinigt sein sollten. „Religion" war zwar auch hier ordentliches Lehrfach, die Vermittlung eines bibeltreuen Bekenntnisstandpunktes lag allerdings außerhalb der staatlichen Garantien – wie überhaupt klar war, daß der NS-Staat den Einfluß der Kirche auf die Schule generell auszuschalten trachtete.

Der Schulkampf im Dritten Reich endete sowohl für die BK als auch für die katholische Kirche, welcher im Konkordat von 1933 der Erhalt der katholischen Bekenntnisschule von Hitler ausdrücklich garantiert worden war, mit einer Niederlage. Ende der dreißiger Jahre waren praktisch fast alle Konfessionsschulen in Gemeinschaftsschulen übergeführt. Der NS-Staat konnte die Eltern – auch durch eine geschickte Propaganda – wesentlich besser überzeugen, ihre Kinder in die nichtkonfessionsgebundene Schule zu schicken, als dies antikirchliche Kräfte im Staat von Weimar mit der Propagierung der weltlichen Schule vermochten.

Die Propaganda des NS-Staates übernahm vertraute Begriffe, die sie mit neuem Inhalt füllte. Der konfessionellen Gemeinschaftsschule wurde der wohlklingende Titel „deutsche Schule" verliehen, und eine nationalsozialistisch gelenkte Organisation namens „Deutsche Schulgemeinde" (nicht zufällig begrifflich identisch scheinend mit der Dörpfeldschen Traditionsbewegung) warb 1936 mit einem Plakat für die *Deutsche Gemeinschaftsschule* mit der Begründung, „weil der Zweck unseres völkischen Lebens, die Erhaltung der Nation, in ihrer Erziehung zur Gemeinschaft und zu einem einheitlichen Willen erreicht werden kann" (zit. in Helmreich 1966, S. 224).

Führend im Schulkampf war auf evangelischer Seite der Reichsverband deutscher evangelischer Schulgemeinden, dem Peter Petersen nicht nur angehörte, sondern den er auch mit seinen Gutachten im Schulkampf unterstützte. Denn vermutlich war auch Petersen klar, daß das Ende der Bekenntnisschule gleichzeitig das Ende der Schulgemeinde-Tradition bedeutete, wie sie von Dörpfeld im evangelisch-freikirchlichen Sinne begründet worden war. Daß dieses Ende bereits durch Rusts Schulgemeinde-Erlaß von 1934 eingeläutet wurde, hatte Petersen allerdings nicht erkannt.

Zu den Dokumenten: Um aus heutiger Sicht die Unterschiede zwischen dem bekenntnisgebundenen und einem dem NS ergebenen *deutschchristlichen* Religionsunterricht deutlich zu machen, sind als Beispiele (2.1 und 2.2) zwei Leitlinien-Entwürfe aus deutschchristlicher Sicht wiedergegeben, aus den Jahren 1934 und 1937. In beiden Entwürfen sind unverkennbar die nationalsozialistische Ausrichtung, antisemitische Tendenzen, die Verpflichtung auf Rasse, Blut und Boden, die Einbeziehung von deutschem Volksgut als religiösem Lehrgut. Es ist jener Religionsunterricht, der Kindern der „deutschen Schule", der nichtkonfessionellen Gemeinschaftsschule, verabreicht werden soll.

Den beiden deutschchristlichen Leitlinien folgen unter Punkt 3 die bekenntnisgebundenen „Grundsätze eines Erziehungs- und Unterrrichtsplanes" des Reichsverbandes deutscher evangelischer Schulgemeinden. Was fällt auf? Selbstverständlich wird die Schule dem Schutze des Staates unterstellt. Selbstverständlich dient die Familie dem Staat als „Keimzelle". Selbstverständlich wird der Gedanke des Deutschtums betont – doch alles in allem sind die genannten Aufgaben und Leitvorstellungen evangelisch-volkspädagogische Grundsätze, die so auch in der Weimarer Republik hätten gesagt werden können, ohne völkisch-nationalsozialistisch genannt werden zu müssen. Daß der junge Mensch als „Glied" seines Volkes, aber gleichzeitig sehr betont auch als Einzelpersönlichkeit gesehen wird, ist eine bedeutsame, gegen die NS-Gemeinschaftsideologie gerichtete Tendenz. Der Hinweis, daß erst die Liebe zum eigenen Volk, dann die zu anderen Völkern Bedeutung habe, entspricht den Grundsätzen Petersens. In den Richtlinien zu den Fächern ist deutlich, daß in Deutsch, Geschichte und Naturkunde Rasse, Blut und Boden als „Lebensordnungen" gewertet werden und damit den Forderungen der NS-Ideologic nachgekommen wird. Anders wäre ein Religionsunterricht, der nur am Wort Gottes orientiert sein will, im NS-Staat wohl auch kaum möglich. Im Fach Religion sind die Unterschiede zu den deutschchristlichen Entwürfen (2.1 und 2.2) geradezu aufsehenerregend.

Die unter Punkt 4 zusammengestellten Dokumente geben Hinweise auf die Bemühungen des Reichsverbandes, der massiven Nötigung des NS-Staates, die Gemeinschaftsschule einzuführen, Widerstand entgegenzusetzen. Das Jahr 1936 bildet den Höhepunkt dieser Auseinandersetzungen. Nachdem die BK auf der Oeynhauser Synode im Februar 1936 zur Schulfrage eindeutig bekannt hatte, an der Bekenntnisschule festzuhalten, werden im Mai 1936 vom Reichskirchenausschuß den Landeskirchen drei Fragen vorgelegt (4.1), die die Richtung der weiteren Arbeit des RKA vorzeichnen, nämlich die Preisgabe der Bekenntnisschule zu legitimieren; über die eingegangenen Antworten auf die drei Fragen berät die RKA-Schulkammer im Laufe des Jahres 1936 ebenso wie über eine von Theodor Ellwein (unter Mitarbeit von Hermann Schafft) erstellte Denkschrift „Kirche und öffentliche Schule". Diese Denkschrift, die bereits an anderer Stelle dokumentiert wurde (Schmidt 1965, S. 1035ff.), stellt den Versuch dar, die Abschaffung der Bekenntnisschule theologisch zu legitimieren; der Theologe Ellwein, im RKA Referent für Schulfragen, handelt dabei ganz als Erfüllungsgehilfe staatlicher Machtansprüche.

Hermann Windel gibt im Juni 1936 die drei Fragen des RKA (4.2), im September 1936 Ellweins Denkschrift (4.4) an die Mitglieder des Reichsverbandes weiter – in der Absicht, den bekenntnisgebundenen Standpunkt gegenüber dem RKA mit Hilfe der eintreffenden Stellungnahmen deutlich zu machen. Petersen nimmt sowohl zu den Fragen des RKA als auch zur Denkschrift von Ellwein/Schafft Stellung (4.3 und 4.6), wobei er in der ersteren Stellungnahme eine widerständigere Haltung erkennen läßt als in der letzteren. Um die Stimmung im Reichsverband gegenüber der Denkschrift Ellweins zu dokumentieren, ist eine weitere kritische Stellungnahme vom Gau Ostmark des Reichsverbandes (4.7) wiedergegeben, die den RKA davor warnt, dem Tenor der Denkschrift zu folgen. Tatsächlich war die offizielle Erklärung des RKA zur Schulfrage vom 20. November 1936 dann sehr viel stärker bekenntnisorientiert, allerdings nicht so kategorisch ablehnend, wie es die Leitung der BK forderte, die deshalb die RKA-Erklärung für inakzeptabel hielt (vgl. Kraft 1994).

Auch in dem Rundbrief des Gaus Münsterland (4.8) wird vor den Konsequenzen der Denkschrift „Kirche und öffentliche Schule" gewarnt; das Dokument gibt außerdem Einsicht in die Planung der inneren Verbandsarbeit. Der ausführliche Elternbrief Hermann Windels zum Advent 1936 (4.9) und der (vermutlich von Hermann Windel verfaßte) „kurze Bericht über die Lage des Schulkampfes" (4.10) lassen ahnen, wie stark der Druck war, den die Schulbehörden auf die Eltern ausübten, um sie zu nötigen, die Bekenntnisschule aufzugeben; beide Dokumente sind aber auch Zeugnis dafür, wie sehr Windel und der Reichsverband darum kämpften, diesem Druck nicht nachzugeben und die evangelische Bekenntnisschule zu erhalten.

Der Brief des bekannten BK-Pastors Karl Immer an Hermann Windel (4.11) belegt, daß dieser kurz vor Ostern 1937 aus der Haft entlassen wurde, in die er Anfang des Jahres durch die Gestapo kam.

Der Zeitzeugenbericht von Alfred Böhme (1901-1995) gibt unter Punkt 5 gleichsam aus der Innenperspektive eines Hauptbetroffenen Aufschluß über die Entwicklung und das tragische Ende der Schulgemeindebewegung. Böhme starb am 6. Januar 1995 – nach Besprechung einer Reihe von Tonbändern, die er noch ergänzen wollte. Ihre Verschriftung besorgte freundlicherweise Friedhelm Imhäuser. Der hier wiedergegegebene Bericht stellt eine von Wiederholungen befreite und um wenige Einzelheiten gekürzte Bearbeitung der mir zugesandten Aufzeichnungen dar. Der von Böhme erwähnte Heinrich Siekmeier (1901-1983) der für den Schulgemeinde-Erlaß des Reichserziehungsministerium vom 24. Oktober 1934 verantwortlich gewesen sein soll, war nach Romeyk (1994, S. 747) seit 1926 bzw. 1929 Mitglied der NSDAP; im Anschluß an eine Ausbildung zum Volksschullehrer studierte Siekmeier in Köln und Bonn Philologie, wurde 1933 bei der Regierung Düsseldorf Regierungs- und Schulrat unter gleichzeitiger Beurlaubung zur aushilfsweisen Beschäftigung im Ministerium für Wissenschaft, Kunst und Volksbildung in Berlin; 1939 wurde Siekmeier zum Regierungspräsidenten von Trier ernannt, seit 1940 war er zugleich ständiger Vertreter des Chefs der Zivilverwaltung in Luxemburg. Siekmeier ist nicht identisch mit dem stellvertretenden Gauleiter Thüringens gleichen Namens (geb. am 15. Dezember 1903 in Berenbusch; BDC).

2. Deutschchristlicher Religionsunterricht als Gegenposition

2.1 Nationalsozialistischer Lehrerbund Sachsen

Quelle: Veröffentlicht in „Deutsche Evangelische Erziehung", 45. Jg. 1934, S. 332 ff.

Grundlinien für die religiöse Erziehung.
Die nachstehenden Leitsätze sind die Frucht der Arbeit des Landesausschusses für religiöse Erziehung im NLSB. Sachsen. *M. Strobelt*

Grundlinien zur Gestaltung der religiösen Erziehung im nationalsozialistischen Staate.
Leitspruch: Auch in Glaubensdingen wird der Endsieg bei dem sein, der die stärksten und tiefsten Kräfte entfesselt. 1. Joh. 5,4.

I. Unsere Grundhaltung.
1. Wir bekennen uns zum Christentume als der einzigartigen Lebenswirklichkeit, die den unerschütterlichen tragenden Grund und die durchdringende Gestaltungskraft für die deutsche Volkwerdung, für Bestand, Schicksal und Zukunft des nationalsozialistischen deutschen Staates darstellt.
2. Wir bekennen uns zu einer Volkskirche, die ihre Volksverwurzelung bejaht, ihre völkische Sendung ergreift und um deren Verwirklichung unablässig ringt.
3. *Durch die religiöse Erziehung ist die Jugend als das zukunfttragende, werdende deutsche Volk dafür vorzubereiten, der ewigen, lebendigen Kräfte, wie sie in Jesus als Erlösungs-, Neuschöpfungs- und Heiligungskräfte erschienen sind, teilhaftig zu werden.*

II. Bibel, Bekenntnis – Altes Testament.
1. Kern des Christentumes ist uns die Heilsbotschaft Jesu.
2. Grundlage für die Glaubensform sind uns die Bibel und Bekenntnis, jedoch nicht als Lehrgesetz, sondern als Zeugnis und Darstellung der in

Christus begründeten und in der Geschichte sich entfaltenden lebendigen Gottverbundenheit.

3. Das AT., dem NT. keinesfalls gleichwertig, ist als Urkunde und Quelle jüdischer Religion und Geschichtsausstattung anzusehen. Es enthält neben den jüdisch-orientalischen Bestandteilen auch umgeformtes nordisches Geistesgut.

4. Es zeigt uns in bedeutsamen Propheten (Amos, Jesajas, Jeremias), in dem Buche Hiob und in einer Reihe von Psalmen ein lebendiges Ringen um wahre Frömmigkeit, um die Gestaltung eines Volkes im Geiste Gottes. Da aber das jüdisch-israelitische Volk immer wieder abfällt und die Juden die lebendige Gottesoffenbarung in Jesus verwerfen, stehen sie fortan, warnend für alle Völker, unter einem besonderen Gottesgericht.

5. Die religiöse Erziehung tritt an das AT. mit der Fragestellung christlich-deutscher Mensch- und Volkwerdung; danach richten sich Auswahl und Behandlung des Stoffes.

6. Im übrigen ist das AT. nur insoweit heranzuziehen, als es zu dem notwendigen geschichtlichen Verständnis Jesu erforderlich ist. (Wichtiger als das geschichtliche ist uns aber das wesenhafte Verständnis Jesu.)

7. Unabweisbar ist die Schaffung einer Schulbibel, die nach Auswahl und Sprachfassung der deutschen Jugend und dem deutschen Volksverständnis angemessen sein muß.

III. Deutsches Volkstum und Christentum.
(Deutsche Prägung des Christentums.)

1. Der ewige göttliche Wahrheitsgehalt des Christentums nimmt in der geschichtlichen Erscheinung je nach Rassenanlage und Volkseigenart seiner Träger verschiedene Ausprägungen an.

2. Das deutsche Volk hat das Recht und die Pflicht, Fassungen des Christentums, die seiner Art widersprechen und schaden, abzulehnen. Jüdische Gesetzlichkeit und Lohnsucht, spätgriechischer Intellektualismus und romanistisches Machtstreben sind mit einer deutschen Gestalt des Christentums nicht vereinbar.

3. Es bedarf aber auch keiner Germanisierung der in ihrem tiefsten Sein überzeitlichen und übervölkischen Person Jesu, wohl aber erstreben wir ein Verständnis Jesu aus deutsch-germanischer Seelenhaltung heraus und damit ein deutsches Christentum und ein christliches Deutschtum.

4. Werden, Geschichte und Schicksal des deutschen Volkes stehen unter Gottes Leitung. Insbesondere ist auch die vorchristliche Zeit der deutschen Geschichte als Vorbereitung auf Christus zu deuten; denn auch die germanisch-nordische Licht- und Gottessehnsucht findet ihre Erfüllung

durch die lebendige Offenbarung in Jesus, dem Gottes- und Menschensohn.

5. Für einen artgemäßen Glauben ist wesentlich eine heldische Frömmigkeit. Deutschem Fühlen erscheint Jesus als kämpfender, dienender, sich selbst für die Brüder opfernder, durch Kreuzestod und Auferstehung sieghafter Held und Führer, der schon durch die Unbestechlichkeit und Echtheit seines Wesens die tiefsten Seiten deutscher Art anspricht und dem der deutschgermanische Freiheitssinn innigst verwandt ist.

6. Die Gestaltung des neuen Menschen, welche Voraussetzung zur deutschen Volkwerdung ist, wird durch die Frohbotschaft Jesu aus dem letzten Grunde des Seins ermöglicht und erhält von dorther immer neuen Antrieb, Bereicherung und Vertiefung, da die Verkündigung Jesu das Leben in seinem letzten Sinngehalt schauen läßt und den Menschen im Glauben an die Gnade Gottes zur letzten Kraftquelle führt.

IV. Schöpfungsordnungen.

1. In Rasse, Familie, Heimat, Volk, Staat begegnen sich Nationalsozialismus und Christentum, wenn beide diesen natürlichen Lebensboden als Teilgebiet der göttlichen Schöpfungsordnung behandeln.

2. Das Christentum muß die Gegebenheiten Rasse, Volk, Familie usw. mit seinem Geiste durchdringen und ihnen mit zur Erfüllung ihrer gottgewollten Bestimmung verhelfen.

3. Der Mensch steht auch vor Gott als Ganzheit von Geist und Leib. Auch im Stehen vor Gott ist er nicht blasses Gedankenwesen, sondern blutverwurzelte Wirklichkeit. Alles hat er von Gott empfangen, für alles ist er Gott Rechenschaft schuldig, für alles ist er von Gott zur Heiligung aufgerufen.

4. Rasse, Volk und Familie erfahren von der Heilsbotschaft her Wertung, Ausrichtung und Rückbindung an die ursprünglich gegebene Bestimmung; sie empfangen von daher neue Kraft zum siegreichen Kampf gegen Trägheit, Selbstbetrug und Entartung.

5. Da bei Jesus Dienen, Helfen und Heilen als ursprüngliche Äußerungen wahrhaftigen Lebens erscheinen und so das Gebot der Liebe als Wesensgesetz des Menschen überhaupt zutage tritt, stoßen wir in seiner Nachfolge zum sittlichen Urgrund unzerstörbarer Volksgemeinschaft durch.

V. Lebensnähe des Christentums und der religiösen Erziehung.

1. Durch Betonung von Rasse, Familie, Heimat und Volk wird das Christentum ganz anders als bisher in das wirkliche Dasein des Menschen hineingenommen, verliert alle Blässe des bloßen, abgezogenen Gedankentums

und wird das Lebenselement eines frommen und ehrfürchtigen, zu treuer Gefolgschaft bereiten Volkes.

2. Der Kampf um das Christentum muß ausgefochten werden auf dem Boden des Lebens, d.h. der täglichen Lebensaufgaben, Lebenslagen und Schicksale.

3. Die religiöse Erziehung hat daher die Vorbedingung zu erfüllen, daß der deutsche Mensch Gott als lebendige Wirklichkeit zu erleben vermag, die das Schicksal des einzelnen, des deutschen Volkes und der Völker leitet.

4. Die religiöse Erziehung muß Anleitung geben, auch in dem gegenwärtigen großen Geschehen innerhalb unseres Volkes Gottes Wirken zu erkennen und seinen Ruf und Befehl zu vernehmen.

5. So muß lebendiger Glaube alles Gemeinschaftsleben, namentlich auch die soziale und wirtschaftliche Gestaltung, durchdringen.

VI. Deutsche Bereicherung des religiösen Bildungsgutes.

1. Das religiöse Bildungsgut ist zu bereichern durch Hebung deutschen Glaubensgutes.

2. Sitte und Brauchtum vereinen naturverbundenen deutschen Glauben mit christlicher Frömmigkeit.

3. Deutsche Mythen, Märchen und Sagen, ebenso das Volkslied sind als hochwertiges religiöses Bildungsgut zu verwenden.

4. Die Werke deutscher Kunst (Dichtkunst, Tonkunst, Malerei, bildende Kunst) sind als Zeugnisse deutschen christlichen Fühlens der Erziehung dienstbar zu machen.

5. Große deutsche Führer und Glaubenshelden müssen dauernder und unverlierbarer Besitz unserer Jugend und unseres Volkes werden, desgleichen auch Bilder edlen deutschen Frauen- und Muttertums.

2.2 Wilhelm Bauer/Walter Grundmann:
Der Religionsunterricht in der deutschen Schule

Quelle: Wilhelm Bauer, Eisenach, und Walter Grundmann, Jena: Der Religionsunterricht in der deutschen Schule. Sonderausgabe. Frankfurt: Verlag Moritz Diesterweg 1937, S. 1 ff.

Richtlinien für den Religionsunterricht in der deutschen Schule

I. Die Aufgabe

a) Die deutsche Schule im nationalsozialistischen Staate ist ausgerichtet auf die diesen Staat tragende und bestimmende Idee. Alle Erziehung dient der inneren und äußeren Volkwerdung des deutschen Menschen.

Der Nationalsozialismus bindet die deutschen Menschen an die im Erbstrom unseres Blutes und durch den Lebensraum uns gegebene Ordnung und versteht unter „Volk" eine den einzelnen zu Dienst und Opfer verpflichtende Gemeinschaft.

Die innere Volkwerdung gründet in dem *Glauben*, daß die selbstlose Hingabe an Volk und Vaterland, die Arbeit für Heimat und Familie, der Kampf für Freiheit und Ehre das Gesetz ist, das *Gott*, der Schöpfer unseres Lebens und der allmächtige Walter unserer Geschicke und Schicksale, über uns verpflichtend aufgerichtet hat. Der Religionsunterricht stellt den deutschen Menschen in diese Verantwortung vor Gott und sucht ihn zur letzten Hingabe an die Nation zu erziehen.

b) Der christliche Religionsunterricht ist innerhalb der Schule ordentlicher Lehrgegenstand. Er ist bestimmt durch das wirkliche und lebendige Verhältnis Gott – Volk, durch die Botschaft Jesu Christi und durch das Christuserleben des deutschen Volkes, das heißt die Art und Weise, wie das fromme Leben der Deutschen durch die Begegnung mit dem Heiland geformt und bestimmt worden ist.

c) *Jesus Christus* erschließt uns das Wesen Gottes und des Gottesreiches. Das Wesen Gottes ist väterliches Walten und heilende Liebe, das Reich Gottes ist Leben aus der Gotteskindschaft, es wirkt Vertrauen auf Gottes Gnade und Liebe und macht uns willig und fähig zum selbstlosen Dienst am Nächsten.

Christus ruft uns auf zum Kampfe gegen alle gottfeindlichen Mächte in uns und außer uns. Er selbst hat dem Kampf gegen Mammonismus, Unbrüderlichkeit, hochmütiges Frommtun, Heuchelei und Pharisäismus, Verrat und Unglaube, Ichsucht und Verachtung des Bruders rücksichtslos durchgefochten, das Kreuz dieses Kampfes getragen und ihn durch Opfer seines Lebens siegreich vollendet. Seine Auferstehung ist das Jawort Gottes zu seinem

Leben. So wirkt der Glaube des Christen Friede und Freude in Gott und vertrauensvolle Hingabe an seinen oft unbegreiflichen Willen.

Aufgabe des christlichen Religionsunterrichtes ist es, deutschen Kindern die Person des Heilandes wirkenskräftig vor Augen zu stellen, das Geheimnis des Gottesreiches zu erschließen, die gemeinschaftbildende Kraft des christlichen Glaubens an Beispielen – vor allem aus dem Leben frommer deutscher Menschen – aufzuzeigen und sie zu einem tatbereiten, positiven Christentum zu erziehen.

II. Der Stoff

Die Auswahl des Lehrstoffes wird bestimmt von der Frage, ob er geeignet ist, die Botschaft vom Gottesreich, die Gestalt Jesu Christi und die Gestalten deutscher christlicher Frömmigkeit den Seelen der Kinder verpflichtend einzuprägen. Hierzu dient:

1. *Das Neue Testament.* Es ist das Zeugnis von dem Leben und den Taten Jesu Christi, die Quelle für seine Verkündigung vom Gottesreich und die geschichtliche Urkunde für Leben und Gesinnung der christlichen Urgemeinde.

2. *Allgemeine Religionsgeschichte.*

a) *Das Alte Testament* geht uns als Quellenbuch der israelitisch-jüdischen Religionsgeschichte so viel oder so wenig an wie irgendeine andere Religion[1]. Als solches ist es ein Teil der allgemeinen Religionsgeschichte und kann behandelt werden als eines der Beispiele vorchristlicher Erlösererwartungen.

In der Frömmigkeit des deutschen Volkes hat das Alte Testament noch eine andere Bedeutung gehabt. So zum Beispiel sind die 10 Gebote durch Luthers Katechismus eingedeutscht und verchristlicht worden. Viele Psalmen sind durch die lutherische Übersetzung, in Kirchenliedern (Ein feste Burg... Befiehl du deine Wege u.v.a.) oder in volkstümlichen Gesängen (Mit Mann und Roß und Wagen...) ihres jüdischen Charakters entkleidet und zu Glaubenszeugnissen frommen deutschen Geschichtserlebens geworden.

In der *Volksschule* kann das Alte Testament in einem *besonderen* Lehrgang nicht behandelt werden. Dagegen können Wertstücke aus den Psalmen und Propheten als Beispiele des Schöpfungs- und Vorsehungsglaubens im Religionsunterricht mit herangezogen werden. Die Behandlung alttestamentlicher Gestalten als sittlicher Vorbilder für uns und das Verständnis der jüdischen Geschichte als Heilsgeschichte ist abzulehnen.

b) Unerläßlich ist (vor allem in der Höheren Schule) eine Darstellung des *Judentums zur Zeit Jesu.* Die reiferen Schüler müssen das Wesen des jüdischen Denkens und Geistes, das Sendungsbewußtsein der Juden als „des auserwählten Volkes" und den daraus entspringenden imperialistischen Anspruch auf Beherrschung aller Völker bis auf unsere Tage (Bolschewismus) und die verhängnisvolle Rolle des Judentums als eines „Fermentes der Zersetzung" für jedes volkliche Leben und als widerchristliche Erscheinung verstehen lernen. In diesem Sinne ist das Neue Testament das antijüdischste Buch.[2] Zum Verständnis der historischen Entwicklung des Volkes Israel kann hier das Alte Testament und Beispiele aus Talmud und Midrasch mit herangezogen werden.[3]

c) Unbedingt notwendig für das geschichtliche Verständnis des christlichen Glaubens in unserem Volke ist eine Kenntnis des Glaubens unserer vorchristlichen Väter.

d) Daneben können als Beispiele vorchristlicher Erlösererwartungen herangezogen werden die Erlösererwartungen im römischen Weltreich zur Zeit Jesu.[4] Der grundsätzliche Unterschied zwischen dem parsisch-arischen Heilandsglauben und dem jüdischen Messianismus muß klar herausgearbeitet werden.

3. *Eine christliche Glaubens- und Sittenlehre* als systematische Darstellung der christlichen Ethik und Dogmatik in einem *geschlossenen Lehrgang* ist auch für die Oberstufe der höheren Schule zu abstrakt und lebensfremd. Dagegen wird eine Darstellung des gläubigen Ringens deutscher Menschen und eine lebendige Schilderung der Taten großer Männer, die aus dem Geiste des Evangeliums gelebt haben, die Herzen zur Nachfolge entflammen. Der Katechismus ist von Luther zunächst dem kursächsischen Bauern und den Menschen seiner Welt und Zeit auf den Leib geschrieben.[5] Er spricht aber zugleich in klassischer Sprache die verpflichtenden Bindungen echten Gemeinschaftslebens aus und hat für die sittliche Erziehung des deutschen Volkes eine nicht zu unterschätzende Bedeutung gehabt. Heute bedarf er der Ergänzung durch beispielhafte Darstellungen des Ethos der verschiedenen deutschen Stände: der deutschen Mutter, des deutschen Vaters, des deutschen Arbeiters der Stirn und der Faust, des Handwerkers, des ehrbaren Kaufmanns, des deutschen Soldaten usw. Ernst Moritz Arndts „Katechismus eines deutschen Wehrmannes", sein Hymnus auf das, was uns die „Heimat" bedeutet und vieles andere können hier als Ergänzung herangezogen werden.

4. *Das Kirchenlied.* Der deutsche Choral stellt die besondere deutsche Ausprägung christlichen Glaubens dar. Eine bestimmte Auswahl von Liedern

und Liedstrophen ist auswendig zu lernen und singend einzuprägen. Die Auswahl ist nicht auf das Gesangbuch zu beschränken. Das geistliche Volkslied und die frommen Lieder und Weisen auch der neuesten Zeit bilden eine notwendige Ergänzung und ein wertvolles Mittel zur lebendigen Gestaltung des Unterrichts.

5. *Kirchengeschichte.* Die Kirchengeschichte darf sich nicht auf die Geschichte der verfaßten Kirchen als staatenähnlicher Gebilde beschränken, die, einen eigenen „kirchlichen Raum" bildend und eigenen Gesetzen folgend, mit dem Staate in Kampf geraten und gerade unsere deutsche Geschichte aufs Unheilvollste beeinflußt und unser deutsches Leben überfremdet haben. Dieser Teil der Kirchengeschichte, das heißt die Auseinandersetzungen zwischen Kaiser und Papst oder zwischen Staat und Kirche bis in unsere Tage, ist im wesentlichen Aufgabe des Geschichtsunterrichts.

Kirchengeschichte erschöpft sich auch nicht in einer Geschichte der Glaubensvorstellungen der verschiedenen Zeiten. Es muß zwar gezeigt werden, wie die dogmatischen Formulierungen (etwa in unseren Glaubensbekenntnissen) von dem gerade herrschenden Weltbild und der seinerzeit geltenden Weltanschauung beeinflußt worden sind, wie aber alle Dogmen nur ein Versuch sein wollen, das Geheimnis des Glaubens mit den Denkmitteln der Zeit und den völkischen Vorstellungsformen *symbolhaft* auszusprechen, wie also auch bei Wandlungen des Weltbildes und der Weltanschauungen die in den Formulierungen eingeborgenen Glaubenswahrheiten ihren Wahrheitsgehalt nicht verlieren.

Am wichtigsten aber ist eine Darstellung des frommen Lebens und Sinnens des deutschen Volkes, wie es sich ausspricht in den Werken der bildenden Kunst, der Musik und der Dichtung, wie es vor allem gelebt worden ist von denen, die als Hüter und Schirmer des heiligen Reiches der Deutschen aus der Kraft des Gottesreiches geglaubt und gewirkt haben.

III. Die Methode

Der Religionsunterricht erschöpft sich nicht in einer lehrhaften Übermittlung von Kenntnissen, auch nicht in einer bloß historischen Darstellung des „Lebens Jesu". Vielmehr muß versucht werden, den Schüler zu einer inneren Begegnung mit dem Heiland und seiner leben- und gesinnungswandelnden Botschaft zu führen. Nur am Glauben wird sich letztlich Glauben entzünden. So ist die Persönlichkeit des Lehrers und seine Verwurzelung im christlichen Glauben der ausschlaggebende Faktor alles christlichen Religionsunterrichtes.

Gewarnt werden muß vor einem übertriebenen Arbeitsunterricht. Die zeichnerische oder dramatisierende Darstellung etwa einer Jesusgeschichte oder eines Gleichnisses durch die Kinder verführt nur zu leicht zu Geschmacklosigkeiten und zerstört den Ernst, den die Würde des Gegenstandes erfordert. Dagegen empfiehlt es sich, daß auf allen Unterrichtsstufen die Ereignisse aus dem Leben Jesu und der Kirchengeschichte durch eindrucksvolle Bilder belebt werden. Auf der Unterstufe wird das didaktische Zweckbild vorherrschen; es muß aber versucht werden, die Schüler allmählich an die höchsten Offenbarungen frommer deutscher Kunst heranzuführen. Eine solche Kunstbetrachtung erfordert selbst in den oberen Klassen der höheren Schule besonderes pädagogisches Geschick und verlangt Lehrer, die ein inniges Verhältnis zu den Werken unserer großen deutschen Kunst (Grünewald, Dürer, Rembrandt usw.) gewonnen haben.

Auf Fragen und Zweifel muß der Lehrer jederzeit eingehen. Das Unterrichtsgespräch ist aber niemals Selbstzweck, vor allem darf der religiöse Gehalt nicht zerredet und das Glaubensgeheimnis nicht intellektualistisch verflacht werden. Bestimmte Stunden werden zu Feierstunden ausgestaltet werden können, wo alle Kritik schweigt.

Auf allen Altersstufen soll den großen Festen des Kirchenjahres, den nationalen Feiertagen und den Gedenktagen unserer deutschen Geschichte, Rechnung getragen werden.

Anmerkungen

1 Man wird an diesem Satz zunächst Anstoß nehmen. Man vergleiche aber, was Martin Luther zur Frage des „Moses" und seiner Bedeutung für uns geschrieben hat: „Unsere Rottengeister fahren zu. Alles, das sie in Mose lesen, sprechen sie: Da redet Gott, das kann niemand leugnen; darüm muß mans halten. Da fällt denn der Pöfel zu: Hui, hat es Gott geredt, wer will dawider reden? Da werden sie denn eingetrieben, wie die Schwein über ein Trügel. Unsere liebe Propheten haben also ins Volk geplaudert: Liebes Volk, Gott hat geheißen sein Volk, daß sie den Amalech zu todt schlügen; und andere Sprüche mehr. Daraus ist Jammer und Noth kommen, da sind die Bauern aufgestanden, haben kein Unterscheid gewußt, sind also in diesem Irrthumb geführt von den tollen Rottengeistern. Wenn da wären gewesen gelehrte Prediger, die da hätten können den falschen Propheten entgegen kommen, und ihnen wehren, und also zu ihnen sprechen: Lieben Rottengeister, es ist wahr, Gott hat es Mose geboten, und hat also zum Volk geredt; *aber wir sind nicht das Volk, dazu es der Herr redet.* Lieber, Gott hat auch mit Adam geredt, *ich bin darüm nicht Adam.* Er hat Abraham geboten, er sollte seinen Sohn erwürgen; *ich bin darüm nicht Abraham,* daß ich meinen Sohn erwürge. Also hat er auch mit David geredt. Es ist alles Gottes Wort, wahr ist es. Aber Gottes Wort hin, Gottes Wort her, ich muß wissen und Acht haben, zu wem das Wort Gottes geredt wird. Es ist noch weit davon, daß du das Volk seiest, damit Gott geredt hat...

Man muß mit der Schrift säuberlich handlen und fahren. Das Wort ist in mancherlei Weise geschehen von Anfang. Man muß nicht allein ansehen, ob es Gottes Wort sei, ob es Gott geredt hab; sondern vielmehr, zu wem es geredt sei, ob es dich treffe oder einen Andern. Da scheidet sichs denn, wie Sommer und Winter. Gott hat zu David viel geredet, hat ihn heißen dieß und jenes thuen; aber es gehet mich nicht an, es ist auch zu mir nicht geredt...

Darumb sprich zu denselbigen Rottengeistern also: Den Mosen und sein Volk laß bei einander, es ist mit ihnen aus, *er gehet mich nicht an, ich höre das Wort, das mich betrifft.*"

(Vgl. Luthers Predigten über das erste Buch Mosis, Einleitung. E.A. 33, S. 15f.)

2 Vgl. jetzt Gerhard *Kittel*, Forschungen zur Judenfrage. 1937. Bd. 1. S. 62, und *Ders.,* Die Judenfrage. 3. Aufl. S. 61.

3 Vgl. auch hierzu G. *Kittel*, a.a.O. S. 52f., und *Strack-Billerbeck*, Kommentar zum Neuen Testament aus Talmud und Midrasch. 1922f.

4 Z.B. Vergil, 4. Ekloge u.a. Vgl. Eduard *Norden*, Geburt des Kindes. Geschichte einer religiösen Idee. Leipzig 1924, und Alfred *Jeremias*, Die außerbiblische Erlöser-erwartung. Zeugnisse aller Jahrtausende. Berlin 1927.

5 Vgl. dazu Karl *Bornhäuser*, Der Ursinn des lutherischen Katechismus. Gütersloh 1929.

3. Schule und bekenntnistreuer Religionsunterricht aus der Sicht des Reichsverbandes deutscher evangelischer Schulgemeinden

Grundsätze eines Erziehungs- und Unterrichtsplanes für die deutsche evangelische Volksschule. Herausgegeben vom Reichsverband deutscher evangelischer Schulgemeinden e.V., Sitz Wuppertal-Barmen, Adolf-Hitler-Straße 481. [1934]

Quelle: als Broschüre veröffentlicht (vorhanden im Stadtarchiv Wuppertal)

I. Wesen der deutschen evangelischen Volksschule.

Die deutsche evangelische Volksschule steht unter der Schutzherrschaft des Staates. Sie ist Erziehungsschule, die sich in ihrem ganzen Wirken vom Evangelium weisen läßt. Ihre Arbeit gilt dem Kinde; damit ist sie Dienerin an Familie, Volk und Staat.

II. Aufgaben.

1. Die *Familie* ist göttliche Lebensordnung. Sie ist die Keimzelle und Trägerin von Volkstum und Staat. Auf ihr beruht Werden oder Vergehen unseres Volkes.
    Die deutsche evangelische Volksschule hat *hier* die Aufgabe, das lebensstarke, gesunde Wirken der evangelischen Familie zu unterstützen, zu fördern und zu ergänzen.
    2. Dienst an der Familie ist Dienst an *Volk* und *Staat*, den gottgewollten Zusammenfassungen der Familien, die als Ganzheiten alle Kräfte der Glieder zum Wohle der Gesamtheit zu einem einheitlichen, zielbewußten Wirken zusammenfügen.
    Die evangelische Volksschule hat *hier* die Aufgabe, in enger Verbindung mit den staatlichen Jugendverbänden dieses Streben nach einem einheitlichen gesunden Volksganzen und zu einer festgefügten Volksgemeinschaft in einem starken deutschen Staat mit allen Kräften in der evangelischen Jugend zu unterbauen und diese Jugend geistig und körperlich so zu bilden und zu

erziehen, daß sie zum bewußten Träger des deutschen Volkstums und des deutschen Staates wird.

3. Der werdende *deutsche Mensch* soll aber nicht nur bewußtes Glied der Gesamtheit, sondern auch wertvolle Einzelpersönlichkeit werden. Er ist als organische Ganzheit zu werten. Je wertvoller der eingeordnete Einzelmensch, desto gesunder und lebenskräftiger das Volksganze.

Die evangelische Volksschule hat *hier* die Aufgabe, dem werdenden deutschen evangelischen Menschen in Erziehung, Wissen und Können das zu geben, was er für sein künftiges Leben und für sein Wirken im Volksganzen nötig hat.

4. Die *Grundlage* alles gesunden äußeren und inneren Werdens und Lebens ist die Gottesfurcht. Sie verankert den Menschen mit seinem Wollen und Streben in der Ewigkeit. Sie gibt ihm Kraft für sein persönliches Leben und Wirken, wie auch die rechte, verantwortungsbewußte Einstellung zu seinen Mitmenschen und zu Volk und Staat.

Die evangelische Volksschule hat die Aufgabe, *hier* Handreichung zu tun, daß der deutsche evangelische Mensch für seine zeitliche und ewige Bestimmung geschickt und tüchtig werde, fest gegründet im Worte Gottes (2. Timotheus 3,17).

III. Leitlinien.

1. Die *Erzieherpersönlichkeit* ist von grundlegender Bedeutung für Unterricht, Erziehung und Leben in der evangelischen Volksschule. Sie muß wurzeln im Ewigen, um fest stehen zu können im Zeitlichen. Sie muß durch Leben und Wirken Vorbild und damit Künder und Träger christlichen Glaubens und deutschen Wollens sein.

2. a) Der *Unterricht* kann nur *erziehliches Gepräge* haben. Er hat den Forderungen einer volkhaften Erziehung zu entsprechen. Er diene der Entfaltung der jugendlichen Kräfte zur künftigen Reife der Betätigung im umfassenden Leben der Gemeinschaft. Er stehe auf dem Gewordenen und strebe für das Werdende. Er weise hin auf die ewigen Güter, wie sie dargeboten werden im Evangelium.

b) Der erziehliche Unterricht wird voll wirksam durch das Herausstellen *großer Gesichtspunkte* (Leitgedanken), z.B. aus Heimat, Vaterland, Welt. Sie dienen der Schaffung einheitlicher Gedankenkreise, aus denen heraus die Bildung einer Lebensanschauung ermöglicht wird, die sich auf das biblische Evangelium gründet und die von hier aus zum verantwortungsvollen Stehen, Wirken und Kämpfen für Volk und Staat aufruft und führt.

c) So ergibt sich die Notwendigkeit eines *Kernunterrichtes*, der unter umfassenden Leitgedanken und unter Hinzuziehung wesentlicher Teile sämtlicher Unterrichtsfächer das mannigfaltige Werden und Geschehen zur Darstellung bringt und zum Miterleben und Mitschaffen erzieht.

d) In enger Verbindung mit dem Kernunterricht steht ein *Kursunterricht* (gefächerter Unterricht), der dem Eigencharakter der einzelnen Fächer gerecht wird, die erworbenen unterrichtlichen Ergebnisse festlegt und in den Fertigkeiten zum Können führt.

IV. Grundgedanke.

Aller Dienst der deutschen evangelischen Volksschule geschehe zur Ehre Gottes und zum Wohl und Segen der deutschen Jugend, der deutschen Familie und des deutschen Volkes und Vaterlandes!

V. Richtlinien für die Unterrichtsfächer.

Evangelischer Religionsunterricht.

1. Die Grundlage des evangelischen Religionsunterrichtes ist die Heilige Schrift Alten und Neuen Testamentes als die vollkommene Offenbarung Gottes. In ihr sehen wir Gottes Handeln in geschichtlichen Taten und sein Eingreifen in die Geschichte der Menschen. In ihr erkennen wir aber auch die absoluten Forderungen Gottes an die Menschheit.

2. Das Kernstück des evangelischen Religionsunterrichtes ist damit die biblische Geschichte. Sie ist das Zeugnis von der Gottesgeschichte mit den Menschen auf Christus hin und von Christus her. Sie ist die Kunde des gnädigen und richtenden Gottes von sich selbst.

3. Aufgabe des evangelischen Religionsunterrichtes ist nicht das Bekanntmachen mit sog. religiösen Persönlichkeiten oder mit der Geschichte Israels, sondern ein Hineinführen in die Heilsgeschichte Gottes und ein Hinweisen auf die Forderungen und die Kraft des Evangeliums (Römer 1,16 und 2. Timotheus 3,15.). So dient der Religionsunterricht dem Einzelmenschen wie der Ganzheit von Volk und Staat.

4. Der biblischen Geschichte angegliedert oder eingefügt werden kirchengeschichtliche Stoffe, Katechismusstücke, Kirchenlieder und Sprüche.

5. Der evangelische Religionsunterricht kann wie jeder andere Unterricht von sich aus keine inneren Werte schaffen oder den Menschen bilden, er kann nur dienen und Handreichung tun:

„Denn Gott ist's, der in euch wirket beides, das Wollen und das Vollbringen, nach seinem Wohlgefallen" (Philipper 2,13).

6. Der Religionsunterricht ist Fachunterricht. Unbeschadet dessen steht er aber nicht abgesondert neben dem übrigen Unterricht. Die Forderungen des Evangeliums sind richtungweisend für die Gesamtheit von Erziehung und Unterricht.

Deutschunterricht.

1. Der Deutschunterricht hat als Arbeitsgebiet die deutsche Muttersprache. Sie ist eine Quelle deutschen Volkstums und Wegbereiterin und Künderin deutscher Volksgemeinschaft.

2. Der Deutschunterricht hat es mit Inhalt und Form unserer deutschen Muttersprache zu tun. Er hat die Aufgabe, die Werte und Kräfte, die der deutschen Sprache und dem deutschen Sprachgut innewohnen, der Jugend zugänglich und lebendig zu machen. Er hat den werdenden Menschen zu deutschem Volkstum und zu deutschem Kulturbewußtsein zu erziehen und zum richtigen Gebrauch der Muttersprache anzuleiten.

3. Die *Deutschkunde* achtet in erster Linie auf den *Inhalt* der Muttersprache. Sie nimmt ihre Stoffe, auch die volkskundlichen, kultur- und sprachgeschichtlichen, aus dem Leben und Geschehen des Volkes und steht in enger Beziehung zu Geschichte, Erdkunde und Naturkunde. Sie schafft innere Zusammenhänge und die Erkenntnis, was in dem allen deutsch ist.

4. In der Deutschkunde erlebt das Kind etwas von deutschem Geist und von deutscher Entwicklung; es wird hineingeführt in deutsches Denken und Dichten; es lernt deutsche Sitte und Gewohnheit verstehen und achten. Das deutsche Kind soll im deutschen Leben wachsen und sich bilden.

5. Die *Sprachkunde* befaßt sich mit der *Form* unserer Muttersprache. Zu ihr gehören deutsche Dichtung, Sprachlehre, Ausdrucksbildung, Aufsatz und Rechtschreiben.

6. Die *deutsche Dichtung* gibt Kunde von deutschem Schaffen und von deutschem Geist. Sie ist der Jugend soweit möglich in ihren besten Werken so zum Verständnis zu bringen, daß aus dem Verstehen erwachse Begeisterung für deutsches Schrifttum und Liebe zum deutschen Volk.

7. Besondere Beachtung erfordert für die evangelische Volksschule *das Schrifttum*, das aus den Quellen des Ewigen schöpft. Dem Geist des Evangeliums entgegenstehende Dichtung ist ausgeschlossen.

8. Die Form wird lebendig durch den Inhalt. Daher sind *Sprachlehre, Ausdrucksbildung, Aufsatz* und *Rechtschreibung* aufs engste mit dem übrigen Unterricht, vor allem mit der Deutschkunde, verbunden. Sie schöpfen ihre Stoffe aus dem Leben und bilden an ihnen die Kinder wieder für das Leben.

9. Die hervorragende Bedeutung des Deutschunterrichts für die volkhafte Erziehung findet ihren Ausdruck in der bevorzugten Stellung dieses Faches im *Kernunterricht.*

Geschichtsunterricht.

1. Der deutsche Geschichtsunterricht vermittelt dem Kinde die Kunde vom Werden und Leben unseres Volkes. Er umfaßt die Tatsachen des politischen und kulturgeschichtlichen Geschehens. Er zeigt die Verbundenheit des Menschen mit Blut, Boden und Rasse. Er reicht zurück bis in die Vorzeit und führt über geschichtliche Vergangenheit und Gegenwart hin zum Wollen für die Zukunft.

2. Er zeigt Auf- und Niedergänge des deutschen Volkes und sucht durch das Aufzeigen der großen Linien ein Verständnis anzubahnen für Ursache und Wirkung im Volksgeschehen, für den harten Kampf um deutschen Lebensraum und für die Notwendigkeit steten Ringens um deutsches Land, deutsche Kultur und deutsche Ehre.

3. Höchste Aufgabe des deutschen Geschichtsunterrichtes ist: Begeisterung und Liebe zur deutschen Heimat und zum deutschen Volk und Vaterland zu wecken und zu pflegen als Grundlage eines ernsten Wollens zur wahren Volksgemeinschaft und zum Einsatz des ganzen Menschen für Volk und Staat.

4. Auf die Erfassung der Gegenwart wird besonderer Wert gelegt, ohne das Werden in der Vergangenheit geringzuschätzen. Die Vergangenheit soll mit dazu dienen, das Verständnis für die Gegenwart zu vertiefen.

5. Da starke Persönlichkeiten für das Völkerleben immer von größter Bedeutung gewesen sind, ist auf deren Herausstellung besonderer Wert zu legen, um von ihrem Wirken aus die Geschichte ihrer Zeit in ihrem Geschehen und in ihren Auswirkungen zu verstehen. Dabei sind andere, wie z.B. wirtschaftliche und soziale Zustände in ihrer Bedeutung nicht zu vergessen.

6. Bloßes Namen-, Zahlen- und Tatsachenwissen ist abzulehnen.

7. Da der Geschichtsunterricht für die volkhafte Erziehung des deutschen Menschen erhöhte Bedeutung hat, ist er im *Kernunterricht* besonders zu berücksichtigen.

8. Bei aller Wertung des Menschlichen soll aber der Geschichtsunterricht die Wahrheit verkünden, daß Gott der Herr der Geschichte ist, und daß er in der Geschichte der Völker handelt, daß andererseits aber auch gottfeindliche Mächte Wirkungsmöglichkeiten haben, so daß das Bild der Geschichte für den Menschen oft ein verhülltes und mehrdeutiges bleibt. Grundlegend ist die Tatsache: „Gerechtigkeit erhöhet ein Volk; aber die Sünde ist der Leute Verderben" (Sprüche 14, 34).

Erdkundeunterricht.

1. Der Erdkundeunterricht handelt von deutscher Heimat, von fremden Ländern und Erdteilen und vom Weltenraum. Er steht in engster Beziehung zum übrigen Unterricht und wird durch den Kernunterricht ihm eng verbunden.

2. Heimat und Vaterland bilden Ausgangspunkt und Beziehungsgrundlage des gesamten erdkundlichen Unterrichts.

3. Die engere Heimat gibt Stoff und Leben dem heimatkundlichen Unterricht, der das Ziel hat, Liebe zur Heimat als Grundlage zur Vaterlandsliebe zu wecken und zu pflegen. Die Heimat soll denkend und liebend erfaßt werden. Dadurch wird bloßes Namenwissen zur Unmöglichkeit.

4. Unser deutsches Vaterland geht uns über alles. Dem deutschen Boden, unserem Lebensraum, sind wir aufs engste verbunden.

„Erst kommt mein Volk, dann all die andern vielen, erst meine Heimat, dann die Welt."

Was von der Erfassung der engeren Heimat gesagt ist, gilt in verstärktem Maße von unserer großen deutschen Heimat. Nicht bloße Namen, nicht bloßes Wissen, sondern Liebe! Die Liebe zu Volk und Vaterland adle Wissen und Können!

5. Bei der Betrachtung der fremden Länder und Erdteile ist deren Bedeutung für deutsches Land und deutsches Volkstum richtungweisend, ohne daß dabei der Eigencharakter der Fremdländer vergessen werden darf. Der Kolonialfrage und dem Deutschtum im Auslande ist besondere Beachtung zu schenken.

6. Die geopolitische Betrachtungsweise rückt von Stufe zu Stufe mehr in den Vordergrund. Auf der oberen Stufe ist das Denken in größeren Zusammenhängen (Weltteilen) anzubahnen.

7. Bloße Aneignung von Namen und Tatsachen bleibt ausgeschlossen.

8. Im gesamten Erdkundeunterricht sollen die Kinder etwas verspüren von der Herrlichkeit der Schöpfung Gottes und von der Wahrheit des Psalmwortes: „Herr, wie sind Deine Werke so groß und viel! Du hast sie alle weislich geordnet, und die Erde ist voll Deiner Güter" (Psalm 104, 24).

Naturkundlicher Unterricht.

1. Der naturkundliche Unterricht nimmt seine Stoffe aus der Naturgeschichte des Menschen, der Tier- und Pflanzenwelt, der Naturlehre und der Chemie. Er stellt sie aber nicht beziehungslos nebeneinander, sondern ordnet sie zu einem einheitlichen Ganzen. Er tritt in engste Beziehung zum gesamten Unterricht und wird zum Teil dem Kernunterricht eingegliedert.

2. Dabei handelt es sich nicht darum, möglichst viel Stoff zu bieten oder gar ein System aufzustellen. Ziel kann nur sein, die wichtigsten Kenntnisse zu vermitteln und liebevolles Hineinsehen und -horchen in die Natur und damit echte Liebe zu ihr zu wecken und zu pflegen.

3. Liebe zur heimischen Natur weckt auch Liebe zur deutschen Heimat und zum deutschen Vaterland. Der Naturkundeunterricht bildet damit ein wertvolles Stück in der Erziehung zum deutschen Menschen.

4. Die Kenntnis des menschlichen Körpers soll nicht nur seiner Pflege und Gesunderhaltung dienen, sondern sie soll ebenso stark das Verantwortungsgefühl erstehen lassen gegen Familie und Volk und das Bibelwort verstehen lehren: „Euer Leib ist ein Tempel des Heiligen Geistes" (1. Kor. 6, 19.20).

5. Blut, Boden und Rasse sind Lebensordnungen, die im göttlichen Willen ihren letzten Ursprung haben. Sie sind die Grundlagen deutschen Volkstums, deutschen Geisteslebens und deutscher Kultur. Der Naturkundeunterricht ist in erster Linie bestimmt, das Verständnis für diese Grundwerte und ihre Bedeutung zu schaffen und zu fördern. Die Auswertung erfolgt im gesamten Unterricht.

6. Auch die Betrachtung der Tier- und Pflanzenwelt diene nicht reinen Nützlichkeitszwecken. Biologische Betrachtungsweise zeige etwas von der sinnvollen Schöpfung und von den wunderbaren Zusammenhängen in der Natur. Dabei wird das Kind verstehen lernen, daß der Mensch auch den anderen Lebewesen gegenüber Pflichten und Aufgaben hat, die dem Beherrschen der Natur gleichgeordnet sind.

7. Naturlehre und Chemie dienen ebenfalls nicht nur Nützlichkeitszwecken. Sie zeigen dem Kinde auch etwas von der Gesetzmäßigkeit im großen Naturgeschehen und von der Schaffenskraft des Menschen und seinem Forschergeist, zwingen aber auch zur Bescheidenheit und Demut.

8. Im Verlaufe des Unterrichtes sollen die Kinder mehr und mehr ein Ahnen davon bekommen, daß die Natur ein Kunstwerk, ein harmonisches Ganzes voller Gesetzmäßigkeit – auch wenn wir sie nicht restlos durchschauen – und das Werk und die ständige Wirkungsstätte Gottes ist.

9. Durch den gesamten Naturkundeunterricht klinge das Wort der Heiligen Schrift hindurch: „Wunderbar sind Deine Werke, und das erkennet meine Seele wohl" (Psalm 139, 14).

Rechnen und Raumlehre.

1. Diese Fächer haben es mit den zahlenmäßig zu erfassenden Verhältnissen des Lebens zu tun.

2. Sie dienen praktischen Zwecken, aber nicht minder straffer Geisteszucht und ernster Denkarbeit.

3. Die Aufgaben haben der Wirklichkeit und den praktischen Bedürfnissen zu entsprechen.

4. Der Rechenunterricht darf nicht dem Eigennutz dienstbar gemacht werden. Auch er muß die Erziehung zur Verantwortung für das Gesamtwohl klar in die Erscheinung treten lassen.

Die übrigen Unterrichtsfächer.
Die übrigen im Volksschulunterricht vorkommenden Fächer sind nicht als nebensächlich zu werten. Jedes Fach hat seinen berechtigten Platz im Erziehungs- und Unterrichtsplan der deutschen evangelischen Volksschule. Die Aufgaben mögen teilweise verschieden sein; sie mögen sich richten auf Wehrhaftigkeit, auf körperliche, praktische oder sittliche Ertüchtigung oder auf geistige Durchbildung, das Ziel ist das gleiche. Sie alle haben ihre Bedeutung für das Leben und Werden der Einzelperönlichkeit wie für die Einordnung des Menschen als mitschaffendes und zum vollen Einsatz bereites Glied in die Gesamtheit.

Turnen und Sport sind für unsere Jugend von ganz besonderer Bedeutung und bevorzugt einzusetzen. Sie dienen der körperlichen und sittlichen Ertüchtigung und der Wehrhaftmachung. Sie stählen Körper und Willen, zwingen zu schnellen, entscheidenden Entschlüssen und Handlungen, stärken Mut und Ausdauer und zwingen zur Einordnung und zum vollen Einsatz der Kräfte fürs Ganze.

In enger Verbindung mit dem Leben und dem übrigen Unterricht steht *Musik* (Gesang). Dieses Fach dient einerseits der ästhetischen Bildung; es soll beim Kinde ein Verständnis anbahnen für die Schönheit deutschen Gesanges und deutscher Musik. In erster Linie wird hier das deutsche Volkslied und der deutsche evangelische Choral zu würdigen sein. Andererseits wird man sich in diesem Unterricht vor allem der Tatsache bewußt sein müssen, daß in der Musik und im Liede eine Kraft zur Begeisterung liegt, die für die Erziehung von größter Bedeutung ist. Daher enge Beziehung zum Leben und stärkste Berücksichtigung!

Zeichnen dient der Pflege des Schönheitssinnes und der praktischen Ausbildung. Es erfordert Eigenschaften vom Menschen, die nur in ernster Selbstzucht zu erreichen sind. Es muß schöpfen aus dem Leben und dem übrigen Unterricht.

Werkunterricht, *Nadelarbeit* und *Hauswirtschaftsunterricht* sind aufs praktische Leben eingestellt. Doch liegen gerade in diesen Fächern Erziehungsmöglichkeiten, die nicht gering zu bewerten sind. Daher haben auch diese Fächer volle Berechtigung im Plan der Volksschule.

Doch auch in allen zuletzt genannten Unterrichtsfächern wird wahrer und tiefster Erfolg nur dann gesichert sein, wenn die Schule auch hier sich ihrer letzten Verantwortung vor Gott bewußt ist.

4. Der Kampf um den Erhalt der evangelischen Bekenntnisschule

4.1 Der Reichskirchenausschuß an die obersten Behörden der deutschen evangelischen Landeskirchen (Mai 1936)

Quelle: Evangelisches Zentralarchiv Berlin: Bestand 1/A 4/420

Der Reichskirchenausschuß
K.K. III 1355

Berlin-Charlottenburg 2, den 29. Mai 1936
Marchstr. 2

An die obersten Behörden
der deutschen evangelischen Landeskirchen

Im Blick auf die zu lösenden Fragen zwischen Staat und Kirche auf dem Gebiet der Schule bitten wir um eine grundsätzliche Äußerung
1) zu der Frage nach dem Verhältnis von weltanschaulich-politischer und kirchlicher Erziehung,
2) zu der Frage nach dem Recht und der Grenze der staatlichen Forderung nach einer weltanschaulich einheitlich ausgerichteten national-politischen Erziehung mit *überkonfessionellem* Charakter,
3) zu der neuerdings auch in kirchlichen Kreisen viel erörterten Frage, welches besondere kirchliche Interesse in der Erhaltung der bisherigen Bekenntnisschule besteht gegenüber einer im Blick auf die einheitliche Gesamterziehung unseres Volkes vorgeschlagenen deutschen Gemeinschaftsschule, in der bekenntnisgebundener Religionsunterricht gewährleistet wird.
Die erbetenen Äußerungen sollen als Material für eine einheitliche kirchliche Willensbildung dienen.

Wir bitten um Ihren Bericht bis spätenstens zum 15. Juli d. Js.

gez. *D. Zoellner*
beglaubigt: Kiesow, Kons. Oberinspektor

4.2 Hermann Windel an die Ortsgruppen des Reichsverbandes deutscher evangelischer Schulgemeinden (Juni 1936)

Quelle: Peter-Petersen-Nachlaßgesellschaft Bremen/Oldenburg

Reichsverband deutscher evangel. Schulgemeinden
Reichsverbandswart
Hermann Windel   W.-Barmen, den 20. Juni 1936

An die Mitglieder der Verbandsleitung, des Verbandsausschusses, sowie einige andere Freunde der Bewegung

Liebe Brüder!
Unser Freund Udo Smidt, Pastor in Wesermünde und Leiter der Bibelkreis-Bewegung, ist, vermutlich vom Reichskirchenausschuss, im Blick auf die zu lösenden Fragen zwischen Staat und Kirche auf dem Gebiet der Schule um eine grundsätzliche Aeusserung gebeten worden, und zwar

1. zu der Frage nach dem Verhältnis von weltanschaulich-politischer und kirchlicher Erziehung.

2. zu der Frage nach dem Recht und der Grenze der staatlichen Forderung nach einer weltanschaulich einheitlich ausgerichteten nationalpolitischen Erziehung mit „überkonfessionellem" Charakter.

3. zu der neuerdings auch in kirchlichen Kreisen viel erörterten Frage, welches besondere kirchliche Interesse an der Erhaltung der bisherigen Bekenntnisschule besteht gegenüber einer im Blick auf die einheitliche Gesamterziehung unseres Volkes vorgeschlagenen deutschen Gemeinschaftsschule, in der bekenntnisgebundener Religionsunterricht gewährleistet wird.

Es leuchtet sofort ein, wie eminent wichtig tatsächlich diese Fragen sind und insbesondere ihre Klärung in dem gegenwärtigen Augenblick. Wir sind auf das Allerlebhafteste interessiert daran, dass alle entscheidenden Instanzen *unsere* grundsätzliche Haltung zu diesen Fragen kennenlernen. Wir dürfen jetzt nicht schweigen oder versagen. Ich habe es deshalb für praktisch erachtet, diese Anfrage einer grösseren Anzahl Mitarbeiter und Freunde unserer Bewegung mit der Bitte um Stellungnahme zuzuleiten, und will das Ergebnis dann in Übereinstimmung mit der Verbandsleitung zu einer Denkschrift ausarbeiten, die wir gegebenen Orts verwerten wollen.

Bitte versagen Sie sich der Mitarbeit nicht und geben Sie mir Ihre Anregungen und Antworten, am besten sogar ganz präzise Sätze, bis zum 1. Juli herein. Die angeschnittenen Fragen sind uns ja nicht fremd, und Sie werden sich schon Ihre Gedanken darüber gemacht haben, sodass es nur einer gründlich überlegten Formulierung bedürfen wird. Von dem Ergebnis der Umfrage werde ich Sie nach ihrem Abschluss gern in Kenntnis setzen.

Mit herzlichen Grüßen
Ihr
Herm. Windel

4.3 Peter Petersen an Hermann Windel – Gutachtliche Stellungnahme zur Beantwortung der Fragen des Reichskirchenausschusses (Juli 1936)

Quelle: Peter-Petersen-Nachlaßgesellschaft Bremen/Oldenburg

1. Juli 1936

Lieber Herr Windel!
Die manchmal allzu große Arbeitslast hat es mir nicht ermöglicht, leider, früher zu antworten, obwohl ich mir gleich auf Ihr Schreiben allerlei Notizen machte. Aber die *drei Fragen* sind wirklich eminent wichtig.
    zu 1. Erziehung im evangelischen Geiste untergräbt niemals staatliche Autorität; täte das ein Lehrer, so stünde er ausserhalb des Evangeliums. Selbst wenn er gegen staatliche Dinge Stellung nehmen müsste, weil eben dessen wahre Sittliche Autorität, dessen ihm dem Staat von Gott gesteckte Aufgabe gefährdet ist, so muss er wissen, dass diese Stellungnahmen sich niemals vor Schülern gehören. Christ sein ist nicht Parteimann sein, aber er wird immer ein Mann seines Volkes sein und sich für sein Volk vor Gott mitverantwortlich fühlen. Die Schulstuben sind aber nicht die Stelle, politische Dinge auszutragen.
    Weltanschaulich-politische Erziehung heute also in den national-politischen Stunden innerhalb der Schule zu erteilen, wird keinem christlich gläubigen Lehrer unmöglich sein, da ihm die pädagogische und methodische Freiheit gewährleistet ist, siehe den Erlass des preussischen Unterrichtsministeriums vom 3.4.1934 betr. das *Führerprinzip* in der Schule. Danach trägt jeder Lehrer für seine Arbeit die persönliche Verantwortung. Ich habe in den

letzten Jahren gesehen, dass die dort zu behandelnden Fragen ohne jeden Gewissenszwang behandelt werden können.

zu 2. Im Grunde bin ich damit schon im Punkte 2 angekommen; denn es findet sich indertat innerhalb dessen, was der nationalsozialistische Staat fordert in Fragen einer politischen Ausrichtung auf seine besondere Art und seine zeitlichen Aufgaben genug, dass in sämtlichen deutschen Schulen, unbeschadet der Konfession, gelehrt werden kann, ohne den Glauben zu beeinträchtigen oder in Konflikte zu bringen. Dass der Staat ein Recht hat auf eine auf ihn besonders ausgerichtete weltanschaulich-politische Bildung, darüber kann kein Zweifel bestehen. Das hat die Kirche dem monarchischen und dem demokratischen Staat auch nicht bestritten. Die Grenze läge stets in der Gewissensknechtung, allein, das liegt nach allen Bekenntnissen der leitenden Männer diesem Staat fern. Aber der „überkonfessionelle Charakter"! Das erscheint als voller Widerspruch zum Nationalsozialismus selbst. Genau so wie er, genau wie wir vom evangelischen Standpunkte, den Menschen an sich ablehnt, und eine danach konstruierte „Menschheit" und das Volk als oberste den Menschen bindende und verpflichtende Wirklichkeit, Realität, setzt, so muss er auch eine „überkonfessionelle" Stellung ablehnen; denn die gibt es ohne Zweifel auch nicht. Es gibt nur Menschen mit „Konfessionen" z.B. auch der des Atheismus, der einer „allgemeinen Religiosität", einer Art nebelhafter, philosophischer, abstrakter, blutleerer Menschheitsreligion oder Teilmenschheitsreligion. Also trifft die weltanschaulich-politische, die nationalpolitische Erziehung immer einen Lutheraner, oder Reformierten, oder Römisch-katholischen, oder Atheisten, oder Haueranhänger, oder Deutschchristen, oder Monisten, oder Dissidenten, usw. usw. In diesem Punkte ist allein gegen ein unklares, ein ganz unwirkliches Denken zu kämpfen.

zu 3. Frage drei ist in etwas erschütternd. Die Staaten mit religionslosen Schulen sind samt und sonders dem Untergang geweihte Staaten. Das ist ganz offenbar, in ihnen sterben die Völker aus oder rotten sich selbst aus oder sonstwie ist unter ihnen und in ihnen der Teufel los. Wer das nicht sieht, der ist mit Blindheit geschlagen. Die Schulen aber sterben innerlich ab. Siehe die Fratze einer Schule, die die weltliche, die Staatsschule in Frankreich darstellt, oder in Russland vor allem seit 1932. Die reine Staatsschule lässt alles feine Erzieherische und Pädagogische rasend schnell absterben. Sie ist zu kalt, zu sehr Verwaltung von oben herab, zu fern und zu fremd den warmen, menschlichen kind- und jugendnahen erzieherischen Kräften. Es ist grauenvoll, zu sehen wie sich das Innerliche und das Stille, und das Trauliche, alles was gerade das Kind und der Jugendliche braucht, um menschlich auflebendem Erwachsensein entgegenzureifen, verschwindet, oder wie schwer es zu erhalten ist. In England und USA ist eine rein staatliche Schule da, aber daneben besteht ja die Freiheit für die Privatschule in vollem Umfange und ausserdem gehört es zum „politischen" Leben dieser Länder, dass auch die kirchlichen Formen stark mit hineingenommen werden in die Schule, wenigstens in der Mehrzahl. Ausserdem ist dort der Sonnabend frei für die Kirchen. Ich war oft genug dort auch in den Kindergottesdiensten verschiedener Kirchen und sah, wie sich die Gemeinden dieser Aufgaben annehmen. Daneben dann die Sonntagsschule. In Oslo tritt demnächst ja ein Kongress der Sonntagsschulen der Welt zusammen, es werden dort 4000 Teilnehmer erwartet. Ich hoffe, dass Sie davon genaueste Kenntnis erhalten werden und gute Berichte über die Erfolge der Tagung nennen können. Wir müssen auf jeden Fall dafür eintreten mit aller Energie, dass der Staat den christlichen Eltern, die eine Bekenntnisschule wünschen, diese bewilligt. Und wenn wir dann auch nur 5% aller Schulen behalten, aber in diesen wirkliche echte christliche Schulen hätten, so wäre das besser, als dieser unerträgliche Zustand von heute, wo wir alle wissen, dass von den rd. 300 000 Lehrern doch die grosse Mehrheit nicht RU erteilen kann, innerlich nicht dazu fähig ist, und es nur so tut, wie man eben jedes Fach unterrichtet, das nun einmal dran ist.

Das „kirchliche Interesse" besteht ganz einfach darin, dass die Kirchen wissen müssen, es gibt noch Hunderttausende von Eltern, die eine Bekenntnisschule wollen, schon das Wissen darum verpflichtet sie, für diese Schulform einzutreten. Ausserdem hat sie dem Staate gegenüber zu bekennen, dass eine Staatsschule ins völkische Verderben führt. Dass der Staat sich selber das Grab gräbt. Wir können auch immer wieder fragen, in welcher Schule denn staatliche Autorität besser gehütet ist, als in einer Bekenntnisschule, in der doch Gottes Gebot über dem Lehrer steht, seinem Volk zu dienen und dem Staate zu geben, was des Staates ist? Welche evangelische Schule kann genannt werden, die gegen den Staat gehetzt, seine Autorität untergraben hätte? Es kann weiter gefragt werden, welche Schüler werden selbstverständlicher dem Volke und dessen Staate zuwachsen als die aus unsern evangelischen Schulgemeinden? Die Gemeinschaftsschule (vulgo weltliche Schule), die den bekenntnisgebundenen RU frei lässt, sündigt ja schon gegen die erste und selbstverständlichste Erziehungsforderung, dass in der Schule Einheit der Erziehung herrschen muss. Aber das alles sind nun Gründe, die bereits hinüberführen zu denen, die uns von Dörpfeld her ganz geläufig sind und hier nicht aufgezählt werden müssen.

Ich möchte aber zum Schluss stark betonen, dass wir mit den Bekenntnisschulen wenig Erfolge haben werden, wenn wir nicht ausser dem Bekenntnischarakter gleichzeitig für eine innere Reform des Unterrichts und das ganze Schulleben sorgen, sodass das ganze Schulleben unter einer evangeli-

176

schen Haltung und Gesinnung steht. Erst dann würden wir zu einer Kraft innerhalb unseres Volkes werden, die auch über die Schule hinweg das Volk dem Evangelium näher bringt.

Hoffentlich können Sie diese Gedanken mitverwerten für die in der Tat wichtige Anfrage. Und möge Gott sich unserem Volke nicht entziehen in diesen unsagbar schweren Tagen, wo sich die alten Feinde wiederfinden und sich gegen uns ballen, gefährlicher als 1914. Mit besten brüderlichen Grüssen Ihr

[Peter Petersen].

4.4 Denkschrift „Kirche und öffentliche Schule" von Theodor Ellwein (Juli 1936)

Quelle: Evangelisches Zentralarchiv (Bestand 1/A4/422)

I.

Der nationalsozialistische Staat hat sich die Aufgabe gestellt, durch eine einheitliche weltanschaulich-politische Willensbildung die Unbedingtheit deutscher Solidarität im Kampf mit den Mächten und Bewegungen der Zerstörung und Zersetzung des kreatürlich-geschichtlichen Daseins als sittliche Haltung und lebendige Kraft zum Bewußtsein zu bringen, zu stärken und zu festigen. Dieses Erziehungsmandat des Staates muß sich notwendig in der Gestaltung der öffentlichen Schule und ihrer inneren Ausrichtung auswirken.

Nach dem Punkt 24 gehört das Bekenntnis zum positiven Christentum zum Programm der Partei. Dieses Bekenntnis ist durch das Wort des Führers am 23. März 1933 feierlich bekräftigt worden: „Die nationale Regierung sieht in den beiden christlichen Konfessionen die wichtigsten Faktoren zur Erhaltung unseres Volkstums." Damit hat sich die Partei ausdrücklich verpflichtet, den gleichfalls unaufgebbaren Anspruch der Kirche auf die biblische Unterweisung und christliche Übung der in ihr heranwachsenden Jugend anzuerkennen und die bewahrende und erneuernde Kraft christlichen Glaubens in ihren Erziehungswillen mit einzuschließen. Staat und Kirche begegnen sich also in ihrer Verantwortung für die Erziehung deutscher Jugend.

Mit der grundsätzlichen Stellung des Programms zum Christentum ist der neuerdings vielfach behauptete unversöhnliche Gegensatz zwischen nationalsozialistischer Weltanschauung und christlichem Glauben eindeutig abgelehnt und die Aufgabe einer klaren Abgrenzung und fruchtbaren Zuordnung von nationalpolitischer und christlicher Erziehung gestellt. Der *Staat* ruft seine Glieder zu vollem Einsatz in den Dienst der Volksgemeinschaft mit ihren Ordnungen. Die Botschaft der *Kirche* ruft die Gemeinde in die Verantwortung vor Gott und zu einer Bewährung dieser Verantwortung im praktischen Leben. Kirchlicher Herrschaftsanspruch im politischen Raum oder Erhebung der politischen Weltanschauung zur Religion bedeuten beide ein Überschreiten der rechten Grenze.

Das rechte Verhältnis zwischen dem Politischen und Christlichen kann allein auf der Grundlage einer sauberen Scheidung des „Weltlichen" und des „Geistlichen" gefunden werden, so wie sie in klassischer Gestalt von Luther gezeigt worden ist. Diese Scheidung hat nichts zu schaffen mit der einst vom Liberalismus geforderten „*Trennung*" von Kirche und Staat, Kirche und Schule. Ein in totaler Verantwortung für das Leben des Volkes handelnder Staat und eine in gleicher Verantwortung für das Leben der Gemeinde handelnde Kirche sind und bleiben verbunden in der Gemeinsamkeit des Dienstes am Volk. Luthers Lehre von den beiden „Reichen" bedeutet aber auch die Absage an jede naive *Gleichsetzung* von Deutschtum (bzw. Nationalsozialismus) und Christentum. Abgelehnt wird also der klerikale Gedanke einer „christlichen Reglementierung" des gesamten völkischen Erziehungswesens. Der Staat bedarf zur Herstellung seiner Erziehungsvollmacht nicht erst eines kirchlichen Auftrages. Er hat diese Vollmacht unmittelbar von Gott. Abgelehnt wird aber auch die schwärmerische These, daß das Deutschsein bzw. die nationalsozialistische Weltanschauung selbst schon die Verwirklichung des Christseins sei, so daß ein aus dieser Weltanschauung geschöpftes „praktisches Christentum" in der Erziehung an die Stelle der christlichen Unterweisung treten könnte. Hier wird verkannt, daß das Evangelium etwas völlig anderes als eine Moral ist. Es muß und kann bei rechter Abgrenzung und Zuordnung zu einem Zusammenwirken zwischen Staat und Kirche und damit zu einer lebendigen Beziehung weltanschaulich-politischer und christlicher Erziehung kommen, durch die der deutschen Jugend eine möglichst große innere Einheit in der schulischen Gesamtunterweisung und Erziehung gewährleistet wird.

II.

Der bisherige Zustand unseres Volksschullebens ist nur aus dem geschichtlichen Schicksal der deutschen Nation zu begreifen.

Das Christentum hat wesentlichen Anteil am Werden des deutschen Volkes und Staates. Die Einigung unseres Volkes aus getrennten Stämmen und die Entstehung des „Reiches" ist durch die gemeinsame Annahme des

Evangeliums entscheidend bedingt. Seitdem ist das Christentum mit der geschichtlichen Existenz des deutschen Volkes unauflöslich verknüpft.

Aus der deutschen Geschichte ist weiter die Reformation als ein auch für das völkische Dasein bestimmendes Ereignis nicht wegzudenken. Es sollte doch nicht vergessen werden, daß erst der Wille der Reformation, der Jugend das Evangelium zu verkündigen, zur Entstehung der Volksschule in Deutschland geführt hat.

Die einheitliche religiöse Entwicklung unseres Volkes wurde durch die Weigerung der damaligen römischen Kirche, sich im Geiste des Evangeliums zu erneuern, verhindert. Die Gegenreformation besiegelte die konfessionelle Spaltung der deutschen Nation.

So wurde *die konfessionelle Schule* die Schulform, in der man dieser Tatsache unserer geschichtlichen Existenz verantwortlich Rechnung trug. Das entscheidende Merkmal dieser Schule war, daß die Kinder jeder der geschichtlich gegebenen Konfessionen von Lehrern ihrer eigenen Konfession erzogen und unterrichtet wurden. In ihrer inneren Geschlossenheit entsprach sie einem Gesetz gesunder kindlicher Entwicklung. Das Kind kann bis zum 14. Lebensjahr seine Kraft am besten entfalten, wenn es im Gefüge einer einheitlichen geistigen Heimat aufwachsen darf, die Elternhaus und Schule in gleicher Weise umfaßt. Das Familienleben hat aber in der bäuerlichen Bevölkerung und überall da, wo die Volkskraft noch nicht von der seelisch verflachenden und auflösenden Wirkung des großstädtischen Massenlebens angegriffen ist, eine charaktervolle Prägung durch Glauben und Sitte der Heimatkirche. Die Erfahrungen der Geschichte, besonders das Schicksal der volksdeutschen und auslanddeutschen Gemeinden bestätigen eindeutig, daß gerade diese Verbindung von Kirche und Volkstum von entscheidender Bedeutung für die Erhaltung und Stärkung aller völkischen Kräfte gewesen ist. Diese Schulform ergab sich weiter aus der Erkenntnis, daß der christliche Glaube die stärkste Kraftquelle für ein Leben unbedingter Verantwortung vor Gott und treuer Hingabe an den Volksgenossen ist. Endlich darf auch nicht übersehen werden, daß seit dem Ende des Mittelalters eine einheitliche, den deutschen Menschen verpflichtende Weltanschauung fehlte, sodaß die biblische Botschaft auch als Grundlage für die weltanschaulich-politische Willensbildung dienen mußte (vgl. das Werden des preußischen Staates!). So ist die Konfessionsschule als die Schule anzusehen, die sich aus dem geschichtlichen Schicksal unseres Volkes folgerichtig ergeben hat. Es muß deshalb verstanden werden, daß weite Kreise unseres Volkes auch heute noch den Wunsch haben, die mit dieser Schulform gegebene innere Einheit für die Kinder zu erhalten.

III.

Der heutige Staat will unser Volk in einer einheitlichen verbindlichen Weltanschauung zusammenfassen und muß deshalb die völkische Erziehungsein-
heit über die bestehenden Unterschiede hinweg verwirklichen. Es ist daher
begreiflich, daß er eine Schule anstrebt, die auch von den Kindern beider
christlicher Bekenntnisse gemeinsam besucht wird. Wenn der Staat dieses
Ziel verfolgt, so wird eine ihrem Volk verbundene deutsche evangelische
Kirche dem zwar nicht grundsätzlich widersprechen. Sie kann aber im Blick
auf ihre besondere Verantwortung nur dann zustimmen, wenn die im folgenden angeführten Forderungen und Anliegen erfüllt und verbürgt werden. Sie
bekundet damit, daß sie sich mit dem Schicksal des Volkes, in das sie mit
ihrer Botschaft eingegangen ist, in unverbrüchlicher Solidarität verbunden
weiß. Weil sie den geschichtlichen Weg der deutschen Nation bejaht, gibt sie
ein weiteres Stück der äußeren Sicherungen preis, die ihr im Lauf der
Geschichte in Deutschland zugewachsen sind, öffnet sich aber zugleich dem
Volk in seiner Gesamtheit. Daher muß sie sich um so nachdrücklicher dafür
einsetzen, daß auch Staat und Bewegung der geschichtlichen Bindung von
Volk und Kirche in der Gestaltung des Schullebens Rechnung tragen.

IV.

Gerade weil sie sich für Leben und Werden des neuen Staates mit verantwortlich weiß, muß die Deutsche Evangelische Kirche für die Gestaltung der
Schule zunächst folgendes grundsätzliche Anliegen zum Ausdruck bringen:
*Die staatlichen Erziehungsziele müssen verwirklicht werden unter bewuß-
ter Bereitschaft, die Kraft christlicher Erziehung möglichst lebendig und
fruchtbar in das Schulleben miteinzubauen.*
Nationalpolitische und christliche Erziehung dürfen also nicht fachlich
gebunden sein, sondern müssen das ganze Schulleben bestimmen. Es muß in
jedem Fall eine rein mechanische, konstruktive Gestaltung der Gemeinschaftsschule, die dem Ganzheitsdenken der nationalsozialistischen Pädagogik und ihrem organischen Erziehungswillen widerspricht und der Wirklichkeit des geschichtlich Gewordenen nicht Rechnung trägt, vermieden werden.
Die Schule muß mit der heimatlichen Landschaft und ihrer durch Blut und
Boden, Geschichte und Sitte bestimmten Eigenart lebendig verbunden sein.
„Das organische Weltbild und die ihm gemäße Bildung verlangt nur die über-
geordnete Einheit und Gleichrichtung des Sinnes, die Einstellung auf
gemeinsame Herkunft und Zukunft. In den wirklichen Ansätzen dagegen ist
der Reichtum an Möglichkeiten geradezu gefordert: Jeder soll Volk, Welt und
Überwelt schauen von dem Ort aus, an den er gestellt ist unter den natürlichen, sozialen und geschichtlichen Bedingungen seines Eigenlebens, unter

dem Gesetz seiner Eigenart wie unter den Anforderungen seiner besonderen Lebensstellung und Lebensaufgabe ... Dringt die nationale Revolution durch, wird die völkische Einheit oberhalb der gliedhaften Gegensätze gewonnen, so muß die Schule dieses Ziel der völkischen Einheit durchaus festhalten, wie und wo immer sie aufbaut. Aber sie wird dort, wo sie aufbaut, die Art und Färbung ihres Standortes annehmen nach der konfessionellen Seite hin ebenso wie nach der landschaftlichen, stammlichen, beruflichen und sozialen. Ist der konfessionelle Gegensatz zu einer inneren polaren Spannung im einheitlichen Volkstum bewältigt, so ist der Organisation das Problem der völkischen Einheitsschule auch in dieser Richtung gestellt, einer Einheitsschule indessen, die nicht ein starres Schema darstellt, die sich vielmehr organisch den jeweiligen Gegebenheiten und Forderungen anpaßt. Es ist klar und sinnhaft, daß in katholischen Gebieten diese Schule den katholischen, in evangelischen Gebieten den evangelischen Charakter ebenso trägt, wie sie auf dem Dorf den dörflichen, in städtischen Arbeitervierteln den entsprechenden Charakter annimmt, wie sie in Bayern eben bayerisch, in Pommern pommerisch wird: überall mit Blick und Weg nach dem deutschvölkischen Einheitsziel" (vgl. Krieck, Nationalpolitische Erziehung, 1932, Seite 117ff., 149). Das bedeutet z.B., daß Lehrer und Kinder in konfessionell einheitlichen Gegenden dem gleichen Bekenntnis angehören und daß in gemischt konfessionellen Gegenden nach dem in hundertjähriger Erfahrung bewährten Vorbild der Länder mit Simultanschulen bei der Anstellung der Lehrer die Verhältniszahl der Konfessionen zu berücksichtigen ist.

Aus dieser Grundanschauung ergeben sich im einzelnen folgende Forderungen:

1. In dem lebendigen Ganzen dieser Schule muß der Religionsunterricht ordentliches Lehrfach mit ausreichender Stundenzahl bleiben. Schulräume, Lehrmittel usw. müssen für den Religionsunterricht wie für jedes andere Unterrichtsfach zur Verfügung gestellt werden.

2. Der Inhalt der christlichen Erziehung und Unterweisung wird durch möglichst einheitlich zu gestaltende Richtlinien und Stoffverteilungspläne von der Kirche im Einvernehmen mit dem Staate bestimmt. Dasselbe gilt auch von den Lehrbüchern.

3. Die Vorbildung der Lehrer für den Religionsunterricht erfolgt im Einvernehmen mit der Kirche. Die Religionsdozenten an den Hochschulen für Lehrerbildung werden im Einverständnis mit der Kirche ernannt.

4. Bei der Abschlußprüfung für den Religionsunterricht an den Hochschulen für Lehrerbildung und an den theologischen Fakultäten wirkt die Kirche mit. Sie beurteilt die sachliche Eignung für die Erteilung des Religionsunterrichts an allen Schulgattungen.

5. Die Erteilung des Religionsunterrichts muß dem Lehrer freigestellt werden. Es muß klar sein, daß der Volkslehrer, der in seinem Amt zugleich christlicher Erzieher sein will, in seiner Person den Dienst an verschiedenen Ordnungen vereinigt. Als Erzieher der Jugend zu Volk und Staat handelt er im Auftrag des Staates und muß mit seiner Arbeit den werdenden nationalsozialistischen Ordnungen des deutschen Volkes dienen. Als evangelischer Erzieher handelt er als Glied der Gemeinde im Auftrag von Kirche und Gemeinde. Diese kirchliche Beauftragung darf nicht wie bisher im Sinne einer mißtrauischen Kontrolle durch die Kirche mißverstanden werden. Der Religionsunterricht darf aber auch vom Lehrer nicht übernommen werden, wenn er dieses Vertrauen von Kirche und Eltern nicht rechtfertigen kann. Damit ist nicht die Zustimmung zu einer bestimmten Theologie oder ein bestimmter Grad von Glauben gefordert, sondern nur der ehrliche Wille vorausgesetzt, als Glied der christlichen Gemeinde zu leben und sich selbst das Evangelium sagen zu lassen. Die Übernahme und Führung des Amtes eines christlichen Erziehers muß von allem Zwang und aller Lüge befreit in Vertrauen und Verantwortung geschehen.

6. Im Einvernehmen zwischen Kirche und Staat werden besondere möglichst aus den Kreisen der evangelischen Lehrerschaft kommende Beauftragte bestimmt, die Staat und Kirche für die geordnete Erteilung des Religionsunterrichtes verantwortlich sind und für Klärung und Beseitigung von Störungen zu sorgen haben.

7. Rechtliche Maßnahmen werden nie die Erteilung des Religionsunterrichtes im Geist des Evangeliums sichern können. Darum ist mehr als bisher dafür zu sorgen, daß eine Fortbildung der Religionslehrer durch Veranstaltung von Lehrgängen, auch durch Arbeitsgemeinschaften zwischen Lehrern, Pfarrern und Eltern zur Aussprache über wesentliche Fragen erfolgt. Auch diese Fortbildung geschieht im Einvernehmen zwischen Kirche und Staat.

8. Wie der gesamte weltanschaulich-politische Unterricht die lebendige Beziehung zu der Ortsgemeinde suchen wird, so muß auch die christliche Erziehung eine unmittelbare Verbindung mit der örtlichen Kirchengemeinde anstreben. Es darf z. B. dem Lehrer nicht verwehrt sein, im Kindergottesdienst oder in der Gemeindejugendarbeit mitzuhelfen.

9. Im Blick auf diese lebendige Verbindung zwischen Schule und Ortsgemeinde ist zu erwägen, ob nicht bei der Neugestaltung der deutschen Volksschule die in manchen Ländern schon bestehende Einrichtung übernommen werden sollte, daß die Pfarrer der Ortsgemeinde in der Oberstufe in zwei planmäßigen Wochenstunden Religionsunterricht erteilen. Auf der anderen Seite wünscht die Kirche, daß es den Studenten der Theologie ermöglicht

werde, mindestens ein Semester an einer Hochschule für Lehrerbildung zu studieren.

10. Wenn der Staat der christlichen Unterweisung einen Platz im Erziehungswerk gibt, so wird er auch dafür sorgen, daß die sonstigen Inhalte und Funktionen völkischer Gesamterziehung sich zum christlichen Anliegen nicht in Gegensatz stellen.

11. Für die Diasporagegenden ist eine Regelung zu treffen, die dem Lebensinteresse der Minderheiten ausreichend Rechnung trägt.

4.5 Hermann Windel verschickt die Denkschrift „Kirche und öffentliche Schule" (September 1936)

Quelle: Evangelische Kirche in Hessen und Nassau, Kirchenamt – Zentralarchiv, Darmstadt (Bestand 62 Nr. 6055)

Reichsverband deutscher
evangel. Schulgemeinden

> W.-Barmen, den 12. Sept. 1936
> Ad. Hitlerstr. 481.

An unsere mitarbeitenden
Freunde innerhalb der Bewegung

Liebe Brüder und Mitarbeiter!

Wir übersenden Ihnen in der Anlage
1. die Stellungnahme der thüringischen Kirchenleitung zur Schulfrage, die sachlich ja nichts Neues bringt, aber für die fortschreitende Entwicklung auf dem Schulgebiet charakteristisch ist.
2. zur vertraulichen Kenntnisnahme mit der Bitte um Ihre Stellungnahme die Denkschrift der Herren Ellwein/Schafft vom Reichskirchenausschuss zur Schulfrage. Sicherem Vernehmen nach soll diese Denkschrift dem Reichserziehungsministerium zugeleitet werden und dürfte dort entsprechend als Preisgabe der Bekenntnisschule gewertet werden. Wie das Reichserziehungsministerium anscheinend schon durch die weichende Haltung der württembergischen Kirchenleitung überrascht wurde, wird hier die Überraschung vollkommen sein. Es sollte unserer Ansicht nach zur Zeit ein energischer Vorstoss gemacht werden, die verantwortlichen Leitungen innerhalb der verschiedenen Denominationen der Kirche von diesem verhängnisvollen Wege

abzuhalten und sie zum mindesten zu warnen. Dazu benötigen wir Ihre umgehende Stellungnahme.

Es besteht die Absicht, die bisher vorliegenden zum Teil recht wertvollen Antworten auf die von uns in Umlauf gesetzten 3 denkwürdigen Fragen des Reichskirchenausschusses zusammen mit dem auf dieses Schreiben eingehenden Material zu einer Denkschrift zu verarbeiten, die zwar nicht für die Öffentlichkeit, aber doch für alle interessierten Kreise unseres Bekenntnisses bestimmt ist.

Wir geben uns der Hoffnung hin, dass all diese Vorarbeiten im Kreise interessierter Freunde der Anstoss sein möge zu einer grundsätzlichen Neubesinnung aller der Fragen, die mit einer evangelischen Erziehung im 3. Reich zusammenhängen.

Für eine Beschleunigung der Angelegenheit wären wir Ihnen verbunden.

In der Verbundenheit des Glaubens und des Dienstes
Reichsverband deutscher evangel. Schulgemeinden

Hermann Windel

4.6 Peter Petersen an Hermann Windel – Stellungnahme zur Denkschrift „Kirche und öffentliche Schule" (September 1936)

Quelle: Peter-Petersen-Nachlaßgesellschaft Bremen/Oldenburg

Zum Gutachten Ellwein/Schafft   Im August 1936

A. Von uns aus sollten wir nicht gegen die Gemeinschaftsschule gleich Simultanschule kämpfen, sondern erkennen, dass sie eben auch eine *Bekenntnisschule* ist.

Immer wieder heisst unsere Linie die *evangelische Schulgemeinde,* Schule mit der Bibel für die christlichen Eltern evangelischer Bekenntnisse. Lehnen wir die Zwangsschule für uns ab, so müssen wir den anderen ihre Schule lassen. Da ist es sicher so, dass viele gleichgültigere Eltern eben die Gemeinschaftsschule wählen, das alte Ideal des verflossenen Deutschen Lehrervereins. Dort mag dann ein „neutraler" religionskundlicher Unterricht erteilt werden, so wie ihn auch die „weltlichen" Schulen zu erteilen gesonnen waren; darüber liegen Programme vor.

Ferner werden wir kaum etwas Nennenswertes erreichen auf dem Gebiete der höheren Schulen, die z.B. in Preussen ganz überwiegend „simultan" sind, ebenso in Hamburg, Oldenburg usw. Und wie es da liegt, das weiss ich ja aus eigener Erfahrung ganz genau und kenne die Schwierigkeiten solcher RU's.

Auch dürfte uns eine, ich nenne sie der Klarheit halber lieber mit altem Namen, Simultanschule lieber sein als eine weltliche mit wohl gar Gottlosenunterricht in Deutschland. In Simultanschulen kann Gottes Wort immer noch einen Platz finden.

B. Neugierig ist nun aber alles, was mit den Schülern geschehen soll, die heute abgemeldet werden! Thüringen lehnt es ab (d.h. sein noch bestehendes Volksbildungsministerium) etwas anzuordnen, infolgedessen haben die Abgemeldeten diese Stunden „frei"! Bei mir 3 aus der Obergruppe, 2 aus der Mittelgruppe. Nun aber überdenke man sich doch einmal die Alltagspraxis! Nehmen wir eine Münchener Vorstadt-Gemeinschaftsschule an mit 960 Schülern. Darunter 60% röm.-kath., 20% ev., 5% Ludendorffanhänger, 5% Deutschchristen, 5% Dissidenten, und denke sich aus, wie es in Berlin-Wedding aussieht, und so fort in tausend Variationen.

Wie können Ellwein-Schafft schreiben von „organisch ausgerichteten Heimatschulen" à la Krieck! und dass auch die „christliche Erziehung" das ganze Schulleben bestimmen soll s. IV. Anfang des 2. Abs.!

Stundenplanmässig wird doch an solcher Schule der RU aller Gattungen zu den selben Stunden liegen müssen. Dann teilen sich also die Schüler in 5-6 Gruppen auf nach den „Bekenntnissen"! Wo bleibt da die Einheit des Schullebens, der Schulgemeinde?

Wiederum sagen beide ganz mit Recht, dass gerade für den jungen Menschen bis zum 14. Lebensjahre die einheitliche Erzieherische Ausrichtung so entscheidend sei. Das ist sie auch. Aber wie kommen sie da zu solchen plumpen Widersprüchen?

C. Bei ihrem Bemühen, die bitterernste Volksfrage „administrativ" und „politisch" zu lösen, müssen sie die Fülle der grossen Schwierigkeiten aufzählen, die sich ergeben zur Abgrenzung der Kompetenzen. Man überdenke, was alles in den Thesen 1-11 an Möglichkeiten für Zusammenstösse zwischen Staats- und Kirchenpolitik, vor allem aber zwischen Lehrerschaft und Kirche liegt. Das Reden von einer „nicht misstrauischen Kontrolle" beseitigt doch nicht die Wirklichkeit selber, dass nämlich Kontrollen nun einmal die Möglichkeit zu Differenzen in sich tragen.

D. Nach wie vor finde ich unsern Standpunkt als den klarsten im Augenblick in keiner schlechten Lage, *wenn* wir nur gehört werden können. Der *Lehrerschaft* gegenüber günstig, weil unsere Forderung ganz klare Linien schafft und keinerlei Kompetenzstreitigkeiten, ganz abgesehen von der überlegenen pädagogischen Forderung; denn wir fordern eine Schule, die innerlich organisch folgerichtig arbeiten kann.

Dem *Staate* gegenüber – denn in evangelischen Schulen gibt es keine staatsfeindliche Politik; sie unterbindet das klare Gottes Gebot. Der Staat hat vor sich in sich klar ausgerichtete Schulen – überall wenn er die Bekenntnisse frei gibt. Seine Kontrolle ist leichter. Gerade heute, wo es scheint, als ob am Sonnabend wieder die Schule eingespannt werden soll und dass dort nationalsozialistischer Weltanschauungsunterricht erteilt werden soll, kann er auch noch leichter die übrigen Tage frei geben. Der Staat hat mit den Kirchen viel weniger Verhandlungen nötig und viel weniger Reibungsfläche also.

Den *Kirchen* gegenüber; diese haben vor sich offene reine Verhältnisse, sie haben ihr Bekenntnis nicht verraten und ebenso weniger Reibungsflächen mit dem Staate.

Der früher sehr zugkräftige Einwand, dass u.U. zu viele Zwergschulen, dass in den Städten sogar etwas wie die verachteten „Landschulen" entstehen könnten, diese Propaganda gegen uns ist heute schwieriger, wo in einem gewissen Sinne die Landschule für die Stadtschule vorbildlich gemacht wird und wo sich nicht mehr so unverblümt gegen das Land und seine Schüler reden läßt.

23. 9. 1936 [Peter Petersen]

4.7 Der Vorstand des Gaus Ostmark (Königsberg i. Pr.) im Reichsverband deutscher evangelischer Schulgemeinden e.V. an den Reichskirchenausschuß (Oktober 1936)

Quelle: Evangelisches Zentralarchiv Berlin, Bestand 1/A 4/422

Reichsverband deutscher evangel. Schulgemeinden e.V., Gau Ostmark
Königsberg Pr., den 26. Oktober 1936

An den Reichskirchenausschuss
Berlin-Charlottenburg

Sehr geehrte Herren!
Aus der im Auftrage des Reichskirchenausschusses von den Herren Prof. Ellwein und Prof. Schafft verfassten Denkschrift, die zur Schulfrage eingehend Stellung nimmt, haben wir mit Bedauern ersehen müssen, dass man geneigt ist, auf die Bekenntnisschule zu verzichten in der Hoffnung, dafür Sicherungen für die Erteilung des Religionsunterrichts nach den Grundsätzen der Religionsgesellschaft und Versprechungen in bezug auf die Achtung der Gesinnung Andersdenkender im Unterricht zu erhalten.

Gegen diese evtl. Preisgabe der evangl. Bekenntnisschule, wie dies bereits in Württemberg geschehen ist, wenden wir uns mit aller Entschiedenheit, da dies keinesfalls dem Willen der noch gewissensmässig an Gott und Sein heiliges Wort gebundenen evangl. Elternschaft und wohl auch nicht dem Sinne der Kirche entspricht.

Unsere evangelische Schulgemeindebewegung, die bereits seit dem Jahre 1848 auf Grund ihrer Aktivität in allen evangelischen Landeskirchen, evangl. Freikirchen und Gemeinschaften im evangl. Volksteil verankert ist, leitet ihren Auftrag aus Gottes Wort her und setzt sich zum Besten unserer deutschen Jugend für die Erhaltung und Sicherung der evangl. Bekenntnisschule ein. Wir möchten es in Anbetracht der heutigen Notlage nicht verabsäumen, unsere Stimme zu erheben. Denn eine Gemeinschaftsschule, in der wohl einstweilen der christliche Religionsunterricht in demselben Umfang wie in der bisherigen Bekenntnisschule beibehalten werden soll, kann uns nicht genügen. Zahlreiche Beispiele der Gegenwart drängen uns die Befürchtung auf, dass die Kinder christlicher Eltern dann einem Konflikt zwischen dem mehr oder weniger christentumsfeindlichen Gesamtunterricht ausgeliefert werden, der nicht nur für die religiöse, sondern auch für die sittliche und charakterliche Entwicklung eines Kindes die schwerste Schädigung bedeutet.

Unsere evangelische Elternschaft ist zu entschiedenem Festhalten an der evangelischen Bekenntnisschule bereit. Damit tut sie auch unserem Volk und Staat den besten Dienst. Denn es gibt keine Schule, die Staat und Volk fester und tiefer in den Herzen der Jugend verankern könnte.

Wir bitten daher den Reichskirchenausschuss, sich dem Willen der evangelischen Elternschaft entsprechend für die Wahrung der evangelischen Bekenntnisschule als das kostbare Erbe der Reformation nachdrücklichst einzusetzen.

In evangelischer Glaubensverbundenheit
grüsst ergebenst
Der Vorstand

I.A.

Dr. Perl   H. Strehlow
1. Vorsitzender   2. Vorsitzender

4.8 Rundbrief des Vorsitzenden des Gaus Münsterland im Reichsverband deutscher evangelischer Schulgemeinden, Goecke, zur Bedrohung der evangelischen Bekenntnisschulen (Oktober 1936)

Quelle: Ev. Kirche von Westfalen, Landeskirchliches Archiv Bielefeld, Bestand: 4.22, Nr. A N1

Gau Mark Münsterland
Hagen i.Westf. 1. X. 1936

An die Leiter der Schulgemeinden und Lesergruppen

Liebe Freunde und Mitarbeiter!
Im Anschluss an ernste Beratungen im Kreise unseres Gauvorstandes in unserer letzten Sitzung am 19. September in Hagen weisen wir unsere Gruppen auf folgendes hin:

1. Die schulpolitische Lage:
Die christliche Schule wird in steigendem Maße bedroht. Gerade in unserem Gaugebiet wirkte sich das im vergangenen Winter in Gestalt der an zahlreichen Orten veranstalteten Werbungen für die „deutsche Gemeinschaftsschule" sehr handgreiflich aus. Inzwischen erfuhren wir durch unseren Schulfreund und andere Schriften unseres Verbandes von den Erfolgen dieser neuen Gemeinschaftsschule in Württemberg und Bayern.

In jüngster Zeit kam unserer Verbandsleitung eine Denkschrift zur Kenntnis, die im Auftrage des Reichskirchenausschusses von Prof. Ellwein und Prof. Schafft ausgearbeitet wurde. Ihre Verfasser erklären die „deutsche Gemeinschaftsschule" seitens der Kirche für annehmbar, falls vom Staate gewisse Sicherungen hauptsächlich hinsichtlich des Religionsunterrichtes gegeben werden. – Bedeutet diese Denkschrift auch noch keineswegs die endgültige Stellungnahme des Reichskirchenausschusses in der Schulfrage, so liegt doch zum mindesten unter diesen Umständen die Gefahr sehr nahe, dass hier – ähnlich wie in Württemberg – von einer kirchlichen Instanz selbst die evangelische Bekenntnischule preisgegeben wird. Ist dieses aber erst geschehen, so ist die restlose Entfernung einer biblisch christlichen Unterweisusng aus der Schule eine notwendige Folge dieser Preisgabe. Gerade das, was man als Sicherung des christlichen Charakters der Schule dann noch betrachtet, dass nämlich die Empfindungen Andersdenkender nicht verletzt werden sollen, wird der Grund zur völligen Entchristlichung. Denn da nicht nur die Kinder der beiden christlichen Kirchen diese Schule besuchen, sondern auch deutschgläubige Kinder, so haben diese letzteren genau den gleichen Anspruch darauf, dass ihre Empfindungen nicht verletzt werden, und dass dieser Anspruch mit aller Energie durchgesetzt wird, bedarf wohl keiner Frage.

Wir halten es in diesem, für die Zukunft unserer christlichen Schule vielleicht entscheidenden Augenblick für dringend geboten und wissen uns darin einig mit unserer Verbandsleitung in Barmen, dass unsere Gruppen ein deutliches Wort zur Schulfrage an die leitenden kirchlichen Stellen richten und dass sie ihre Gemeinden und deren kirchliche Verbände zu einem gleichen Schritt veranlassen. – Man wende sich dabei zunächst an seine örtliche bezw. die Provinzialkirchenleitung, ausserdem aber auch an den Reichskirchenausschuss, Berlin-Charlottenburg 2, Marchstr. 2, sowie an die vorläufige Kirchenleitung, Berlin SW 61, Am Johannistisch 5.

Ein Vorstelligwerden in dieser Angelegenheit bei staatlichen Stellen ist zwecklos, da es sich in diesem Fall zunächst um eine innerkirchliche Angelegenheit handelt.

2. Die Winterarbeit.

Die Winterarbeit in unseren Gruppen soll auf einer für die nächsten Wochen vorgesehenen Gauvertretertagung ausführlich behandelt werden. –

Da wir aber angesichts der gesamten Lage keinen Tag Zeit zu verlieren haben, weisen wir unsere Freunde schon heute auf einige wichtige Punkte hin und bitten dringend, von den hier gezeigten Möglichkeiten auch Gebrauch zu machen:

a) *für halb- oder ganztägige Schulungen*

Den Mitarbeitern eines grösseren Bezirkes stehen besonders die Freunde A. Böhme und W. Piutti zur Verfügung.

b) Diese Schulungen müssen ergänzt werden durch ernste Selbstschulungen im engsten örtlichen Mitarbeiterkreis (Stoff dafür bieten der Schulfreund, die Mitteilungen oder eine sonstige Schrift).

c) Das Schulgemeinschaftsanliegen muss vielmehr *von Mund zu Mund* besprochen werden. (Bekanntenkreis, Nachbarschaft, Arbeitsplatz und Beruf).

d) *Vorträge* sind anzuregen und anzufordern für alle erreichbaren (kirchlichen und ausserkirchlichen) Kreise, auch über unsere eigenen Gruppen hinaus.

e) *Verschiedenes:* Vorbereitung unseres Schrifttums, Sammlung von Material und Einsendungen an den Verband, Verbindung aufnehmen mit allen christlichen Lehrern, Arbeitsmöglichkeiten für unsere berufsmässigen Werber schaffen.

Mit dem Gruss der Glaubens- und Arbeitsverbundenheit!

H. Goecke
Gauvorsitzender

4.9 Rundbrief von Hermann Windel an evangelische Eltern (Dezember 1936)

Quelle: Archiv des Kirchenkreises Wuppertal-Barmen, Bestand: Barmen-Gemarke, Sign: BG/34-4 (Slg. 54/62 63)

Bitte an Eltern schulpflichtiger Kinder weitergeben!

Liebe evangelische Eltern!
Ich bin in den letzten Wochen und Monaten von so vielen Seiten immer dasselbe gefragt worden, wie es mit der *Schule unserer Kinder* heute eigentlich stände, daß ich mir einmal vorgenommen habe, als Vater einer eigenen großen Kinderschar, die heute noch zur Schule geht, allen denen, die in der gleichen Notlage sind, eine ausführliche Antwort auf die uns alle bewegenden Fragen zu geben, um, wenn möglich, damit vielen den Dienst der Aufklärung über die wahre Sachlage zu tun. Möchte er nicht ungesegnet bleiben!

Beginnen wir damit, uns umzuschauen, was die Befürworter einer Gemeinschaftsschule oder – wie man neuerdings sagt – der deutschen Schule, und was auch die Preisgeber der Bekenntnisschule uns zu verkünden haben.

Fangen wir bei den Deutschgläubigen an. Ihre große Versammlung im Sportpalast in Berlin liegt jahrelang zurück, so daß sich niemand mehr der damaligen Vorgänge erinnert, obwohl es ohne Zweifel gut wäre, wenn man ein Gedächtnis hätte für das, was dort deutlich ausgesprochen worden ist. Nachdem diese Bewegung sicherlich auch infolge ihrer Führungskrise eine Weile still gewesen ist, wenngleich ihre Blätter „Der Blitz" und „Der Durchbruch" recht deutlich gefunkt haben, so wird in jüngster Zeit wieder ernstlich Propaganda getrieben. Man kann dabei wohl merken die Wahrheit des Wortes: Wer Wind sät, wird Sturm ernten. Denn was u.a. ein Redner dieser Bewegung sich am 17. Oktober in Siegen geleistet hat, übersteigt alles bisher Dagewesene. Nicht nur, daß er die Bibel als ein schmutziges Buch hingestellt hat, Paulus als einen raffinierten Kunden und Christus als einen Aufrührer, der aus dem Pöbel des Volkes kam, sondern er geht sogar so weit, zu sagen, daß man an die Stelle des Christentums eine neue Religion nicht zu setzen brauche, da es für so einen Schmutz gar keinen Ersatz gäbe. Christus sei die eine Idee, Deutschland die andere. Ja, er lehnt sogar die in der Stadt der

Barmherzigkeit Bethel geübte Liebestätigkeit ab und meint, man müsse diese Menschen durch einen medizinischen Eingriff aus dem Leben befördern, weil man mit dem Gelde 40 000 Bauernhöfe in einem Jahr entstehen lassen könne. Sie seien grausam und wollten nichts mit Leid zu tun haben. Positives Christentum sei das Christentum, das jedes Mittlertum zu Gott, also auch in seinem Sohne, ablehne.

Die Schulforderungen dieser Kreise brachte am 23. Juli d.J. der „Durchbruch", indem er die deutsche Schule als eine rein völkische Schule nach ihrem inneren und äußeren Aufbau forderte. In keiner deutschen Schule werde ein staatlich geförderter christlicher Unterricht erteilt. Das Christentum werde innerhalb der deutschen Schule behandelt, soweit es noch der seelischen Wirklichkeit des Volkes entspreche und Aufklärung gebe als der innere Gegner eines völkischen Staates. Man ist davon überzeugt, daß wir sehr bald seelisch und religiös gesündere Verhältnisse in Deutschland haben, wenn die Kirche keinen religiösen Schutt mehr auf die Seelen der Kinder legen könne.

Sollen die Lehrer der Deutschen Glaubensbewegung auch die Erzieher Deiner Kinder werden? *Dann* mußt Du Dich für die deutsche Schule entscheiden.

Nicht wahr, Ihr empfindet mit mir die große Not, die darin besteht, daß Teile der großen Kirche der Reformation heute offen und versteckt aus Furcht vor Menschen und aus Sorge um die Sicherheit der eigenen Existenz ebenfalls die Christus bekennende Schule nicht mehr als die Erziehungsschule ihrer Kinder für nötig halten. Ich verweise auf die Haltung der Thüringer Kirche, die ja genügend bekannt ist, aber auch auf die Preisgabe der Bekenntnisschule durch den Oberkirchenrat in Württemberg, die viel böses Blut und manche Enttäuschung bei christlichen Eltern und Lehrern hervorgerufen hat.

Und noch schwerer lastet auf uns, daß wir nicht nur wenige evangelische Lehrer und Lehrerinnen kennen, die noch Freudigkeit haben, mit ganzem Einsatz sich für die Erhaltung der Bekenntnisschule einzusetzen, sondern daß wir im Gegenteil eine große Zahl derer nennen können, die sich offen zur deutschen Schule bekennen und sogar ihre Unterschrift dafür zur Verfügung gestellt haben. Wir kennen allerdings auch etliche, die dadurch in tiefe Gewissensnot geraten sind. Aber auf die Frage: Wo ist dann die Lehrerschaft für die bekennende Schule? muß doch allgemein mit einem Achselzucken geantwortet werden. Daß sich weithin die nicht mehr christliche Lehrerschaft mit großer Begeisterung und mit noch größeren Worten für die Gemeinschaftsschule einsetzt, verwundert uns, die wir die Vergangenheit kennen, ja gar nicht. Nur glaube ich, daß diese Lehrer zum großen Teil sehr enttäuscht sein werden, wenn sie von maßgebender Stelle aus hören, daß diejenigen, die die Gemeinschaftsschule des Dritten Reiches mit der Simultanschule von gestern und heute verwechseln, auch offenbar das Dritte Reich mit dem Parteienstaat von früher verwechseln. Die Simultanschule sei das typische Produkt des weltanschauungslosen Staates gewesen. So gibt es keine neutrale Staatsschule mehr, und deshalb haben die Vorkämpfer der alten Staatsschule entweder einen Gesinnungswechsel vorgenommen oder noch gar nicht erkannt, worum es eigentlich geht. Die neue Gemeinschaftsschule ist die völkische Weltanschauungsschule unter dem Schutze des Staates.

Ist es bei alledem verwunderlich, daß die evangelische Elternschaft der wichtigen Entscheidung, in welche Schule sie ihre Kinder schicken soll, unaufgeklärt, eingeschüchtert und ratlos gegenübersteht? Und ich würde gewiß keine Freudigkeit haben, im Hinblick auf all das, was sich auf dem Schulgebiet und in unseren Schulen zur Zeit begibt, mich noch weiterhin für die Erhaltung und Erneuerung dieser Schule einzusetzen, wenn nicht *eine* Erkenntnis *turmhoch* über allen Erfahrungen und Enttäuschungen stände, und diese Erkenntnis ist, daß Gottes heiliger Wille von Euch und mir fordert: „Weiset meine Kinder und das Werk meiner Hände zu mir!" Da ich weiß, daß nichts und niemand mir letzte Verantwortung für meine Kinder und auch für die Jugend unseres Volkes abnehmen kann, sondern daß *wir* sie vor Gottes Thron tragen und Rechenschaft geben müssen, gibt es in dieser Frage kein Ausweichen, kein Sichentschuldigen und keine Rücksichtnahme auf Menschen und Verhältnisse. Wenn schon menschliche Richter und irdische Obrigkeiten zu fürchten sind, wie ganz anders wird Gott richten, wenn wir uns gegen seinen heiligen Willen in bezug auf die Gaben, die er uns anvertraut hat, versündigen. Darum, *Gottes Wort sagt es* und *unser an Gottes Wort gebundenes Gewissen bezeugt es uns* immer wieder, *daß wir unsere Kinder erziehen sollen in der Furcht und Vermahnung zum Herren.*

Somit müssen wir eine Schule fordern, in der Gottes Gesetz und das Evangelium von seinem geliebten Sohne *das beherrschende Erziehungsprinzip* ist. Die Schule wird in Zukunft mehr als in der Vergangenheit ein Ort der Verkündigung sein. Es kommt, wie der Führer unseres Volkes sagt, nicht mehr so sehr auf das Wissen, als auf die Charakterbildung, d. h. auf das Gewissen an, und da wollen wir von Herzen dankbar sein, daß der Führer durch seinen Stellvertreter gleich 1933 einen, und zwar wohl den wichtigsten Erlaß herausgegeben hat, der besagt, daß der Glaube eines jeden eigenste Angelegenheit ist, die er mit seinem Gewissen zu verantworten hat. Gewissenszwang darf nicht ausgeübt werden. Daß für uns aber Erziehung eine Angelegenheit des Glaubens und des Gewissens ist, nicht wahr, daran sollte niemand zweifeln, der weiß, daß es christliche Erziehung nur dort gibt, wo man entschlossen ist, das als Wirklichkeit im Gehorsam ernst zu nehmen, was das Wort Gottes uns als die Wirklichkeit unseres Lebens enthüllt. Wollen wir gehorsame Kinder haben, können wir sie nur durch den Gehorsam an Gott und seinen Christus verpflichten. Die Bekenntnisschule, die wir meinen, ist daher eine solche Schule, in der Erzieher, Eltern und Kinder sich stellen unter den Gott des Himmels und der Erden, der uns in seinem Wort das Gesetz gegeben und in seinem Sohn erlöst hat.

Nun ist aber ganz deutlich, daß dieser Glaube nicht alle unserer Volksgenossen beherrscht und daß auch die Obrigkeit keinen Glauben vorschreiben will. Dafür spricht nicht nur der oben angeführte Erlaß des Stellvertreters des Führers, sondern dafür spricht auch eine Belehrung des Reichskriegsministers für die Vereidigung der Soldaten vom 7.8.1936. Der Fahneneid, so erklärte der Minister, ist ein religiöser Eid, setzt aber nicht ein christliches Bekenntnis voraus. Die Worte „Bei Gott" ermöglichten es auch Anhängern nichtchristlicher Glaubensrichtungen, den Fahneneid bei dem höchsten Wesen ihres Bekenntnisses zu schwören. Und schließlich hat der Reichsinnenminister zugleich im Namen des Stellvertreters des Führers und des Reichsministers für die kirchlichen Angelegenheiten die Bezeichnung der religiösen Bekenntnisse neu geregelt. Zukünftig sind in öffentlichen Listen, Vordrucken und Urkunden auf Grund unserer Erklärungen zu unterscheiden 1. Angehörige einer Religionsgemeinschaft, 2. Gottgläubige, 3. Glaubenslose.

Nicht wahr, Ihr werdet mir recht geben, daß durch alle diese Maßnahmen ganz eindeutig die Anerkennung der Obrigkeit für die Tatsache kundgetan wird, daß wir eine Einheit des Glaubens und des Gewissens in Deutschland nicht haben und daher hierfür Freiheit gewährleistet wird.

Auf dem Schulgebiet liegen die Dinge nun genau so. Es ist verständlich, daß sich die Gottgläubigen und die Glaubenslosen in unserm Volk dagegen wehren, weiterhin in den Bekenntnisschulen sowohl als Lehrer zu unterrichten, als auch als Eltern ihre Kinder dorthinein zu schicken. Ich weiß, daß die christliche Gemeinde sich an jedem menschlichen Gewissen vor Gott beweisen soll durch Offenbarung der Wahrheit, sodaß von hier aus gesehen die Forderung nach der christlichen Erziehung der kommenden Generation für die gesamte deutsche Jugend verpflichtend ist. Andererseits sehen wir aber wohl, was bei einer Gleichberechtigung der verschiedenen Glaubensansichten schon jetzt in unseren Bekenntnisschulen für eine heillose Verwirrung angerichtet wird. Wir können es daher nur begrüßen, wenn die Obrigkeit durch Schaffung klarer Rechtsverhältnisse für die einzelnen Schulformen den gewissensmäßigen Belangen der Elternschaft Rechnung trägt, und müssen nur erwarten, daß der freie Willensentscheid gewährleistet wird. So hat der Führer mit der katholischen Kirche das Konkordat abgeschlossen, über das der Reichserziehungsminister Rust in Guben sagte: Wir haben im Konkordat die konfessionellen Schulen gesichert. Was wir versprochen haben, halten wir! So erklärte der Ministerpräsident Mergenthaler in Stuttgart in seinem Aufruf für die neue deutsche Schule: „Es ist den Eltern freigestellt, in welche Schule sie ihre Kinder schicken wollen. Diejenigen Eltern, die glauben, ihre Kinder nicht in die deutsche Volksschule schicken zu können, haben auch weiterhin Gelegenheit, ihre Kinder wie bisher in evangelische oder katholische Volksschulen zu schicken."

Ihr seht also, von seiten der Regierung werden uns gar keine grundsätzlichen Schwierigkeiten in den Weg gelegt. Woher die Schwierigkeiten im einzelnen kommen, brauche ich wohl nicht zu sagen. Das spürt Ihr ja genau so wie alle evangelischen Eltern. Wir sollten uns auch nicht darüber wundern, daß das Christentum, wie sein Herr und Meister, eine angefeindete und angefochtene Sache in der Welt ist, sondern sollen uns die Verheißungen, die darauf ruhen, viel mehr zu eigen machen, wenn wir um seines Namens willen geschmäht und verfolgt werden. Schädigung in unserer sozialen Stellung wie im wirtschaftlichen Leben werden sicherlich nicht von der Regierung gebilligt, sind aber im Einzelfalle wohl auch nicht zu vermeiden. Jedenfalls sollten wir uns durch Menschenfurcht nie von unserem Gehorsam gegenüber dem Worte und Willen Gottes abhalten lassen.

Vergegenwärtigen wir uns zum Schluß kurz, welch großer Segen nicht nur für unsere eigenen Kinder, sondern für unser ganzes geliebtes Volk daraus erwachsen wird, wenn wir unbeirrbar festhalten an der evangelischen Bekenntnisschule. Es werden sich die Lehrer entscheiden müssen, an welcher Schule sie unterrichten wollen. Damit bekommen wir für unsere evangelischen Bekenntnisschulen nur solche Lehrer, die freiwillig und freudig ihre christliche Verantwortung vor Gott und den Menschen tragen werden. Ich bin außer jeder Sorge, daß sich nicht genügend Lehrer finden würden, wenn nur die Eltern vorher fest im Glauben zu ihrer Forderung stehen. Wir werden sodann erleben, wie unsere christlichen Schulen Brunnstuben des Volkes je länger je mehr werden. Es werden charaktervolle, christliche Persönlichkeiten aus ihnen hervorgehen, die wie in der großen Geschichte unseres Volkes, so auch in Zukunft in Zeiten der Not in opferbereiter Hingabe wahre Volksgemeinschaft vorleben werden. Wir werden schließlich damit den Grundstock zu einer für das ganze deutsche Volk umfassenden christlichen Schule legen, wenn die, wie ich überzeugt bin, vergeblichen Versuche, auf einer anderen Grundlage eine Glaubens- und Gesinnungseinheit zu schaffen, sich als erfolglos erwiesen haben.

Darum, Ihr lieben Eltern, mögen wir die Dinge anschauen wie wir wollen, ich kann zu keinem anderen Ergebnis kommen, als zu dem, daß das Eintreten für die evangelische Bekenntnisschule ein zwar nicht ungefährliches, aber charaktervolles Bekenntnis zu Gott und einer von ihm eingesetzten Obrigkeit ist und damit Dienst am Volk. Wer wagt's, im Aufblick zu Gott, mit uns diese glaubensvolle Haltung einzunehmen? Solltet Ihr noch weitere Fragen haben, so bin ich gern bereit, Euch aus meinen Erfahrungen und Kämpfen mit Rat zu dienen. Möchten unsere Waffen im Kampf geistlicher Art sein, sodaß der Friede Gottes, der höher ist als alle Vernunft, uns erhalten bleibe.

Euer getreuer
Hermann Windel.

Wuppertal-Barmen, Im Advent 1936.
Parsevalstraße 26a.

4.10 Kurzer Bericht über die Lage des Schulkampfes im Gebiet Rhein-Wupper (Dezember 1936)

Quelle: Archiv des Kirchenkreises Wuppertal-Barmen, Bestand Barmen-Gemarke Sign.: BG/34-4 (Slg. 54/65 66)

W.-Barmen, den 21.12.1936

1. *Die Vorgänge*: Es haben in Wuppertal zwei Lehrerversammlungen stattgefunden, die eine in der Konkordia, die andere in der Aula des Oberlyzeums Bleicherstrasse. Während die erstere Versammlung sich sehr stark konfessionell betätigte, stand die zweite völlig unter dem Zeichen der neuen Schulreform. Es waren die Regierungs- und Schulräte Ruschen und Simons anwesend, von denen besonders Ruschen, als Vertreter der Regierung begrüsst, erklärt haben soll, er sei nicht Vertreter der Regierung in diesem Falle, sondern Soldat Adolf Hitlers. Er erklärte die kommende Schule als völkische Staatsschule und soll sich zu dem Satz verstiegen haben, dass das Eintreten für die Bekenntnisschule Volksverrat sei.

Wie verlautet, hatte die Düsseldorfer Regierung vorher vor Einzelaktionen gewarnt. Jedenfalls ist dem Presbyterium einer Gemeinde des umstrittenen Bezirks auf ein Telegramm mit dem Inhalt: „Unterschriftensammlung für die deutsche Schule hier beendet, War diese amtlich und erlaubt?", die briefliche Antwort vom Regierungspräsidenten unterm 17. Dezember 1936 zugegangen: „Auf Ihre telegraphische Eingabe vom 14.12. ds. Js. teile ich Ihnen mit, dass nach den gemachten Feststellungen es sich bei der Werbung für die deutsche Schule um eine parteiamtliche Angelegenheit handelt, für die alleine der Hoheitsträger der N.S.D.A.P. zuständig ist. i.A. gez. Premer". Die Regierung hat also damit nichts zu tun.

Im ganzen Kreis Rhein-Wupper haben dann auch auf Veranlassung des Hoheitsträgers der Partei Versammlungen stattgefunden, in der Redner sich für die „deutsche Schule" eingesetzt haben, es sind ferner Unterschriftensammlungen in den Häusern gelegentlich der letzten Sammlung für das Winterhilfswerk vorgenommen [worden], und es verlautet sogar, dass ein Telegramm nach Berlin abgegangen sein soll, in dem eine über 90% der Elternschaft hinausgehende Forderung nach der „deutschen Schule" gemeldet sein soll. Die ausserordentlich starke Beunruhigung in den Kreisen evangelischer und katholischer Eltern und Gemeinden hat zu Anfragen und Beschwerden bei den zuständigen Regierungsstellen geführt. Die Erkundigungen auch in Berlin bei zuständiger Stelle haben ergeben, dass die Schulfrage noch sehr ungeklärt ist. Es sei jedenfalls ausgeschlossen, dass die evangelischen Belange hinter den katholischen, durch das Konkordat gesicherten Belange gestellt werden könnten. Nirgends sonst im Reich seien ähnliche Aktionen gemeldet; offenbar liege der Versuch vor, die „deutsche Schule" vom Volke aus verlangen zu lassen, um dadurch das Konkordat zu umgehen.

2. Die kirchlichen Gemeinden und die evangelischen Schulgemeinden sind in eine berechtigte Abwehr dieser freiwilligen Unterschriftssammlungen eingetreten, weil die gegebenen Aufklärungen unvollständig, widerspruchsvoll und in höchstem Grade irreführend, die Glieder der Gemeinden zu Entscheidungen aufgerufen haben, über deren Ausmass und Tragweite sich wohl kaum jemand bewusst gewesen ist. Dass ausgerechnet die Weihnachtszeit für diese Aktion benutzt wurde, obwohl von der Leitung der Bewegung ab 15. Dezember eine Versammlungsruhe eingelegt worden ist und gerade die Kirche mit ihren Gemeinden auf das Fest eingestellt war, hat besonders verstimmend wirken müssen.

3. Es scheint dreierlei notwendig zu sein:
a) Die Presbyterien der Gemeinden und die Vorstände der Schulgemeinden sollten *sofort* eine *begründete schriftliche Beschwerde* an den Herrn Regierungspräsidenten in Düsseldorf senden, damit über Umfang und Auswirkung der Aktion bei der zuständigen Regierungsstelle Berichte vorliegen. Es erscheint zweckmässig, Abschrift dieser Berichte auch an das Kultusministerium in Berlin zu richten.
b) Es sollten die Gemeinden über die rechtliche Lage aufgeklärt werden, und zwar nicht nur über die Lage auf dem Schulgebiet, sondern auch über die Berechtigung zu Unterschriftenabgabe, bzw. Verweigerung und die Freiheit,

eine Unterschrift, die wider besseres Wissen abgegeben ist, freimütig zurückziehen zu können.

c) Vor allen Dingen sollte nunmehr unverzüglich daran gegangen werden, innerhalb der Gemeinden einen festen Kern von Eltern zu sammeln und zu schulen, die bei der erwarteten Einführung der „deutschen Schule" Ostern 1937 im Glaubensgehorsam, für die Bekenntnisschule weiterhin einzutreten, sich bereitfinden werden. Es erscheint vollkommen ausgeschlossen, dass die „Deutsche Schule" als alleinige Schule des Gebietes zur Zeit von der Regierung verfügt wird. Wenn der Führer oder die Regierung das wollten, hätten sie ja völlig freie Hand und Vollmacht, das ohne Mitwirkung örtlicher Instanzen durch Gesetz zu tun. Das haben sie nicht getan, sondern feierliche Erklärungen für die Freiheit des Glaubens und des Gewissens abgegeben. Somit besteht keine Veranlassung, an der Rechtmässigkeit unserer Haltung zu zweifeln.

4. Um alle interessierten Gemeinden schnell unterrichten zu können, wäre eine Mitteilung von bemerkenswerten Vorgängen und Einzelheiten an die *Reichsverbandsgeschäftsstelle der Schulgemeindebewegung, W.-Barmen, Ad. Hitlerstr. 481, erwünscht.*

4.11 Brief von Pastor Karl Immer an Hermann Windel (März 1937)

Quelle: Archiv des Kirchenkreises Wuppertal-Barmen. Bestand: Barmen-Gemarke Sign.: BG/34-4 (Slg./54/163, 164)

Pastor Karl Immer   W.-Barmen, den 27. März 1937

Herrn Hermann Windel
W.-Barmen
Parsevalstr. 26 A

Lieber Bruder Windel!
Zunächst spreche ich Ihnen meine herzliche Mitfreude aus, daß Sie nun wieder frei sein dürfen und Ihrer lieben Familie neu geschenkt sind. Mit welcher Bewegung mögen Sie am Gründonnerstag am Tisch des Herrn dem Gott gedankt haben, der eiserne Türen und eherne Riegel zerbricht.

Nun wird Sie viel Dienst erwarten. Jedenfalls möchte ich Sie herzlich bitten, bei der Tagung der Kirchlichen Bruderschaft evangl. Erzieher und Erzieherinnen am Donnerstag, dem 1. April, den versammelten Lehrern und Lehrerinnen aus Westfalen und Rheinland einen Vortrag zu halten über den

Kampf um die christliche Erziehung unserer Jugend. Herr Lehrer Prelle aus Jeringshave, der für einen Vortrag „Die christliche Schule in der christlichen Gemeinde" vorgesehen war, mußte im letzten Augenblick absagen. Sie würden am Nachmittag an seiner Stelle zu reden haben. Ein Programm lege ich hier bei. Dankbar wäre ich, wenn Sie mir kurz telefonisch Nachricht geben würden.

Ihnen und Ihrer lieben Frau und der Schar der Kinder wünsche ich ein gesegnetes Osterfest.

Ihr [Karl Immer]

5. Ein Zeitzeugen-Bericht von Albert Böhme, Wuppertal (1994)

Quelle: Auf Tonband gesprochen im November/Dezember 1994

Erinnerungen an den Reichsverband deutscher evangelischer Schulgemeinden

Zur Geschichte der Schulgemeindebewegung

Sie ist ein echtes Kind der Reformation. Sehr früh hatten die reformatorischen Gedanken Luthers am Niederrhein Wurzeln geschlagen. In diesen von alters her katholischen Landgebieten sind hie und da kleine evangelische Gemeinschaften entstanden, die zuerst nicht zur Kenntnis genommen, sondern verachtet wurden. Aber bald, als sich ihre Lehre immer stärker verbreitete und als eine Gefahr für den Katholizismus angesehen wurde, änderte sich die Lage. Und nun, stark bekämpft, versuchten evangelische Christen ihre Existenz durchzuhalten. Das war nicht ohne Gefahr für Leib und Leben möglich, wie das aus der Tatsache hervorgeht, daß zu jenen Zeiten Zeugen für Jesu Christi bei lebendigem Leibe auf Scheiterhaufen verbrannt worden sind, wie Klarenbach aus dem Bergischen Land, der in Köln bei lebendigem Leib auf dem Scheiterhaufen verbrannte.

Da in den niederrheinischen Gebieten der absolutistische Gedanke nicht so stark war, wie drüben in Preußen, vermehrten sich die Gemeinden, und dadurch kam etwas Ruhe in sie hinein. Aber noch immer waren die evangelischen Eltern gezwungen, für ihre Kinder Schulen zu errichten, weil diese Kinder nicht in den katholischen Schulen Aufnahme fanden, soweit man überhaupt damals von einer echten Schulorganisation reden konnte. Aber immer war es eine Pflicht evangelischer Eltern, sich um ihre Kirche und um ihre Schule zu scharen, um ihre Erhaltung zu sichern, für die sie allein verantwortlich gewesen sind. So kommt es, daß in den ehemaligen Herzogtümern Jülich, Kleve, Berg, Mark und Ravensberg erstarkte evangelische Gemeinden vorhanden waren.

Als die Zeit allmählich vom Mittelalter in die Neuzeit einmündete, verfielen diese Schulgemeinden allmählich in die Bedeutungslosigkeit. Das Herzogtum Berg mit der Hauptstadt Düsseldorf kam erst nach den Napoleonischen Kriegen, also 1815, durch Beschluß an Preußen. In Berg gab es ziemlich viele lebendige Schulgemeinden, die nach dem Anschluß an Preußen diesem ein Dorn im Auge waren, denn Preußen kannte keine Schulgemeinden. Auf verschiedenen Verwaltungswegen wurde versucht, diese Schulgemeinden allmählich zu schwächen und aussterben zu lassen. Das wurde von einigen Evangelischen, die ein Herz für die Schule hatten, mit Besorgnis beobachtet. Die im Herzogtum Berg noch immer sehr aktiven Schulgemeinden wurden nach der Angliederung an Preußen 1815 mit behördlichen Maßnahmen langsam zum Austrocknen und zum Absterben gebracht.

In dieser Zeit wurde in Moers am Niederrhein von den preußischen Behörden ein evangelisches Lehrerseminar eingerichtet, das ihre preußischen Gedanken in die junge Lehrerwelt einpflanzen sollte. Als Leiter dieser Anstalt wurde der Pfarrer Franz Ludwig Zahn ausersehen, der ein außerordentlich fähiger Pädagoge und Lehrerbildner war.

In diese Anstalt trat Dörpfeld als junger Mensch ein und wurde von Zahn nicht nur in den allgemeinen Unterrichtsfächern unterrichtet, sondern auch eingeführt in die Gedankenwelt der Schulgemeinde. Ihr widmete sich Friedrich Wilhelm Dörpfeld zeitlebens, von 1848 an bis an sein Lebensende 1891. Er griff den Gedanken der Schulgemeinde auf, um in das erstarrte Schulwesen Preußens einen neuen Impuls zu bringen. Sein Appell ging gleichzeitig an Lehrer und an Eltern. Die wollte er zu einem Bund derart zusammenbündeln, daß in einer weltlichen Kommune eine Anstalt für die christliche Erziehung der Jugend möglich sei. Dem galt sein ganzes Wirken in der Schule, in der Hinsicht auf bessere Lehrerausbildung, bessere Ausstattung der Schulen.

Im Hinblick auf die heute noch vielfach verbreitete Meinung, daß die Familie durch Nachhilfe ihrer Kinder die Arbeit der Schule förderlicher mache, vertrat Dörpfeld die Ansicht, daß die Schule eine „Hilfsanstalt der Familie" darstelle. Diese Gedanken fanden in der größten Organisation der Lehrer, im Deutschen Lehrerverein, wie auch in der öffentlichen Verwaltung, wenig Gegenliebe. Hier wurde gegengesteuert. Wenn man das Leben Friedrich Wilhelm Dörpfelds und seiner Schulgemeinde-Idee – die er wieder erweckt hat – betrachtet, so wird er zu einer tragischen Gestalt. Was er für Lehrer und Eltern erstrebt hat, ist erst nach seinem Tode Wirklichkeit geworden.

In dem von Dörpfeld gegründeten Evangelischen Lehrerverein ist der Schulgemeinde-Gedanke Dörpfelds lebendig geblieben. Man hat immer wieder seine Ansicht vor Augen gehabt, daß zur Schule nicht nur die Lehrer und die Kinder, sondern auch die Erzeuger der Kinder, die Familien, gehören, die die Arbeit einer Schule wesentlich zu fördern imstande sind. Aus dem Evangelischen Lehrerverein ist dann die Idee gekommen, die Eltern mit hineinzunehmen in das Schulorganisatorische. Und so kam es wieder zu Schulgemeinden.

Evangelische Eltern haben sein Erbe aufgegriffen und die ersten organisatorischen Arbeiten vorgenommen, um einen Verband für Lehrer und Eltern zu bilden. Das wurde besonders gefördert durch den Rektor August Grünweller aus Rheydt, der sich vom Dienst frei machte und hauptamtlich die Arbeit evangelischer Lehrer und Eltern förderte. Er wurde Verbandsdirektor des Reichsverbandes deutscher evangelischer Schulgemeinden und sorgte dafür, daß die Ideen immer weiter im Land verbreitet wurden. Er fand dann in Hermann Windel einen sehr willfährigen, fähigen und tüchtigen Organisator.

Als ich 1932 in den Reichsverband eintrat, hatte ich ein Gespür dafür, daß die Autorität von Grünweller wohl stand, aber doch schon durch einige Ereignisse in Frage gestellt wurde. So sehr Grünweller ein überzeugter Christ war und sich nicht beeinflussen ließ, war er irgendwie anfällig für die Ideen des Nationalsozialismus: Wiederaufrichtung des Deutschen Reiches. Er sah in Hitler den Mann, der das Volk von der schmählichen Verachtung als Kriegsschuldige und vor allem auch von den Fesseln des Versailler Vertrages frei machen könnte. Die Leitung des Reichsverbandes hing diesen Äußerungen Grünwellers nicht an. Und so kam es – das habe ich damals erlebt – zu Spannungen zwischen Grünweller und dem gesamten Verband. Er ließ sich einfach nicht nehmen, daß es im Parteiprogramm den Paragraphen 24 gäbe, der vom positiven Christentum redete, und er meinte, Hitler wäre ein Christ, der täglich die Losungen lese, auch im Neuen Testament lese und sogar kniend bete.

Die NS-Ansichten über die Schule lehnte er ab. Hier stand er fest und positiv zur Bekenntnisschule. Ab 1933 wuchsen, wie gesagt, die Spannungen zwischen Grünweller und dem gesamten Vorstand. Das Aufkommen der Deutschen Christen verurteilte er und meinte, das wäre eine vorübergehende Erscheinung. Die Frage, die den Vorstand hinfort bewegte, war die Frage nach einem Nachfolger Grünwellers, der 1934 plötzlich starb. Sein Nachfolger sollte die Führung des Verbandes übernehmen. Es sollte nach Möglichkeit ein Mann sein, der mit der neuen Bewegung des Dritten Reiches nicht auf Kriegsfuß stünde. Es ist lange überlegt worden, wer das sein könnte und ob dies klug sei. Im Hintergrund hatte man den Gedanken: Wenn es ein Mann wäre, der mit der Partei nicht auf Kriegsfuß stünde, leiste er um so eher die Gewähr, daß man in Ruhe weiterarbeiten könnte.

Man wählte den Rektor Schönhals, Bochum, der Parteimitglied war. Dieses Parteimitgliedsein ist nicht in Erscheinung getreten, aber er war es. Und im nachhinein muß man sagen, das hat dem Verband nichts genützt. Heute weiß ich, daß wir alle sehr an der Verbandsarbeit gehangen haben, daß es Gottes Wille war, ein Ende mit dem Reichsverband zu machen. Menschliche

Schuld hat dazu beigetragen, aber sicher war das längst von der politischen Macht gewollt. In dieser Ansicht werde ich bestärkt durch die Tatsache, daß ich überwacht wurde. Das Gutachten der Gauleitung Düsseldorf vom 15. Oktober 1937 beweist es.

Hermann Windel

Im Jahre 1931 lernte ich, wie ich mich erinnere, Hermann Windel kennen. 1927 trat ich nach sechsjähriger Wartezeit als sogenannter Junglehrer in den Schuldienst. Die Wartezeit begann ich nach einem Volontariat bei einer dreimal am Tag erscheinenden Tageszeitung in Elberfeld. Nach kurzer Hilfsredakteurzeit wurde ich verantwortlicher Redakteur an der Westdeutschen Rundschau in Wuppertal-Barmen. In dieser Zeit hatte ich Verbindung mit holländischen Schulfreunden bekommen und habe die erste Bekanntschaft mit Dörpfeld gemacht. Das führte dazu, daß ich kurz nach meinem Eintritt in den Schuldienst versuchte, Eltern und Lehrer an meiner Schule an meinem Ort in der Nachbarschaft zusammenzubringen. Es gelang mir, einen Verband evangelischer Erzieher zu gründen und auch eine Zeitschrift zu installieren. Der Titel dieser Zeitschrift – es war eine Monatsschrift – hieß *Der Christliche Erzieher.*

Ich kann mir heute nicht erklären, wieso ich diesen Verband gründete, ohne Kenntnis davon zu haben, daß ja in Barmen der Reichsverband deutscher evangelischer Schulgemeinden schon Jahre existierte. Meine Gründung sollte auf keinen Fall eine Konkurrenzorganisation zum Reichsverband sein. Die damaligen Zeitumstände drängten aber auf eine Zusammenarbeit hin. Die Initiative ging vom Reichsverband aus. Ich vermute, daß es Hermann Windel gewesen ist, den ich jetzt bei den Verhandlungen erst kennenlernte. Sie zogen sich bis in das Jahr 1932 hin, daß unser Verband Christlicher Erzieher in den Reichsverband eingebunden wurde. Mich haben sie gleich in den Vorstand des Reichsverbandes aufgenommen. Die Verhandlungen fanden in der Geschäftsstelle des Reichsverbandes in Barmen, Siegesstraße 128, statt; das war in der Textilfabrik des Schwiegervaters von Hermann Windel. Dort lernte ich die führenden Personen des Reichsverbandes kennen: Verbandsvorsitzender war der Stadtdirektor Buchholz aus Elberfeld, Verbandsdirektor August Grünweller aus Rheydt und Rektor August Späder, Hauptlehrer Klein aus dem Siegerland, auch Rektor Protsch aus Mühlheim und noch einige andere, an die ich mich aber nicht mehr erinnere. Nur weiß ich, daß keine Frau im Vorstand war.

War August Grünweller der geistige Kopf und Führer der Schulgemeinde-Bewegung, so war Hermann Windel das ausführende Organ, ein hervorragender Geschäftsführer, der als Angestellter des Reichsverbandes ein Gehalt bezog. Das Maß an Arbeit, das mit dieser Funktion verbunden war, überstieg eine rein ehrenamtliche Ausübung der Geschäftsführung bei weitem. Durch Windels Tätigkeit wuchs die Zahl der Mitglieder außerordentlich schnell, so daß sehr bald der Raum in der Siegesstraße für die Geschäftsstelle zu eng wurde. Neue Räume wurden in dem Haus des CVJM in der Adolf-Hitler-Straße 481 gefunden. Hier waren ungefähr zehn Hilfskräfte auf dem Büro tätig. Schreibkräfte, Kassenführer, Inventarverwalter und vor allen Dingen die Verlagtätigkeit, die darin bestand, den *Evangelischen Schulfreund* regelmäßig an die Bezieher zu liefern. Dieser Hugo Hartstang könnte heute noch leben. Er ist in den 50er Jahren im Neukirchlichen Erziehungsverein in dessen Verlagen tätig gewesen. Unter Umständen kann man von dort noch seine Adresse erfahren. Hugo Hartstang weiß vielleicht mehr über Hermann Windel, und er kann meine Angaben u.U. sogar ergänzen.

Hermann Windel war für den Reichsverband in jenen Zeiten ein Glücksfall. Die Mitgliederzahl schnellte ständig hoch. Fast in allen Provinzen Preußens hatte er Ortsgruppen bereits gegründet oder diese waren in der Gründungsphase. Die Arbeit hatte einen solchen Umfang angenommen, daß in den einzelnen Regionen sog. Berufsarbeiter eingestellt werden mußten, um in den Regionen die Arbeit voranzutreiben. Ich kann mich an einige erinnern. In Wuppertal waren es allein zwei, Oskar Günter und Martin Presch. Im übrigen Rheinland war ein Herr Kalkul aus Duisburg Berufsarbeiter, in Hannover ein Herr Rogge, in Berlin ein Herr Wicklein.

In anderen Regionen hatte er sog. Nebenstellen, das waren freiwillige Mitarbeiter, z.B. in Ostfriesland. Da fallen mir die Namen ein von Pastor Hahmer in Wener, von Mittelschulrektor Hans Banken, der in meinem Alter ist.

Der Süden Deutschlands war von der Arbeit der Bundesvereinigung nicht betroffen, weil dort vornehmlich Simultanschulen – Gemeinschaftsschulen – bestanden und bestehen. Dieses Gebiet wurde für später ausgespart.

Hermann Windel war nicht nur auf organisatorischem Gebiet tätig, er schulte auch die Mitarbeiter. So erarbeitete er einen Vortrag mit dem Thema „Rom, Moskau, Tokio". Er sammelte von diesen Orten und Ländern Photographien und stellte Material für Lichtbildervorträge daraus zusammen. Diese Lichtbildervorträge sollten in den Gemeinden der Schulgemeinde zum Vortrag kommen. Dazu wurden für jeden hauptamtlichen Mitarbeiter besondere Lichbildgeräte und Vorrichtungen angeschafft, damit auch in den kleinsten Orten diese Veranstaltungen möglich waren. Der Lichtbildervortrag fand großen Zuspruch nicht nur in den Gemeinden der Schulgemeinde, sondern auch in den Kirchengemeinden, so daß wir auf den Gedanken gekommen waren, weitere Lichtbildervorträge vorzubereiten. Dazu ist es allerdings nicht mehr gekommen.

Im Reichsverband wurden verschiedene Schriften für unsere Mitglieder, Schulen und Kirchengemeinden erarbeitet und veröffentlicht. An zwei vermag ich mich zu erinnern, weil ich daran beteiligt war. Da war einmal ein Heft „Unser Luther", das für den Schulgebrauch gedacht war und in großen Auflagen erschien, weil christliche Eltern es in der Familie lasen und Kirchengemeinden es für ihre Arbeit verwandten. Eine andere Schrift in Broschürenform war „Schulkind im Dritten Reich", das ich mit Dr. Hans Werner Piutti erarbeitet habe. Die Schrift war als Information für Eltern gedacht, um diese über ihre Rechte und Möglichkeiten zu informieren, für ihre Kinder christlichen Unterricht zu fordern. Dazu hatten wir die entsprechenden Verordnungen und Gesetze in den einzelnen Ländern des Reiches aufgeführt. Diese Schrift wurde kurz nach ihrem Erscheinen von der Gestapo verboten.

Hermann Windel hatte den Gedanken, für die christliche Kinderwelt einen Jahreskalender herauszubringen. Es wurde daraus ein Buchkalender von größerem Format mit Bildern, Betrachtungen, Gedichten, Erzählungen und was noch zu einem Kalender gehört. Der Kalender hatte den Titel „Des Kindes Lebenslauf mit Gott". Hermann Windel hat den Kalendertitel gewählt. Der Kalender fand große Verbreitung und erschien einige Jahre.

Von staatlicher Stelle war vor Jahren die Anordnung gekommen, daß Vereine und Verbände keine Zeitschriften und kein Schrifttum im eigenen Verlag herausgeben dürfen. Das brachte Hermann Windel auf den Gedanken, sich ausbilden zu lassen, um verlegerisch tätig sein zu können. Er meldete sich für einen Verlegerkurs beim Börsenverein für den Deutschen Buchhandel an und bestand die Prüfung, so daß der Reichsverband sich einen eigenen Verlag zulegen konnte. Hermann Windel hatte auch einen zeitträchtigen Namen für diesen Verlag – Umbruch Verlag –, der für unsere Arbeit einen symbolischen Charakter haben sollte.

Der Erlaß über die Bildung von Schulgemeinden und Berufung von Jugendwaltern vom 24. Oktober 1934

Im Frühjahr 1934 reisten August Grünweller und ich nach Berlin. Die Schulgemeinde des Reichsverbandes war durch das Treiben der Deutschen Christen beunruhigt. Die Thesen vom Tausendjährigen Reich des Alfred Rosenberg und das Getue der Deutschvölkischen (Professor Hauer) trugen dazu bei, christliche Eltern stark zu beunruhigen. Immer lauter wurden die Absichten, das nach Bekenntnissen geordnete Schulwesen in Deutschland in ihrem Sinne umzuorganisieren. Der Vorstand des Reichsverbandes beschloß, die

204

Vorhaben der Reichsregierung und Partei frühzeitig in Erfahrung zu bringen. In Berlin gelang es uns, mit dem Reichsminister Rust ein Gespräch zu führen. Grünweller trug Rust die Ziele des Reichsverbandes deutlich vor und bat um ein verbindliches Wort, wie der Nationalsozialismus zur christlichen Schule stehe und ob beabsichtigt sei, Konfessionsschulen umzuwandeln. Auf die Ausführungen Rusts wies Grünweller auf den § 24 des Parteiprogramms hin. Rust entließ uns mit der Bemerkung, die Reichsregierung plane keine Änderung des augenblicklichen Zustandes. In dieser Sache gelte das Wort des Führers.

Grünweller, ein glühender Patriot, war geneigt, der Auskunft des Ministers Glauben zu schenken. Auch mir erschien die Rede meines obersten Vorgesetzten hoffnungsvoll. Später meldeten sich bei mir Zweifel an.

Daheim im Vorstand berichteten wir. Einmütigkeit bestand darin, zunächst einmal dem Wort des Reichsministers zu glauben und daraufhin verstärkt für Schulen mit christlichem Charakter in Wort und Schrift einzutreten und sich dabei auf das Ministerwort zu berufen. Die Organisation wurde gestrafft. In der aus ihrer Zurückhaltung heraustretenden Bekennenden Kirche sahen wir einen wesensverbundenen Verbündeten. Es bestand ein starker Kontakt zur Bekennenden Kirche – und umgekehrt.

Grünweller starb kurz nach der Berliner Reise. Es wurde nach einem Nachfolger gesucht und in der Person des Rektors Schönhals aus Bochum gefunden. Er hatte nicht die zündende Redegabe wie Grünweller, war ein grundsolider Mann – und Parteigenosse. Schönhals war ein überzeugter Christ. Das hat – so denke ich – den Vorstand des Reichsverbandes bewogen, ihn zum Vorsitzenden zu berufen. Dahinter mag wahrscheinlich der Gedanke mitbestimmend gewesen sein, Schönhals als Schutzschild gegenüber den Nationalsozialisten zu werten (genutzt hat es nicht). Beim Antritt seines Amtes im Reichsverband hat er eine kurze programmatische Erklärung erarbeitet. Sie verrät Grünwellerische Hauptwendungen und bedeutet so die Fortsetzung Grünwellerischer Gedanken:

Richtlinien des Reichsverbandes deutscher evangelischer Schulgemeinden e.V., von Rektor Schönhals
Der Reichsverband deutscher evangelischer Schulgemeinden ist ein Zusammenschluß von Schulgemeinden und Einzelmitgliedern (Eltern und Schulfreunden, Lehrern und Lehrerinnen), die Jugend- und Volkserziehung auf der Grundlage des biblischen Christentums für unser deutsches evangelisches Volk erstreben. Er bekennt sich grundsätzlich mit allen seinen Unterverbänden im Geiste des biblischen Evangeliums zum ewigen Gottesreiche, dessen

Haupt Jesus Christus, der gottmenschliche Erlöser, dem gegeben ist alle Gewalt im Himmel und auf Erden.

Im Bewußtsein echter Volksverbundenheit stellt er sich in treuer Fürbitte hinter den Führer des Volkes in der Gewißheit, durch die Förderung wahren christlichen Glaubens und Handelns auch dem Vaterlande einen fundamentalen Dienst und dadurch seiner Regierung die gottgewollte Gefolgschaft zu leisten.

Das Erziehungsideal der evangelischen Schulgemeinde ist der im Worte Gottes gegründete, an Leib und Seele gesunde, in seinen körperlichen und geistigen Kräften voll durchgebildete deutsche Mensch, der für seine zeitliche und ewige Bestimmung geschickt und tüchtig ist (2. Timotheus 3, 15 – 17).

Die evangelische Schulgemeindebewegung erstrebt deshalb für die Kinder durch Elternhaus und Schule eine einheitliche evangelische Welt- und Lebensanschauung, die sich stützt auf das Bekenntnis zum biblischen Evangelium von Jesus Christus, dem gekreuzigten und leibhaftig auferstandenen Gottessohn, und vom Worte Gottes aus die dienende Haltung und opferbereite Treue zum Volke und Vaterlande findet.

Die Familie ist die natürliche Keimzelle der Mensch- und Volkwerdung und als ursprüngliche Lebensgemeinschaft die grundlegende Erziehungsstätte für das kommende Geschlecht.

Die Schule hat die Aufgabe, die Erziehung des Elternhauses zu ergänzen und zu unterstützen und muß darum auf gesinnungseiniger Grundlage mit ihm arbeiten. Sie soll ihrem Wesen gemäß eine deutsche evangelische Erziehungsschule, eine Schule mit der Bibel sein, an der eine mit ihrem Geist übereinstimmende Lehrerschaft tätig ist. Sie untersteht der Aufsicht und Oberhoheit des Staates.

Es ist Pflicht aller Mitarbeiter, dem Verbandswerke im Sinne vorstehender Richtlinien in Treue zu dienen.

Als dem Reichsverband der Schulgemeinde-Erlaß des Reichserziehungsministeriums bekannt wurde, ist er von uns begrüßt worden. Wir erblickten in ihm die Möglichkeit, uns bei unserer Schulgemeindearbeit auf den Erlaß berufen zu können. Zum anderen wollten wir den neuen Herren den Beweis liefern, wie segensreich eine echte Schulgemeindearbeit ist bzw. sein kann. Mir, als dem, der den Erlaß im „Evangelischen Schulfreund" zu begutachten hatte, fiel der Stil des Textes auf; er stammt zum größten Teil von Heinrich Siekmeier. Ich war vor 1933 mit Siekmeier, der aus unserer Gegend stammte, gut bekannt und wußte, daß seine Eltern der Schulgemeinde anhingen. Als er dann ab 1933 politisch Karriere machte, nach Berlin ging, um im Reichserziehungsministerium zu arbeiten, hatte ich nicht mehr Kontakt mit ihm.

Uns war bewußt, daß der Erlaß der nationalsozialistischen Erziehung dienen sollte. Etwas anderes zu erwarten, wäre irreal gewesen. Es mußte genügen, daß darin kein Wort stand, das den Religionsunterricht in Frage stellte.

Wir sahen auch die Mängel, die der Erlaß verriet. Das didaktische Anliegen beschränkte sich auf wenige Begriffe wie Rasse, Blut und Boden, arisches Erbgut. Die meisten Lehrer hatten davon wenig oder keine Ahnung, besonders darin, wie sie das an die Kinder im Geist der neuen Welt heranbringen sollten. Die Lehrer waren im NSLB, aber damals nur relativ wenige in der Partei. Und das Beharrungsvermögen der Lehrer war groß; sie unterrichteten meist so weiter, wie es bisher ihr Treiben war. Natürlich gab es Ausnahmen. Die ließ man schreien.

Besondere Mängel wies der Erlaß in der Frage seines Aufbaues von Schulgemeinden auf. Da gibt es gleich vier Instanzen bei der Einrichtung und Führung der einzelnen Schulgemeinden: Der Schulleiter, der Ortsgruppenleiter der Partei, der NS-Jugendführer und dann noch der Schulrat. Gewählt wurde damals nicht, nur noch bestimmt. Der Schulleiter hatte bis zu fünf sogenannte Jugendwalter aus der Elternschaft zu benennen. Sie mußten dem Ortsgruppenleiter gemeldet werden. Ihm stand nur das negative Recht zu, aus den ihm gemeldeten Jugendwaltern jemanden auszuscheiden. Sonst hatte der Parteimann keinerlei Verbindung zur Schulgemeinde. Wer den Jugendvertreter der Hitlerjugend, HJ, bzw. des Bund deutscher Mädchen, BdM, bestimmte, war nicht geklärt. Mit der Schule hatten diese Jugendvertreter kaum eine engere Verbindung. Sie traten auch nur einmal in der Woche ins Blickfeld der Schule, nämlich samstags am sogenannten Staatsjugendtag. Der Schulrat hatte den geringsten Einfluß auf die Schulgemeinde einer ihm unterstellten Schule. Ihm war die Aufgabe aufgegeben, ein Mitglied aus dem Jugendwalterkreis zu entlassen, wenn die Partei es ihm auftrug. Von einer Gemeinschaft in einer so geformten Schulgemeinde konnte man nur in den seltensten Fällen reden.

Die NS-Schulgemeinde war eine Totgeburt. An den wenigsten Schulen wurden Schulgemeinden eingerichtet. Die Lehrer zeigten kein Interesse.

Das Ende des Reichsverbandes

Das Jahr 1936 war für die Arbeit des Reichsverbandes außerordentlich vielfältig und erfolgreich. Es drückte uns nur ein Geschehen, Hermann Windel bekam für seine aggressiven Vorträge – politisch aggressiven Vorträge – ein Redeverbot, und zwar für ganz Deutschland. Als er sich nun Anfang Januar 1937 auf eine Reise begab, die ihn bis nach Ostpreußen führen sollte, drang der Vorstand eindringlich auf ihn ein, in seinen Reden jede politische Äußerung zu unterlassen und sich an das Verbot zu halten, denn wir hofften, daß es mit der Zeit hinfällig würde.

Auf seinen Reisen in den Osten machte Hermann Windel stets in Berlin Quartier bei seiner Schwägerin. Wir waren zutiefst erschrocken von der Nachricht, die uns aus Stolp in Pommern erreichte, daß er während einer Veranstaltung von der Gestapo verhaftet und in Schutzhaft genommen worden sei. Er wurde ins Gefängnis in Stolp eingeliefert. Der Vorstand entsandte Hermann Werner nach Stolp, um zu erfahren, ob die Möglichkeit bestehe, Hermann Windel frei zu bekommen. Bei einer dieser Reisen nach Stolp bat Hermann Windel ihn, aufs Postamt zu gehen und für ihn postlagernde Post abzuholen. Das geschah. Aber es geschah auch etwas Schreckliches. Hermann Werner sichtete die Post und fand darunter einen Brief von der Schwägerin und beging den Vertrauensbruch, den Brief zu öffnen und zu lesen.

Hermann Werner übergab die Post, hielt aber diesen Brief zurück und machte ihn einigen Vorstandsmitgliedern in Barmen bekannt. Der Brief wurde dem geistlichen Beistand des Reichsverbandes übergeben, der ein Freund von Hermann Windel war. Das war Pastor Paul Kuhlmann von [der Gemeinde] Reformiert Gemarke. Kurz vor Ostern kehrte Hermann Windel aus Stolp zurück. Inzwischen hatte Pastor Kuhlmann den Vorstand informiert.

Kuhlmann und der Vorstand waren entschlossen, Hermann Windel irgendwie zu halten, baten ihn aber, für eine Zeit sich zurückzuhalten. Dazu war er nicht bereit. Er fuhr zunächst einmal nach Oberstdorf, um mit sich selbst zurechtzukommen. Er hatte einen Rechtsanwalt eingeschaltet, und wie die Verhandlungen gelaufen sind, kann ich nicht sagen, denn ich war weithin unbeteiligt bei den Besprechungen. Ich weiß nur, daß beschlossen worden ist, Hermann Windel zunächst 5 000 Mark zu überweisen.

Wir wußten, daß die politische Führung damals nur darauf aus war, solche Störenfriede, wie wir einer waren, unschädlich zu machen. Deshalb ging der Rat an Hermann Windel, sich für eine längere Zeit beurlauben zu lassen. Soviel ich weiß, hat er das abgelehnt. Aber inzwischen überrollten uns die Ereignisse. Wir spürten, daß unsere Arbeit überwacht wurde und hatten damit recht, denn im Juli 1937 – den genauen Tag kann ich nicht mehr sagen – erschien die Gestapo in der Geschäftsstelle in der Adolf-Hitler-Straße und beschlagnahmte alles, verbot jede weitere Arbeit in der Organisation und im Verlag; auch die Zeitschrift wurde verboten.

Wir waren von einem auf den anderen Tag völlig am Ende und standen vor einem kolossalen Trümmerhaufen. Was machten wir mit den Berufsarbeitern? Die konnten wir nicht mehr bezahlen. Wir haben aber mit der BK Vereinbarung getroffen, daß diese in den Gemeinden Vorträge halten durften, und zwar jetzt nicht mehr im Gemeindehaus am Rednerpult, sondern auf den Kanzeln, so daß also eine Tarnung für diese Arbeit erfolgt ist. Die BK hat dafür gesorgt, daß unsere Berufsarbeiter in Arbeit und Brot bleiben konnten.

Ich war an dem Tag, als die Gestapo in der Geschäftsstelle erschien, nicht anwesend, weil ich in meiner Schule Dienst tat. Es wurde auch verboten, die Geschäftsräume zu betreten, deshalb kann ich nicht sagen, wohin die Akten gekommen sind, und was mit dem Geld, welches noch vorhanden war, geschah, denn es war sicherlich nicht wenig.

Das war das Ende einer erfolgreichen Schulgemeindearbeit. Das Verbot wäre sicherlich in den nächsten Jahren gekommen, weil wir uns erstens nicht gleichschalten ließen und zweitens, weil wir den Nazis ein Dorn im Auge waren, denn wir traten uneingeschränkt für das biblische Evangelium in den Schulen ein. Es war für uns betrüblich, daß das Ende unter diesen Umständen geschehen ist. Wir haben versucht, die Arbeit trotzdem auf irgendeine Weise weiterzuführen. Die Berufsarbeiter und einige interessierte Mithelfer konnten wir dafür gewinnen, innerhalb der Bekennenden Kirche weiter diese Arbeit zu betreiben.

Die Bekennende Kirche – dafür müssen wir ihr sehr dankbar sein – hat uns in jenen Tagen sehr unterstützt und geholfen. Geholfen hat uns auch die Freie Gemeinde in Wuppertal. Sie stellte uns ihr Monatsblatt zur Verfügung, um unsere Mitglieder mit Texten zu versorgen. Das war aber nur kurze Zeit möglich. Ich habe Hermann Windel nie wieder gesehen und gesprochen. Die Familie ist nach Schleswig-Holstein zu treuen Freunden gezogen.

Verlagsbuchhändler Hermann Werner

Zur Unterstützung des Umbruch-Verlages hatte sich Hermann Windel den Buchhändler Hermann Werner geholt. Ich meine mich zu erinnern, daß Werner der Schwiegersohn von dem Vorsitzenden Buchholz war. Werner war künstlerisch begabt. Er war verantwortlich für die graphische Ausstattung der Verlagsobjekte. Im Verlag galt Hermann Werner als der Vertraute Windels. So ist auch zu erklären, daß Hermann Windel Herrn Werner bat, ihn im Gefängnis in Stolp zu besuchen. Er holte für Hermann Windel die auf dem Postamt lagernde Post ab. Das hatte die bereits beschriebenen Folgen. Leitete dieses Ereignis für den Reichsverband und den Umbruch-Verlag das Ende ein, so versuchte der Vorstand zu retten, was noch zu retten war. Das gelang auch einige Zeit. Durch die vorläufige Distanzierung von Hermann Windel glaubten wir, drohendes Unheil noch abwenden zu können, was sich allerdings als trügerisch erwies.

Das Gestapo-Verbot muß Anfang Juli 1937 erfolgt sein, denn die Juli-Nummer des „Evangelischen Schulfreundes" konnte noch ausgeliefert werden. Werner sah die Möglichkeit, bei dem evangelischen Verlag Mohn in Gütersloh unterzukommen, weil er kurz nach dem Verbot einen eigenen Verlag, den Rufer-Verlag, gegründet hatte, den Mohn dann mitsamt Werner übernahm. Sicherlich im Einverständnis mit Mohn hat Werner einen eigenen Verlag, den Hermann Werner-Verlag, gegründet. In einem Raum in der Adolf-Hitler-Straße 481 richtete er einen kleinen Verlag ein, der Bildheftchen und gut aufgemachte Gedenkschriften herausgab. Ich war sein Statthalter in seinem Verlag, da Werner selbst in Gütersloh arbeitete und nur zum Wochenende zu seiner Familie kam. Ich gab im Werner-Verlag drei bebilderte Gedenkhefte heraus, die künstlerisch ausgestattet waren: ein Gefallenen-Gedenkheft, ein Lebensbuch von der Taufe bis zum Lebensende, in dem Raum für persönliche Eintragungen und für Fotos zur Verfügung stand, sowie ein Adventsbuch. Diese Adventsschrift ist nach dem Krieg von einem Bielefelder Verlag neu verlegt worden. Hermann Werner ist im Krieg gefallen. Was aus seinem Verlag wurde, weiß ich nicht. Ich war von 1941 bis Kriegsende Soldat, die längste Zeit in Rußland.

Forum zur Pädagogik und Didaktik der Religion

Herausgegeben von Horst F. Rupp

Band 1: Koervers, Hans-Jürgen
Jugendkriminalität und Religiosität
Untersuchungen zur Religiosität delinquenter Jugendlicher und Perspektiven einer präventiven religiösen Erziehung.
1988. 279 S. Br
DM 48,–/öS 355,–/sFr 47,50
(3 89271 069 4)

Band 2/1 und 2/2: Lachmann, Rainer /
Rupp, Horst F. (Hrsg.)
Lebensweg und religiöse Erziehung
Religionspädagogik als Autobiographie.
Bd. 1: 1989. 372 S. Ln
DM 38,–/öS 281,–/sFr 38,–
(3 89271 173 9)
Bd. 2: 1989. 374 S. Ln
DM 38,–/öS 281,–/sFr 38,–
(3 89271 174 7)
Gesamtwerk:
DM 68,–/öS 503,–/sFr 66,60
(3 89271 175 5)
Im ersten Band schreiben: Christof Bäumler, Hans-Karl Beckmann, Erich Bochinger, Erich Feifel, Johann Hofmeier, Edgar Josef Korherr, Alfred Läpple, Gabriele Miller, Walter Neidhart, Gert Otto, Franz Pöggeler, Günter Stachel, Dieter Stoodt, Marie Veit und Siegfried Vierzig.

Im zweiten Band schreiben: Ingo Baldermann, Peter Biehl, Günter Biemer, Peter C. Bloth, Karl Dienst, Reinhard Dross, Jürgen Henkys, Maria Kassel, Günther Lange, Wolfgang Nastainczyk, Karl Ernst Nipkow, Eugen Paul, Herlinde Pissarek-Hudelist, Dieter Reiher, Ralph Sauer, Henning Schröer und Klaus Wegenast.

Band 3: Lott, Jürgen
Erfahrung – Religion – Glaube
Probleme, Konzepte und Perspektiven religionspädagogischen Handelns in Schule und Gemeinde.
Ein Handbuch.
1991. 352 S. Geb.
DM 48,–/öS 355,–/sFr 47,50
(3 89271 125 9)

Band 4: Lott, Jürgen (Hrsg.)
RELIGION – warum und wozu in der Schule?
Mit Beiträgen von Ursula Baltz-Otto, Franz-Heinrich Beyer, Katharina Dang, Folkert Doedens, Gerd Eggers, Wolfgang G. Esser, Wolff Fleischer-Bickmann, Klaus Gebauer, Heiner E. Kappel, Ernst-August Küchler Hans-Jürgen Laubach, Jürgen Lott, Norbert Mette, Gert Otto, Otmar Preuß, Wolfgang Ratzmann, Hanno Reck, Holger Röfke, Jan Heiner Schneider, Anita Schröder-Klein, Manfred Spieß, Dieter Stoodt, Claudia Strohbecke, Klaus Wegenast, Hans-Willi Winden, Dieter Zilleßen und Hartmut Zinser.
1992. 526 S. Geb.
DM 58,–/öS 429,–/sFr 57,40
(3 89271 368 5)

DEUTSCHER STUDIEN VERLAG
Postfach 100154
69441 Weinheim

Preisänderungen vorbehalten / D0165A

Forum zur Pädagogik und Didaktik der Religion

Herausgegeben von Horst F. Rupp

Band 5: Hahn, Matthias
Evangelische Religion im Lehrplan
Ideologiekritische Analyse ausgewähl-
ter Lehrpläne für den evangelischen
Religionsunterricht an Hauptschulen
zwischen 1980 und 1990.
1992. 354 S. Br
DM 58,–/öS 429,–/sFr 57,40
(3 89271 341 3)

Band 6: Koerrenz, Ralf
**Das Judentum als Lerngemein-
schaft**
Die Konzeption einer pädagogischen
Religion bei Leo Baeck.
1992. V, 109 S. Br
DM 22,–/öS 163,–/sFr 22,–
(3 89271 342 1)

Band 7: Rupp, Horst F.
Religion – Bildung – Schule
Studien zur Geschichte und Theorie
einer komplexen Beziehung.
1994. 400 S. Geb.
DM 68,–/öS 503,–/sFr 66,60
(3 89271 475 4)

Band 8: Ziebertz, Hans-Georg
**Religionspädagogik als empirische
Wissenschaft**
Beiträge zu Theorie und For-
schungspraxis.
1994. 275 S. Br
DM 54,–/öS 400,–/sFr 53,50
(3 89271 516 5)

Band 9: Rinnen, Anja
Kirchenmann und Nationalsozialist
Siegfried Lefflers ideelle Verschmel-
zung von Kirche und Drittem Reich.
1995. 262 S. Br
DM 49,–/öS 363,–/sFr 48,50
(3 89271 533 5)

Band 10: Kahn, Gérard
**Janusz Korczak und die jüdische
Erziehung**
Janusz Korczaks Pädagogik auf dem
Hintergrund seiner jüdischen Her-
kunft.
2. Auflage 1993. 164 S. Br
DM 34,–/öS 252,–/sFr 34,–
(3 89271 302 2)

Band 11: Christian Kahrs
**Evangelische Erziehung in der Mo-
derne**
Eine historische Untersuchung ihrer
erziehungstheoretischen Systematik.
1995. 285 S. Br
DM 56,–/öS 414,–/sFr 55,40
(3 89271 601 3)

DEUTSCHER
STUDIEN
VERLAG

Postfach 100154
69441 Weinheim

Preisänderungen vorbehalten / D0165B